# 스토리
# 전쟁

WINNING THE STORY WARS
by Jonah Sachs

Original work copyright ⓒ 2012 Jonah Sachs
All rights reserved.
This Korean edition was published by Eulyoo Publishing Co., Ltd. in 2013 by arrangement with Harvard Business Review Press through KCC(Korea Copyright Center Inc.), Seoul.

이 책은 (주)한국저작권센터(KCC)를 통한 저작권자와의 독점계약으로 을유문화사(주)에서 출간되었습니다.
저작권법에 의해 한국 내에서 보호를 받는 저작물이므로 무단전재와 복제를 금합니다.

WINNING THE STORY WARS

# 스토리 전쟁

**이야기 종결자가 미래를 지배한다**

조나 삭스 지음 | 김효정 옮김

을유문화사

**옮긴이 김효정**

연세대학교 인문학부를 졸업했다. 번역 전문 교육기관 트랜스쿨을 이수하고 현재 인트랜스 번역원의 전문 번역가로 활동하고 있다. 옮긴 책으로는 『이코노미스트 2013 세계경제대전망』(공역)이 있고 잡지 『맨즈 헬스』에 번역 기사를 제공하고 있다.

## 스토리전쟁

발행일
2013년 8월 15일 초판 1쇄
2014년 10월 10일 초판 4쇄

지은이 | 조나 삭스
옮긴이 | 김효정
펴낸이 | 정무영
펴낸곳 | (주)을유문화사

창립일 | 1945년 12월 1일
주　소 | 서울시 종로구 우정국로 51-4
전　화 | 734-3515, 733-8153
팩　스 | 732-9154
홈페이지 | www.eulyoo.co.kr
ISBN 978-89-324-7214-0  03320

* 값은 뒤표지에 표시되어 있습니다.
* 옮긴이와의 협의하에 인지를 붙이지 않습니다.

## 차례

프롤로그 • 9

# 제1부 | 스토리텔링의 무너진 세계

## 제1장 스토리 전쟁은 어디에나 있다 • 25

디지토럴 시대(the Digitoral Era)의 도래 • 27
구전 전통 • 30
스토리 전쟁에서 파견된 특사 • 35
물건을 둘러싼 전쟁 해독하기 • 42
모든 전쟁은 스토리 전쟁이다 • 49

## 제2장 5대 죄악 • 54

죄악 소개 • 55
맥가이(The Mac Guy) • 73
**간단한 스토리 테스트** • 78

## 제3장 신화 격차 • 80

신화란 무엇인가? • 85
신화 격차(The Myth Gap)의 발생 • 88

신화창조자(Mythmaker)가 된 마케터 • 91
담배와 아담의 갈비뼈 신화: '자유의 횃불' • 96
쓰레기와 개척 신화: '눈물 흘리는 인디언' • 100
차(茶), 천막, 아메리칸 드림: 경제 위기에 대한 해답 • 107

## 제4장 마케팅의 흑기술 • 112

마케팅의 흑기술 • 119
결함 마케팅의 탄생 • 122
결함 마케팅 분석 • 125
초기 결함 접근법: 슬픈 에드나 • 128
현대 결함 접근법: 데이지 • 132
포스트모던 결함 접근법: 와퍼 공황 상태와 펩시 맥스 • 134
소비의 위기 • 136

# 제2부 | 미래 설계하기

## 막간 마케터들을 위한 창조 신화 • 143

## 제5장 진실을 말하라 1편: 임파워먼트 마케팅의 기술 • 151

임파워먼트 마케팅: 흑기술에 대한 도전 • 155
전략 1: 결함 마케팅의 거짓말을 폭로한다 • 157
전략 2: 어린아이가 아닌 영웅에게 말한다 • 164
전략 3: 소비자가 아닌 시민에게 호소한다 • 169
프로이트에 대한 매슬로의 대답: 임파워먼트 마케팅의 기반 • 177

전설적인 캠페인의 핵심 가치들 • 183
**기초 훈련: 자신의 가치 확인** • 188
가치를 품고 탄생한 브랜드 • 189
가치를 구현하는 브랜드 • 190
가치를 찾아야 할 브랜드 • 191
**당신이 실천하려는 가치** • 195

## 제6장 진실을 말하라 2편: 영웅의 여정 • 198

제1단계: 일상 세계와 모험으로의 소명 • 202
제2단계: 스승과의 만남, 소명에 대한 거부 • 205
제3단계: 용의 소굴로 들어가 보물을 획득한다 • 213
제4단계: 돌아가는 길, 부활, 귀환 • 220
**기초 훈련: 스토리의 핵심 요소 설계하기** • 226
브랜드 영웅 • 227
브랜드 멘토 • 229
브랜드의 선물 • 238
스토리의 교훈과 브랜드의 혜택 • 240

## 제7장 흥미를 유발하라: 별종, 범법자, 동족 • 243

스토리에 대한 새로운 정의 • 248
별종, 범법자, 동족 • 252
별종 • 256
동족 • 259
범법자 • 265
**기초 훈련: 나만의 스토리 만들기** • 270
무대 장치 꾸미기 • 272
나만의 독특한 목소리 입히기 • 278
스토리 만들기 • 280
스토리 테스트하기 • 281

**제8장 진실을 실천하라** •284

    기만적인 환경 보호 활동과 집단적 사고: '석유를 넘어서' 캠페인의 비극적
       몰락 •287
    펩시의 또 다른 실패 •297
    진정성 검증단: 적에서 동지로 •299
    진정성 팀 구성하기 •305


**에필로그** •314
**감사의 말** •318
**부록** •321
**더 읽을거리** •322
**주석** •325
**옮긴이의 말** •336

**일러두기**
저자의 원주는 본문에 * 표시를 해서 미주로 처리했고, 본문의 각주는 독자의 이해를 돕기 위해 옮긴이가 실었다.

## 프롤로그

오디션을 마치고 집에 돌아온 후 얼마 지나지 않아 전화가 울렸다. 내심 감독이길 바라며 전화를 받았는데, 정말로 그였다.

"조나?"

"응, 나야." 나는 안정된 목소리를 내려고 애쓰며 대답했다. 그가 어떤 말을 해도 카메라 앞에 서겠다는 내 의지가 확고하다는 것을 보여 주기 위해서였다.

"좋은 소식이야. 네가 그 배역에 적임자라고 생각해. 다만 한 가지 문제가 있어."

"그래?"

"네 목소리는 쓰지 않으려고 해. 대신 더빙을 할 거야. 대사도 훌륭하게 읊었고 분장한 모습도 완벽했지만, 목소리가 뭐랄까, 좀 쨱쨱거렸어."

"쨱쨱거렸다구?" 갑자기 흥분이 사그라졌다.

"이봐, 다스 베이더(Darth Vader)는 은하계에서 가장 무시무시한 인물이라고. 넌 전혀 무섭지 않았어."

나는 따질 수 있는 입장이 아니었다. 나는 아홉 살이었고 루이스 폭스(Louis Fox)는 한 살 더 많았다. 루이스는 카메라와 「스타워즈(Star Wars)」

대본을 갖고 있었으며, 그의 어머니는 우리가 로케이션 장소를 찾아 한없이 돌아다녀야 할 때 기꺼이 운전을 해 주셨다. 「스타워즈」의 모든 장면을 리메이크하자는 것도 루이스의 아이디어였다. 나는 그저 새된 목소리를 내는 초등학교 3학년생일 뿐이었다.

"그래" 나는 짹짹거렸다. "그렇게 할게."

당연한 일이지만 오랜 시간이 지난 후에야 이 프로젝트를 시작할 수 있었다. 루이스와 나는 여름방학 내내 각종 마스크가 가득 실린 카탈로그를 꼼꼼히 살폈지만 우리 형편으로 살 수 있는 것은 없었고, 외계 사막 배경지로 촬영할 만한 진흙땅을 여러 군데 조사했으나 모두 까다롭지 않은 우리 기준에도 미치지 못했으며, 레이아 공주 역을 맡아 달라고 루이스의 우등생 누이를 설득했으나 결국 실패했다.

사실 그 프로젝트는 20년 동안이나 보류 상태였다. 하지만 2005년에 마침내 우리 버전의 「스타워즈」를 인터넷을 통해 세상에 내놓게 되었다. 이 작품은 결국 1년 만에 조회 수가 2천만이 넘고 전 세계의 여러 영화제에서 상영될 정도로 큰 성공을 거두게 되었다. 루카스 필름(Lucas film)에서 우리에게 팬레터를 보내기도 했다. 그리고 루이스의 오래전 계획대로, 다스 베이더의 목소리 연기는 그의 차지였다. 원래 계획과 달라진 점이 있다면 내 연기에 그의 목소리를 더빙한 것이 아니라, 적갈색 감자가 어둠의 마왕 역을 맡은 것이었다.

우리의 「스타워즈」 프로젝트는 세월이 흐르는 동안 두 시간짜리 고전 SF 영화 리메이크에서 5분짜리 유기농 식품 광고로 완전히 탈바꿈했다. 우리는 이 작품을 '스토어 워즈(Grocery Store Wars)'라고 불렀고, 출연진의 이름도 말장난을 활용했다. 큐크 스카이워커(Cuke Skywalker), 추브로콜리

(Chew-broccoli), 그리고 물론 악명 높은 다스 테이터(Darth Tater)까지.[1] 우리의 당초 생각대로 만들어진 것은 아니지만 결과는 상상 이상이었다.

―――

준비한 프리젠테이션을 좀 더 논리적으로 정리하기 위해 머리를 쥐어짜며 호텔방을 왔다 갔다 할 때 20년 전의 실망스러운 전화가 머리에 떠올랐다. 나는 큰 인기를 끌었던 「스토어 워즈」와 공장식 축산의 해악을 파헤친 애니메이션 「미트릭스(Meatrix)」의 성공 이유에 대해 5백 명의 열성적인 마케팅 전문가들에게 설명하는 강의를 준비하고 있었다. 엔터테인먼트와 광고를 실험적으로 결합한 이 짧은 패러디 작품들은 적은 돈으로 폭발적인 효과를 얻기 위해 인터넷을 통해 배포되었다. 무상 배포와 손쉬운 공유 덕분에 미디어 시장의 장벽이 무너졌다는 사실은 모두가 알고 있었다. 이제 더 이상 TV 광고 시간을 구매하거나 대형 광고판을 임대해야만 1백만 명에게 접근할 수 있는 것은 아니다. 유튜브가 등장하기 전에는 모두들 60초짜리 영상을 이용하여 전혀 알려지지 않은 제품을 어떻게 세계적으로 유명한 상품으로 만들 것인지 연구하기에 바빴다. 우리가 결국 그 일을 해낼 줄은 몰랐다. 우리는 인터넷 역사의 한 페이지를 (두 번이나) 장식한 셈이지만, 어떻게 그런 일이 일어난 것인지는 전혀 알지 못했다.

나는 호텔 대연회장 연단에 선 내 모습을 그려 보았다. 내 뒤의 스크린에서는 내가 제작한 비디오가 상영되고 있었다. 29세의 나는 젊은 온라인 마

---

[1] 스카이워커 역에는 오이, 추바카 역에는 브로콜리, 다스 베이더 역에는 감자가 출연했다.

케팅 달인에 걸맞은 외양을 갖추었다. 하지만 내가 입을 열어 말을 할 때마다 여덟 살 때와 똑같은 목소리가 나왔다.

"우리 광고가 성공한 이유는 웃기기 때문입니다." 쩍. "사람들이 정말 좋아하는 영화를 패러디했기 때문에 성공을 거둘 수 있었습니다." 쩍쩍. "너무 길지도 않았고요." 나는 일을 할 때면 감각에 의존하여 창조성이 시키는 대로 진행했다. 자료 조사나 절차는 거의 신경 쓰지 않았고 너무 깊이 생각하지도 않았다. 그렇게 해야 일이 잘 되었기 때문이다. 루이스와 나는 사회 변화를 목적으로 하는 크리에이티브 기업을 설립했다. 우리는 인권, 환경 보호, 사회적 책임 경영 등 대의를 추구하는 프로젝트를 여러 건 수행하여 크게 성공하였다. 하지만 나오자마자 사라지는 다른 프로젝트들과 달리 우리의 작품이 문화 현상으로까지 확산된 이유는 알지 못했다. 또한 이 책을 쓰려고 결심하기 전까지는 굳이 그 이유를 밝혀야겠다고 생각한 적도 없었다. 그저 감각이 이끄는 대로 맡은 일을 수행했을 뿐이다.

동종 업계에 종사하는 사람들이 정기적으로 모임을 갖는다는 사실을 알게 되자 후회의 물결이 밀려왔다. 내가 그저 우연히 성공으로 가는 차에 올라타게 되었을 뿐 다시는 그와 같은 성공을 거둘 수 없을 것 같았다. 또한 내게 어울리지 않는 무대에 서게 된 기분도 들었다. 내 자신을 마케터라고 여긴 적도 없었고, 마케터가 되기를 바란 적도 없었기 때문이었다. 나는 그저 더 나은 세계를 만들기 위해 아이디어를 나누고 싶은 열정을 가진 창조적인 사람일 뿐이었다. 그때까지 나는 메시지들이 서로 전례 없는 경쟁을 벌이는 오늘날의 미디어 환경에서는 우리 모두가 마케팅 전문가라는 사실을 깨닫지 못했다. 사회적 대의를 추진하든, 제품을 판매하든, 아니면 그저 사람들의 생각을 바꾸려는 목적이든, 대중에게 영향력을 발휘하고 싶은 사람이라면 누구든 글로벌 미디어 시장에 뛰어들어 이 새로운 직책을 수용해야 했다. 지금의 나는 마케터의 역할을 기꺼이 받아들였지만, 당시에는 그러지 못했다.

나는 한시라도 빨리 나의 입장을 정립해야 했다. 이렇게 절박한 필요성 때문에 나는 내 성공의 기반이 된 두 영상물, 「매트릭스」와 「스타워즈」에 대한 자료를 구글에서 찾아보았다. 이들 영화가 출시된 지 수년 뒤에 만들어진 패러디마저도 사람들의 상상력을 부추기고 수백만 명의 행동을 촉구할 만큼 두 영화가 큰 영향력을 갖는 이유에 대한 단서를 찾고 싶었다. (만일 그런 게 있다면) 이 두 영화의 공통점도 알아내고 싶었다.

그 한 번의 검색으로 모든 것이 달라졌다. 그 경험은 나를 흑백 커뮤니케이션의 세상에서 끌어올려 무한한 해결책이 산재한 천연색 세계로 떨어뜨린 회오리바람과 같았다. 물론 그 과정에서 자기 불신이라는 사악한 마녀를 뭉개 버리면서 말이다.

나는 두 영화가 모두 의도적으로 고대 신화의 공식을 반영하여 만들어졌다는 사실을 알게 되었다. 이들은 수천 년간 인간의 잠재의식 속에서 전해 내려온 스토리를 현대적으로 변형한 것에 불과했다.

그렇다. 나는 수많은 사람들이 이미 알고 있는 사실을 그제야 깨달았다. 조지 루카스(George Lucas)가 대본을 만들 때 아이디어를 얻기 위해 비교신화학의 거장 조지프 캠벨(Joseph Campbell)의 작품을 읽었다는 이야기는 영화계에서 잘 알려진 사실이다. 「매트릭스」를 만든 워쇼스키(Wachowski) 남매는 캠벨이 제시한 '영웅의 여정'의 형식을 완벽하게 따랐다. 그러나 영화 평론가, 학자, 스토리텔링 애호가들이 신화에 근거한 내러티브가 문화적 의미 형성에 어떤 영향을 주는지 잘 알고 있을 때도 나는 그 분야에 완전히 무지했다.

이어서 나는 SF 마니아 사이트, 학술 문헌, 고대의 자료를 조사했고, 결국 '인간은 자신들이 누구며 어떻게 행동해야 하는지 서로 일깨우기 위해 스토리를 공유하기 시작했다'는 신화 전문가들의 가정을 이해하게 되었다. 이 이야기들은 우리 DNA 속에 깊이 각인되어 있다. 이런 형식을 따르는 이야기를 들으면, 새로움보다 친숙함을 느끼는 이유도 그 때문이다. 그래서 당신이 언제 어디에서 태어났든 특정 유형의 이야기들은 당신에게 큰 영향을 준다.

훌륭한 스토리는 대개 우유부단하고 영웅 같지 않은 영웅(「오즈의 마법사」의 도로시, 「반지의 제왕」의 프로도, 흑인 인권 운동의 어머니 로사 파크스를 생각해 보자)이 자아 발견을 위한 위험한 모험에 끌려 들어가는 이야기다. 이런 스토리를 들었을 때 우리는 흥분과 재미를 느끼지만, 무의식적으로 현실에서 자신은 어떻게 행동할 것인지 생각해 보게 된다. 자신만의 신화에서는 우리 모두가 영웅이기 때문이다. 어린아이는 부모로부터 새로 만나게 될 세상을 살아가는 법을 배우지만, 성인은 신화를 통해 어린 시절보다 훨씬 복잡한 삶을 헤쳐 나가는 데 필요한 가르침을 얻는다.

나는 1980년대 중반을 떠올렸다. 루이스와 내가 포스의 어두운 면[2]을 물리치기 위해 뉴욕 주 북부 우리 집 마당에 제다이의 세상을 다시 창조하는 데 전념하던 시절이었다. 기억을 더 예전으로 되돌려, 루시라는 소녀가 곤경에 처한 나라 나니아로 통하는 마법의 옷장으로 들어가는 이야기를 처

---

[2] dark side of the force. 포스란 「스타워즈」 세계의 바탕을 이루는 신비한 힘을 일컫는 말로 포스 자체는 중립적인 성격을 갖고 있으나 포스를 쓰는 사람의 의지에 따라 정의롭거나 사악한 힘으로 발현된다. '포스의 어두운 면'은 분노, 슬픔, 집착, 사랑과 같은 강력한 감정에서 발산되는 힘을 의미한다.

음 들었던 때를 생각했다. 당시 여섯 살이었던 나는 더 나은 세상을 만들기 위해서는 언젠가 안전한 부모의 집을 떠나 무언가를 해야 한다는 사실을 깨달았다. 그다음에는 「미트릭스」를 착상했던 크리에이티브 시절로 돌아가, 「매트릭스」에서 제목과 비유를 차용한 것이 정말로 적절했다는 생각을 하기에 이르렀다. 매트릭스가 인간의 사고를 지배하는 세상과 마찬가지로, 어떤 사회악들은(우리 프로젝트의 경우 공장식 축산) 너무 끔찍하여 대규모 문화적 최면으로만 은닉할 수 있는 것이다.

이러한 스토리에는 영웅이 악당을 쳐부수고 보물을 차지하는 것 이상의 내용이 담겨 있다. 이들은 사회 변화, 폭압에 대항하는 인간성의 승리, 삭막한 기계 문명에 대한 자연계의 승리, 부패한 사회의 도덕을 회복시키는 사람들의 승리에 관한 스토리이다. 사회 문제에 관심이 있는 광고인으로서 내가 스토리 전쟁에서 쟁취하려는 대상은 인권, 환경 보호, 기업 윤리 등이다.

사람들에게 큰 영향을 주고 문화 형성에 기여한 여러 스토리들이 말하고자 하는 것은 똑같다. 바로 사람들이 잠재 능력을 최고로 발휘하여 더 나은 세상을 만들기 위해 투쟁해야 한다는 것이다. 세월의 흐름을 통해 스토리의 가치를 판단할 수 있다면, 이런 공식을 가진 스토리야말로 유일하게 위대한 스토리로 남을 수 있다.

이 공식을 어렴풋이나마 이해한 소수의 스토리텔러들은 줄곧 성공적인 브랜드와 엔터테인먼트, 정치적 메시지를 널리 생산하면서, 미디어 소음을 타파하는 동시에 큰 명성을 얻고 있다. 지금은 비난의 대상이 되었지만 그동안 우리의 미디어 시장을 지배해 온 마케팅 관행, 즉 두려움과 불안을 이용해 대중에게 영향력을 행사하는 방식에 맞서 그들은 조용하지만 막강한 대항 세력으로 진화하고 있으며 그들이 형성하는 새로운 질서가 영원히 강력한 힘을 행사할 수 있도록 움직이고 있다. 나는 그 사실도 알지 못한 채 그들에 합류하게 되었다.

호텔에 머물던 그날, 나는 나중에 무엇을 발견하게 될지 조금도 알지 못한 채, 내 스토리텔링의 성공 비결을 정리하기 시작했다. 그러던 중 오랫동안 잊고 있었지만 굉장히 친숙한 형상이 머리에 떠오르자 하던 일을 멈추었다. 파워포인트 프리젠테이션 작업을 정지하고, 메모와 작성 중이던 설명문을 모두 지웠다. 나는 빈 슬라이드 화면 위에 빨간 알약 그림을 넣었다. 「매트릭스」에서 모피어스가 네오에게 진정한 세상을 보여 주기 위해 주었던 바로 그 알약이었다. 그리고 아래층에서 기다리는 청중을 위해 나는 즉석에서 복음을 만들어 냈다. 내가 지금까지 계속 전파하고 있는 그 복음의 내용은 대체로 다음과 같다.

우리는 전통 신화와의 관계가 단절된 세상에 살고 있으며, 이제 새로운 신화를 찾으려 노력 중이다. 신화가 없는 사람들은 모두 새 신화를 찾기 마련이다.

이 신화들은 우리의 미래를 형성한다. 즉 우리가 어떻게 살고, 무엇을 하며, 무엇을 살 것인지 결정한다. 신화는 우리 모두에게 영향을 준다. 그러나 모든 사람이 신화를 쓸 수 있는 것은 아니다. 신화를 창조하는 사람은 엄청난 힘을 얻게 된다.

그리고 힘이 있는 곳에는, 힘을 차지하려는 투쟁이 벌어진다. 그래서 초심자의 눈에는 보이지 않는 전쟁이 바로 표면 아래서 진행되는 것이다. 전쟁의 병사는 티파티(Tea Party) 시위대와 '99퍼센트 투사,'3 기후 변화 활동가, 컴퓨터 제조업체 마케터, 운동화 브랜드 마케터 등이다. 그들은 아이디어와 돈을 놓고 싸우는 것 같지만 사실은 스토리 지배권을 두고 싸우는 것이다. 이 사실을 알고 자신의 스토리가 진실임을 대중에게 확신시킬 수 있는 사람은 누구나 승리할 수 있다.

이것이 바로 스토리 전쟁이다. 이제 당신을 스토리 전쟁에 초대하려 한다. 스토리 전쟁을 이해한다면 당신은 보다 효과적인 커뮤니케이터가 될 수 있고 건전한 미디어 소비자가 될 수 있다.

하지만 내가 당신을 이 전쟁에 참전시키고 싶은 이유가 하나 더 있다. 지금의 세계는 경제, 사회, 환경 등 많은 영역에서 해결책을 절실하게 필요로 하기 때문이다. 이러한 해답을 만들어 내고 전파하는 능력은 사람들이 지금과는 다른 생각을 할 수 있도록 깨우쳐 줄 위대한 스토리를 창조하는 능력에 달려 있다. 지금 스토리텔링보다 절실한 것은 없다.

이 책은 내 성공작들과 지난 수천 년간의 상징적인 커뮤니케이션 캠페인의 패턴을 이해하려고 노력한 여정을 담고 있기도 하다. 최근의 소셜 미디

---

3 티파티 시위대는 1773년 미국 독립전쟁 당시 영국에 대한 조세 저항 운동인 '보스턴 티파티 사건'에서 유래한 명칭으로, 현재는 미국에서 일반 시민 주도의 보수주의 정치 운동을 뜻한다. 2009년 오바마 정부가 경기 부양을 위해 국민 세금을 쏟아 붓는 등 국가의 빚이 크게 늘어나자 티파티 운동은 전국으로 확산되기 시작했다. '99퍼센트 투사'는 2011년 9월, 신자유주의 정책으로 인한 빈부격차 심화와 부도덕한 금융 기관에 대한 반발로 일어난 월가 점령 시위대를 일컫는 말이다. 국민보다는 기업의 이익을 우선시하는 정부, 거대 투자 은행 등 부패한 1퍼센트에 대항하는 99퍼센트의 시민이라는 의미로 "우리는 99퍼센트다(We Are The 99 Percent)"라는 슬로건을 내세웠다.

어 경향과 마케팅, 과거의 문화에서 교훈을 얻는 것은 쉬운 일이 아니었다. 책 전체에 걸쳐 나는 미래의 문제를 해결하기 위한 스토리를 만들어 내는 데 필요한 공식과 패턴을 제시하려 한다. 하지만 공식은 창조성과 직감을 억압하기보다 자극할 때만 유용하다. 만약 이 책에서 스토리텔링에 성공하거나 세계를 구하기 위한 일률적인 해결 방법을 기대한다면 실망할지도 모른다. 대신 이 책은 당신만의 '영웅의 여정'을 시작하는 데 필요한 통찰과 이해를 제공하며, 당신을 인도하고 장애물을 없애고, 용기를 갖게 할 수단을 제시할 것이다.

**방송 시대** TV, 신문, 잡지, 라디오 등 매스미디어가 발전한 지난 백 년을 의미한다. 정보는 풍부해진 반면, 소수의 사람만이 정보에 접근하고 관리할 수 있었고, 대중은 배포된 정보를 일방적으로 받아들일 수밖에 없었던 시대였다.

제1부 '스토리텔링의 무너진 세계'에서는 지난 한 세기 이상 미디어 시장을 지배하면서 스토리텔링 환경을 파괴해 온 **방송 시대**(the broadcast era)의 유산에 도전한다. 제1장에서는 방송 시대가 물러난 뒤에 등장한, 완전히 새로운 동시에 놀랄 만큼 고전적인 특징을 갖는 오늘날의 미디어 환경을 탐구한다. 제2장에서는 일반적인 마케팅 언어 중 우리가 전달하려는 스토리를 방해하는 요소에 대해 자세히 살펴본다. 길을 떠나기 전 우리의 길을 막는 것이 무엇인지 알아야 하기 때문이다. 제3장에서는 세계는 왜 새로운 신화가 필요하며, 마케터들이 어떻게 현대의 신화창조자로서의 역할을 하게 되었는지 알아본다. 제4장에서 우리는 두려움과 탐욕, 허영을 부추겨 대중의 마음과 메시지를 조작하도록 교묘히 설계된 결함 접근법에 대해 알아보고, 신화창조자의 의무가 어떻게 남용되는지를 살펴본다. 한때 심리학자와 정치 지도자들이 평화로운 세상을 만들기 위한 가장 효과적인 방법이라고 선전했던 이러한 접근법은 국제 사회에 생태, 경제, 정신상의 위

기라는 고통을 초래하였다. 이 오래된 방법은 마케터에게나 사회에게나 더 이상 먹혀들지 않는다.

제2부 '미래 설계하기'에서는 명쾌한 해답을 제시한다. 마케팅 캠페인에 단순히 피상적인 스토리의 허울을 씌운다고 문제가 해결되는 것은 아니다. 그보다 훨씬 깊이 나아가 핵심 브랜드 전략과 기업의 경영 방식까지 되돌아보아야 한다. 잘 짜인 스토리 전략만 손에 넣는다면 우리는 대중의 관심과 충성을 확보하는, 시대를 초월한 스토리텔링 기술을 이용할 수 있게 된다.

우리가 찾을 해답은 바로 기업이나 대의를 위한 스토리 전략을 만드는 데 누구나 활용할 수 있는 간단한 공식이다. 이는 태초부터 스토리텔러들의 지혜를 통해 전해 내려왔지만, 오랫동안 잊혔다가 1895년 마케팅계 최초의 위대한 스토리텔러였던 존 파워스(John Powers)의 계명, 즉 '진실을 말하라, 흥미를 유발하라, 진실을 실천하라' 속에 발현되었다. 이 계명을 우리 시대에 맞게 조금 수정한다면, 주의 지속 시간이 극도로 짧고, 의미는 고갈되었으며, 고도로 투명한 현대 사회에서 사람들의 관심을 끌고, 정서적 유대를 형성하며, 신뢰를 유지하는 스토리를 말하는 데 큰 도움을 얻을 수 있다.

제5장과 제6장은 일관성 있는 스토리 전략을 세우는 첫 단계로, 성공적인 신화의 일반적인 구조에 대해 살펴본다. 신화는 언제나 특정 언어권에서 가장 중심이 되는 진실을 전달해 왔다. 신화는 핵심 가치를 부각하고, 스토리의 교훈을 명쾌하게 제시하며, 수많은 매력적인 등장인물을 창조하고, 대중이 잠재력을 최대로 발휘하여 행동으로 실천하도록 촉구한다. 제7장에서 우리는 주의 지속 시간이 갈수록 짧아지는 시대에 인간의 두뇌가 어떻게 주의를 오래 집중시키는 스토리텔링 모델을 만들게 되었는지를

살펴본다. 마지막으로 제8장에서는 훌륭한 스토리를 만드는 일의 위험성과 기회에 대해 살펴본다. 전설적인 스토리에 대해서는 대중의 기대도 크기 때문에, 극도의 투명성을 특징으로 하는 새 시대에는 브랜드도 자신의 스토리를 직접 실천하고, 그 스토리의 교훈을 대중뿐만 아니라 스스로에게도 적용해야 한다. 자신의 스토리를 실천해야 한다는 부담은 긍정적인 힘으로 작용하여 변화를 가져올 수 있다. 이는 결국 당신과 마케터가 조직을 혁신하는 역할을 맡게 된다는 의미다. 당신의 브랜드가 들려주는 스토리는 당신의 회사가 보다 책임 있는 행동을 실천하도록 이끄는 강력한 힘이 될 수도 있다. 마케터들이 만드는 선순환을 통해 더 나은 기업과 더 나은 세상으로 나아갈 수 있다.

당신을 매혹적인 스토리 전쟁 속으로 안내하기 전에, 스토리 전쟁 그 자체가 신화라는 점을 경고하지 않을 수 없다. 지금껏 존재한 모든 신화와 마찬가지로 스토리 전쟁이라는 신화도 단순히 현장에서 조사한 사실을 여과 없이 제공하는 것은 아니다. 혼란스러운 현실과 급변하는 세계를 구조화하여 커뮤니케이터들이 거기서 무언가 의미 있고 이해할 수 있는 대상을 찾을 수 있게 하며, 두려움이나 절망보다는 자신감을 갖고 그 세계에 접근할 수 있도록 돕는다. 불확실한 시대에 신화는 언제나 이런 역할을 해 왔고 우리는 지금 그 어느 때보다 훌륭한 신화가 필요하다.

―――

마지막으로 강조하고 싶은 것이 있다. 비록 이 책에서는 나 자신과 독자를 마케터라고 부르지만 나는 이 스토리를 통해 마케터뿐만이 아닌 모든 사람에게 다가가기를 바란다. 스토리는 사회 형성의 수단이었으며 개인의 삶을 형성하는 데도 언제나 큰 영향을 미쳤다. 결국 우리 모두는 각자의 인생 여정에서 심리학자들이 말한 '개인적 신화'를 수행하는 영웅들이다. 스토리 전쟁의 전략을 고민하던 중에 나는 다른 이들에게 영향을 주는 일을 직업으로 하는 우리 마케터들이 그동안 인간과 지구에 엄청난 피해를 가져온 미디어 환경을 바꾸는 데 중요한 역할을 해야 한다고 믿게 되었다. 『스토리 전쟁』은 더 나은 미래를 위해 싸우는 영웅의 역할로 당신을 초대한다. 그리하여 당신 자신의 인생 스토리에서 보다 깊은 의미와 만족을 얻게 되길 희망한다.

# 제1부

# 스토리텔링의 무너진 세계

# 제1장
# 스토리 전쟁은 어디에나 있다

당신이 전달하고자 하는 말은 입을 여는 순간 소음과 아우성에 묻혀 사라진다. 정보 과잉에 시달리는 미국인들에게 날마다 3천5백 개의 광고가 무차별 살포되고 있으며, 다른 나라의 미디어 시장도 미국의 추세를 따라잡고 있다. 이메일의 받은 편지함에는 상품 청약과 기부 요청 메일이 넘쳐나지만, 수신자들은 보는 족족 삭제해 버리고 회신하는 일은 거의 없다.

소셜 미디어와 주문형 비디오(VOD)로 무장한 대중은 마케터의 메시지를 비웃거나 무시하거나 신랄하게 비판할 수 있다. 그러는 한편 충동적으로 마케터가 가장 바라는 대상에게 메시지를 곧장 전달하기도 한다. 일류 마케터가 수백 만 달러를 들여가며 메시지를 전달하려는 대상에게 말이다. 축복받는 소수만이 광고 요금을 지불하고 대중의 관심을 구매할 수 있는 '방송 시대'라는 친숙한 세상은 빠른 속도로 막을 내리고 있다. 이제 마케터들은 아이디어의 전쟁터에 뛰어들 수밖에 없다. 이곳에서는 수많은 메시지가 빛을 보기 위해 사투를 벌이지만 그중 대부분은 혼란의 소용돌이에 휩쓸려 사라진다.

메이시스(Macy's)와 시티그룹(Citigroup)에서 광고책임자로 일했던 브래드 제이크먼(Brad Jakeman)은 최근 마케터라면 누구나 느끼는 좌절감에 대해 털어놓았다. "소비자에게 다가갈 수 있는 수단이 그 어느 때보다 많은 오늘날에 소비자와 친숙해지기가 가장 어렵다는 것은 참으로 아이러니합니다."*

마케터들이 사람들의 관심을 끌기 위해 지금껏 무심코 따라 온 과거의 방식들은 빠른 속도로 자취를 감추고 있다. 분명 위협적이고 두려운 상황이다. 오늘날 최고 마케팅 경영자의 평균 재직 기간이 22개월에 불과하다는 사실만 보아도 알 수 있다.* 크라우드 소싱[1] 광고대행사는 아주 적은 돈으로도 짧은 시간 내에 로고와 브랜드, 광고를 모두 제작해 주면서 마케팅 전문가들의 입지를 위협한다. 온라인 광고 회사는 머리를 쥐어짜지 않아도 원하는 대중의 반응을 이끌어 낼 수 있는 정형화된 광고 형식과, 소비자의 심리 또는 의식 구조에 대한 철저한 조사, 연구 자료를 바탕으로 소비자를 조종하는 기술을 자랑한다. 그러나 옛 방식도, 그 자리를 뺏으려는 새로운 방식도 우리가 바라는 대로 대중에게 다가갈 통로를 지속적으로 제공하지는 못한다.

이러한 상황에서는 깊은 간극을 사이에 둔 상반된 현실을 인식해야 한다. 간극의 한쪽에는 역사상 그 어느 때보다 대중이 마케팅 메시지를 믿지 않고 반발한다는 현실이 자리한다. 다른 쪽에는 요즘 대중들은 메시지가 마음에 들 경우 이를 기꺼이 전파할 능력이 있으므로 일단 그들의 사랑을 얻기만 하면 엄청난 파급 효과를 얻을 수 있다는 현실이 존재한다. 결코 쉬

---

[1] crowd-sourcing. 생산과 서비스의 과정에 소비자 혹은 대중을 참여시켜 더 나은 제품, 서비스를 만들고 수익을 참여자와 공유하는 방법.

운 일은 아니지만 마케터는 이 깊은 간극을 뛰어넘을 커뮤니케이션 방법을 찾아내야 한다. 대중의 지원을 등에 업은 성공은 모방할 수도, 돈으로 살 수도 없는 값진 것이지만 마케터는 이를 얻기 위해 거의 불가능해 보이는 것들에 도전해야 한다. 즉 언제나 새롭고 창의적이어야 하며, 마케팅의 대상으로 삼은 사람들의 마음속에 뚜렷이 각인되어야 한다. 이 책에서는 그 간극을 극복하는 데 실제로 큰 효과를 보았던 유일한 전략, 즉 훌륭한 스토리텔링에 대해 소개하려 한다.

## 디지토럴 시대(the Digitoral Era)의 도래

마케팅은 대중이 진정으로 원하는 정보를 제공하기 위해 적절한 수준으로만 개입해야 한다고 여기던 지난 1백 년간의 '방송 시대'를 거친 다음, 새로운 시대에 적응하기란 여간 고통스러운 일이 아니다. 요즘 광고 업계지는 온통 현장을 떠나는 일류 마케팅 전문가에 대한 소식뿐이다. 지금은 분명 큰 위험을 부담해야 하는 시대이지만, 한편으로는 엄청난 기회의 시대이기도 하다. 오늘날의 마케팅에는 사람들의 삶에 침입하는 방법보다는 훨씬 나은 기회가 많다. 다만 그 기회를 얻기 위해서는 수많은 나쁜 관행을 버려야 한다.

**디지토럴** 저자가 만들어 낸 용어로, 아이디어의 창조와 전파에 대중이 주도적인 역할을 하고 적자생존의 법칙에 의해 적합한 아이디어만 살아남던 구전 전통의 특징에, 소셜 네트워크와 멀티미디어 등의 최신 기술로 파급력이 더해진 현대의 커뮤니케이션 형태를 의미한다.

마케터로서 어떤 물건이나 아이디어 등 무엇을 판매하든 간에 우리는 지난 백 년간 우리의 창의성을 무력하게 하고 마케팅을 지배해 온, TV와 진부한 광고 채널, 기타 유료 매스컴이 만든 방송 시대의 관행을 답습해 왔다. 하지만 이제 방송 시대의 모델은 급속히 잊혀지고 있다. 방송 형태는 P2P와 소셜 미디어 방식으로 전환 중이며 이를 막을 수 없다는 것은 누구나 알고 있지만, 이러한 변화가 무엇을 의미하는지 제대로 이해하는 사람은 드물다.

내가 보기에 그것은 구전 전통(oral tradition)의 귀환을 의미한다. 지난 1백 년의 기간을 제외하고는 언제나 인간의 경험을 지배했던 구전의 시대가 돌아오고 있는 것이다. 전혀 예측할 수 없었던 획기적인 형세로 변화하였다.

어떻게 이런 일이 가능할까? 구전이라니? 멀티미디어와 인스턴트 메신저, 페이스북은 옛날보다 말로 하는 커뮤니케이션이 훨씬 줄어들고 있다는 증거가 아닌가? 분명 그렇다고 볼 수도 있다. 그러나 새로운 디지털 문화 속에서 정보를 공유하는 방식은 한편으로 방송 시대 모델을 거부하고 구전 시대의 주된 요소를 받아들이고 있어, '디지토럴 시대'라는 이름을 붙여야 할 것이다. 새로운 시대는 분명 두 전통 양쪽의 요소를 모두 포함하고 있지만, 방송 전통보다는 구전 전통에서 훨씬 더 많은 요소를 차용한다.

### 방송 전통

방송 전통은 텔레비전부터 라디오 시대를 거슬러 올라가 1450년 구텐베르크 활자로 성경이 처음 인쇄된 시대까지 아우른다. 방송 모델에서 정보는 창조자의 머릿속에서 생명을 얻지만 상대적으로 소수의 사람만이 접근할 수 있는 장치로 곧장 이전된다. 활판 인쇄기, 라디오 송신기, TV 방송 카메라 같은 고가의 기기는 누구나 이용할 수 없다. 따라서 소수의 관리인이 어떤 정보를 내보내고 어떤 정보를 즉시 제거할 것인지를 결정한다. 결국 지도자, 인쇄업자, 방송 스튜디오 경영자 등 관리인의 허락을 받는 일이 방송 정보가 넘어야 할 가장 큰 장벽이다. 그러나 일단 관리인에 의해 받아들여진 정보는 상당수의 청중(audience)을 확보할 수 있다.

방송 정보는 그것을 창조하여 널리 퍼뜨린 개인의 소유가 된다. 또한 세상에 나온 정보는 고정불변하다. 정보를 수정하는 것은 쉽지 않은 데다 보통의 경우에는 불법이다. 대중은 그 정보를 원래 의미와 다르게 해석하거나 없애 버리거나 바꾸어 말하지 않으며, 정보에 대해 소유권을 주장하는 법이 없다. 그저 정보를 소비할 뿐이다. 그러므로 대중을 '소비자'라고 부르는 마케터는 대체로 방송 전통 시대에 속한다고 볼 수 있다.

> **청중** 마케팅에서 청중, 대중, 수용자 등으로 번역되는 audience는 광고의 대상 또는 미디어가 도달하는 사람들을 의미하며 신문·잡지의 독자, TV 시청자, 라디오의 청취자, 소비자 대중 등을 총칭한다.

1990년 전후에 마케터는 상당한 액수의 금액을 내고 인기 드라마 시작 전의 광고 시간 30초를 구매할 수 있었고, 그러면 적어도 2천만 명의 시청은 보장받았다.\* 그 시절에는 디지털 비디오 레코더도 없었고 드라마 막간에 이메일을 확인할 일도 없었으니, 광고 시간에는 냉장고에서 펩시를 꺼내거나 펩시 광고를 보거나 둘 중 하나였다. 더구나 드라마 자체가 마케터의 지원에 크게 의존하고 있어 드라마에서 마케팅 메시지를 난처하게 하거나 왜곡하는 일이 없었다. 마케터가 광고 기회를 확보할 능력만 된다면 시청자들의 주의를 끌 방법은 얼마든지 있었다. 사람들이 상품을 사용하면서 행복해하고 만족해하는 모습을 그릴 수도 있었고(온건한 광고 방식), 파격적인 특가 판매나 '펩시의 도전'2처럼 상품을 비교하는 방식(적극적 판매 방식)을 사용할 수도 있었다. 뿐만 아니라 그 시대에 흔히 그랬듯이 이 모든 전략을 드라마 스토리에 끼워 넣는 방법으로 효과를 극대화할 수도 있었다. 그때는 이러한 방법들이 전성기를 누리던 시절이었다.

고가의 광고료라는 진입하기 어려운 장벽 덕분에 방송 전통은 마케터들의 수고를 크게 덜어준다. 어떤 정보를 세상에 내보낼지 인공적으로 선택함으로써, 현대의 산업화된 농장들처럼 세계의 아이디어 생태계에 단일 품목 재배, 예측 가능성, 통제 가능성이라는 특징을 부여한다.

## 구전 전통

반면 구전 전통은 찰스 다윈이 『종의 기원』에서 언급한 야생의 '다양성이 뒤얽힌 저장고'를 닮았다.* 즉 적자생존의 법칙이 적용되어 무질서하고 가혹하며 인공 선택이 이루어지지 않는 곳이다.

창조자의 머릿속에서 아이디어가 시작된다는 점은 구전 전통에서도 다르지 않지만 청중에게 이르는 과정은 훨씬 예측하기 어렵다. 구전 전통 시대에서 아이디어는 관리자에 의해 걸러지고 복제되어 청중에게 바로 전달되는 것이 아니라, 스스로 복제를 거듭하면서 한 수신자의 생각에서 다음 수신자로 건너간다.

진화생물학자 리처드 도킨스는 '밈(meme)'이라는 유명한 개념을 제시했

---

2 Pepsi Challenge. 펩시가 길거리에서 소비자들의 눈을 가리고 펩시와 코카콜라 중 더 나은 것을 고르도록 한 마케팅 전략.

다.\* 이 개념은 구전 전통 속에서 아이디어가 어떻게 살아남거나 소멸되는지 이해하는 데 도움이 된다. 밈이란 문화적 정보를 구성하는 단위로서(우리는 이 개념을 간단히 '아이디어'라고 부를 수 있다), 우리의 머릿속에서 유전자와 유사한 작용을 한다. 사람들 사이의 커뮤니케이션을 통해 한 주체의 머릿속에서 다른 주체로 복제되는 동안 밈은 변화와 적응을 거듭한다. 때로는 불완전하게 복제되기도 하며 돌연변이를 일으키기도 한다. 돌연변이는 아이디어의 적응력을 유지하는 역할도 하지만 너무 자주 일어날 경우 원래 의도를 상실한다. 또한 인간의 뇌가 받아들일 수 있는 정보량은 한정되어 있기 때문에 밈은 다른 밈들과 생존 경쟁을 벌인다. 복제되기 전에 잊힌다면 자연 도태될 수밖에 없다. 결국 가장 인상적이고 흥미로우며 적응력이 높은 밈들만 살아남을 수 있다. 자연 상태에서 밈이나 아이디어는 전달되는 동안 수많은 사람의 흥미를 자극하고 동일한 핵심 메시지를 유지해야만 생존을 보장받는다.

그렇다면 구전 전통의 정글에서 밈을 흥미롭게 만들기 위한 가장 확실한 방법은 무엇일까? 구전 전통의 문화 속에서 손상되지 않고 살아남은 정보가 무엇인지 생각해 보면 답을 알 수 있다. 해답은 바로 '스토리'다. 콜럼버스 이전의 아메리카, 고대 그리스, 중동의 샘족, 고대 이집트, 중국 왕조의 창조 신화와 영웅담은 수천 년의 세월 동안 수많은 사람들의 입을 통해 전해 내려왔지만 놀랄 만큼 일관성을 유지하고 있다. 이러한 고대의 이야기들을 자세히 연구해 본 적이 없는 사람에게도 대략적인 줄거리는 매우 친숙하다. 오늘날까지도 많은 유명 영화와 책이 그 스토리를 기반으로 하기 때문이다.

이 스토리들이야말로 강력한 밈이라고 할 수 있다. 이들의 대부분은 기록이 생겨나기 훨씬 전부터 존재했다. 기록이라는 수단이 출현하자 각 문화권에서 가장 먼저 한 일도 그때까지 입에서 입으로 전해 오던 이야기를 기록하는 것이었다.

 방송 전통과 달리 구전 전통에서는 아이디어의 당초 의미를 그대로 유지하기가 결코 쉽지 않다. 구전 전통의 아이디어는 오랫동안 같은 형태를 지속하는 법이 없다. 아이디어가 어떤 주체의 영향 아래 있는 동안에는 그의 소유가 된다. 그는 아이디어를 비틀거나 자신의 생각을 덧붙이거나 다른 아이디어와 결합시킬 수 있다. 친구에게 보내거나 그저 사라지게 내버려 둘 수도 있다.

 구전 전통의 세계는 거칠고 통제하기 어려워 마케팅 관계자들에게 혼란과 좌절을 안겨 줄 수 있다. 하지만 너무 걱정할 필요는 없다.

 수천 년간 아이디어가 한 사람의 뇌에서 다른 사람의 뇌로 전달되는 동안, 자연선택이 어떤 생존 전략을 선호하는지 분명히 밝혀졌기 때문이다. 살아남은 아이디어를 살펴보면 어떻게 대처해야 할지 알 수 있는 것이다. 흥미진진한 스토리 속에 교묘히 녹아 있는 귀중한 아이디어들은 의미가 손상되지 않은 채 살아남았다.

 분명 현대의 마케팅 스토리 유형이 바빌로니아 창조 신화와 같을 수는 없다. 그렇다면 내가 말하는 '스토리'는 무엇인가? 다음에 스토리 전쟁을 이해하는 데 필요한 스토리의 정의를 소개한다.

> 스토리란 스토리텔러가 자신의 세계관을 대중에게 이해시키기 위해 만들어 낸, 인간의 커뮤니케이션의 한 유형이다. 스토리텔러는 실존 또는 허구의 인물을 무대에 올리고, 시간이 흐르면서 이 인물에게 무슨 일이

일어나는지 보여 주는 방법으로 이 목적을 달성한다. 각 등장인물은 자신의 가치에 부합하는 목표를 찾아 나선다. 그 과정에서 온갖 어려움을 맞닥뜨리며 스토리텔러의 세계관에 따라 성공하거나 실패한다.

우리가 잘 만든 스토리를 좋아하는 이유는, 그 등장인물들이 우리의 롤 모델이기 때문이다. 우리가 그들과 비슷한 길을 택할 경우 우리에게 어떤 일이 생길지 그들의 운명을 통해 알 수 있다.

스토리 중에는 신약 성경처럼 한 인물의 출생부터 사망까지의 방대한 서사를 다룬 이야기도 있지만, 개척지에서의 소박한 삶에 대한 인식을 지워 버릴, 입에 담배를 물고 있는 강인한 카우보이처럼 하나의 이미지만을 불러일으키는 것도 있다. 형식이 전부는 아니다. 단순한 사실이나 주창보다는 인간적 면모를 갖춘 주인공을 통해 삶에 적용할 수 있는 교훈을 제시하는 것이라면 무엇이든 스토리라는 독특한 설득 수단이 될 수 있다.

스토리는 구전 전통의 다양성이 뒤얽힌 저장고를 지배하며, 잘 만들어진 스토리는 떠오르는 미디어 시장의 정글을 지배할 것이다.

**디지토럴 시대**

메일 수신함이 넘쳐나고 소셜 미디어가 대중을 선동하는 오늘날의 과잉 메시지의 세계로 돌아가 보자. 당신은 시장에 새로운 아이디어나 광고를 낼 때 메세지를 트위터로 전달하거나 페이스북 또는 유튜브에 게시함으로써 대중들이 그 메시지를 전파할 것이라고 기대할 것이다. 당신이 그렇게 하지 않는다 해도 다른 사람들이 그 방법을 쓸 것이다. 대중은 당신이 보낸 메시지를 손에 쥐고 있는 동안 메시지를 비틀거나 평가하거나 의견을 덧붙인 다음 담벼락에 게재하거나 블로그에 링크할 수도 있다. 그러는 동안 그 메시지는 원래 의도를 살짝 빗나가는 경우부터 완전히 기괴하게 변형되는 경우까지 다양한 형태로 탈바꿈할 것이다. 메시지가 흥미롭다면 대중은 메시지에 자신이 만든 사운드 트랙을 입히거나 패러디를 할 수도 있고 개인적인 목적으로 도용할 수도 있다. 대중들이 메시지에 무슨 짓을 하든 당신은 그것을 기꺼이 환영하며, 그들이 얼마나 메시지를 활용하는가를 성공의 척도로 삼을 것이다.

이제 구전 전통과 우리의 새로운 디지털 문화 사이의 관련성을 이해할 수 있겠는가? 오늘날의 아이디어는 고정되지 않고 모든 사람이 소유하고 변형할 수 있다. 네트워크 속 구성원의 마음대로 이동하며, 그렇게 되지 못하면 소멸되고 만다. 디지토털 시대는 바로 이러한 것이다.

많은 사람에게 좌절감을 안겨 주었으나 누군가에게는 풍부한 기회를 제공하기도 하는 이러한 환경에서 살아남으려면, 더 이상 대중을 마케팅 메시지를 받아들이는 수동적 소비자로 취급해서는 안 된다. 마케터의 파트너로 보아야 한다. 짜증을 유발하는 구매 권유로 대중의 삶에 난입하던 지난날의 마케팅 방법만으로는 파트너십을 형성할 수 없다. 물론 이것은 새로운 사실이 아니다. 이제 우리 모두는 좋은 이야기를 만들어야 살아남을 수 있다는 사실을 잘 알게 되었지만, 처음에 의욕적으로 시도했다가 크게 실패한 경우도 많을 것이다. 겉으로만 등장인물, 갈등, 줄거리라는 스토리의 옷을 입은 낡은 전략은 대중을 지치고 하품 나게 할 뿐이다.

구전 전통의 스토리들처럼 적자생존 조건을 이겨내야만 디지토털 시대에도 성공하는 스토리가 될 수 있다. 전달 과정에서 혹독한 공격과 비판을 견뎌야 하므로 핵심 메시지는 강력하고 심금을 울리며 적응력이 강해야 한다. 스토리 전쟁에서 승리하려면 단지 흥미로운 것만으로는 부족하다. 거기에 덧붙여 심오한 의미를 가져야 한다.

의미 있는 스토리를 만드는 법을 알게 된다면 무한 경쟁의 디지토럴 시대에도 실패하지 않을 것이다. 대중이 자기 자신과 자신을 둘러싼 세계에 대해 이해하도록 도울 수 있다. 한편 당신 자신은 메시지를 전파하는 전도사 부대를 얻을 수 있다. 또한 의미를 창조하는 세계에 발을 들이는 것은 의미 있는 스토리들이 경쟁하는 격렬한 전쟁터에 들어서는 것이다. 디지토럴 시대에 성공하기 위해서 우리는 준비를 제대로 갖춘 다음 스토리 전쟁에 뛰어들어야 한다. 결국 위대한 스토리와 위대한 전투는 서로 떼려야 뗄 수 없는 관계다.

## 스토리 전쟁에서 파견된 특사

갈등이 없으면 스토리도 없다.

고등학교 때 국어 선생님에게서 들었을 법한 말이다. 서로 대응하는 등장인물이나 세력이 없다면 사건의 전개가 없고 변하는 것도 없으니 스토리라고 할 수가 없다는 의미다. 그러나 스토리 전쟁을 이해하기 위해서 우리는 보다 중요하고 은밀한 비밀을 주시해야 한다. 즉 '모든 갈등은 스토리에서 비롯된다'는 것이다.

스토리는 인간이 세상에 대한 경험을 정리하고 회상하여 다른 사람들로 하여금 그것을 듣고 교훈을 얻게 하는 수단이다. 스토리는 우리가 보고 느끼거나 그저 상상한 사물에서 불필요한 세부 사항을 삭제하고, 각 결과에 대한 원인을 밝히고, 의미를 부여함으로써 본래 무의미한 경험들을 정리하고 질서를 잡는다.

같은 스토리를 말하고 믿는 사람들은 같은 가치를 공유한다. 즉 공통의 세계관을 가진다. 사실 세계관이란 그저 세상의 사물이 어떻게 지금의 모습을 갖게 되었으며, 우리는 세상에 대해 무엇을 해야 하는지에 대한 스토리의 집합이다. 따라서 좋은 스토리는 인간이 공통의 스토리, 공통의 가치, 공통의 세계관을 가진 '우리'라는 관념을 형성하는 데 필수적이다.

그리고 스토리는 다시 갈등을 불러일으킨다. 스토리가 없으면 갈등이 없다. '우리'가 없으면, '그들'도 없기 때문이다. 또한 '그들'이 없으면 갈등을 일으킬 만한 대상도 없는 것이 아니겠는가?

인간의 역사를 통틀어 중요한 스토리들은 갈등의 원천으로 작용해 왔으며, 현대의 디지털 시대에는 스토리 전쟁이 여느 때와 마찬가지로 격렬하다. 얼마 전에 나는 폭스 뉴스(Fox News)를 보고 분노했다.

---

글렌 벡[3]은 카메라에 대고 작은 종이 뭉치를 흔들면서 미소 지었다.

"이게 황 냄새인가요?" 그는 손에 든 꾸러미의 냄새를 맡았다. "네, 그런 것 같군요."*

열정적인 지휘관이 사람들을 끌어모아 이제 곧 일인(一人) 미디어 제국을 건설하려는 순간이었다. 그는 미국의 영혼을 두고 진보주의자와 보수주

---

[3] Glenn Beck. 미국의 대표적인 보수파 정치 평론가이자 TV 및 라디오의 진행자로 과격한 발언과 음모론이 특징이다. 자신의 이름을 딴 프로그램을 진행할 정도로 엄청난 인기를 끌고 있다.

의자가 한 세기 동안 벌인 전투 스토리의 마지막 장을 실시간으로 들려줄 참이었다. 2백만 명이 넘는 미국인이 주파수를 맞추고 오늘의 뉴스가 어떻게 벡의 서사적 내러티브로 표현되는지 보려고 기다리고 있었다. 그는 「물건 이야기(The Story of Stuff)」라는 교육용 비디오 교재를 손에 쥐고 있었다. 그리고 거기에서 그는 악마의 지문을 탐지했다.

「물건 이야기」를 만든 것은 사탄이 아니다. 과잉 소비의 위험을 경고하는 이 20분짜리 대히트작은 우리 스튜디오에서 제작되었기 때문에 나는 잘 알고 있었다. 그러나 그 비디오가 정말로 환경운동가의 머릿속에서 태어났는지 아니면 어둠의 마왕의 사악한 마음에서 태어났는지는 논점이 아니다.

벡은 자신이 대단한 성공을 거둔 이유가 (고대 구전 전통의 위대한 스토리텔러들과 마찬가지로) 자신의 추종자들에게 세계가 어떻게 돌아가는지에 대한 강력한 모델을 제시했기 때문이라고 보았다. 대제국을 건설한 고대의 신화처럼, 벡이 엮어낸 스토리들은 갈수록 낯설고 혼란을 주는 세계에서 그를 따르는 이들에게 해설과 의미, 흥미진진한 스토리를 제공한다. 신나는 영웅과 무서운 악당으로 가득한 벡의 신화적 언어를 일단 받아들이면 과거, 현재, 미래의 어떤 사건이든 그의 스토리를 통해 설명될 수 있다. 그리고 그 신화에서, 인권과 환경 보호를 위해 정부의 적극적인 개입을 주장하는 「물건 이야기」의 애니 레너드(Annie Leonard)는 어둠의 세력에 속한다.

이제 벡은 「물건 이야기」에 대해 설명할 필요가 없다. 자신의 TV 쇼에서 이미 수십 번은 다루었기 때문에 지금쯤 팬들은 그 내용을 잘 알고 있을 것이다.

"「물건 이야기」는 당신의 교회까지 파고듭니다. 물론 일부 내용은 그럴듯해 보이지요. 하지만 아시다시피 까놓고 말하자면 진실 속에 사악한 내용들이 섞여 있어요."

나도 다른 사람들처럼 그를 조소하거나, 그를 음모자 또는 미치광이라고 치부할 수도 있다. 하지만 여기서는 그러지 않으려고 한다. 실제로 그는 사악한 권모술수로 나의 역작을 짓밟았지만, 그가 지배하는 스토리의 핵심을 일단 이해하면 그의 주장이 매우 사리에 맞는다는 것을 알게 된다. 벡이 정치 분야에서 가장 가치 있고 영향력 있는 사람이 될 수 있었던 것은 그의 서사적 스토리가 가진 힘 때문이다. 당신이 성공적으로 의사소통을 하고 싶다면 벡의 세계관이 아니라 그에게 전례 없는 성공을 가져다 준 스토리텔링 전략에 주목해야 한다.

벡은 마케팅계의 거장이며, (그를 어떤 부류에 집어넣을 수 있다면) 그와 같은 부류의 사람들 중에는 보기 드물게 성공한 사람이다. 2010년까지 그는 개인적으로 책과 잡지를 통해 연간 1천3백만 달러를, 라디오를 통해서 1천만 달러를, 연설과 정치 집회, 무대 공연 등 각종 이벤트를 통해 3백만 달러를, (폭스에서 재직하는 동안에) TV를 통해서 2백만 달러를 벌어들였다. 하루 평균 벡의 쇼가 녹화되는 횟수는 그 어떤 유선 뉴스 방송보다 많았다. 이 모든 사실에 덧붙여 그가 티파티 운동의 핵심 인물로 2010년 공화당을 승리로 이끌었다는 점은 의문의 여지가 없다. 그를 아나운서나 정치인쯤으로 생각한다면 핵심을 벗어나는 것이다.

"나는 하나의 브랜드입니다."* 『포브스(Forbes)』와의 인터뷰에서 그가 한 말이다. "무소부재(無所不在)하지 않고서 오늘날의 세계에 영향을 줄 수는 없습니다." 글렌 벡만큼 유비쿼터스한[4] 마케터는 거의 없는 듯하다. 분명 그

---

[4] 어디에서나 흔히 볼 수 있다는 뜻으로 벡이 다양한 매체를 활용해 대중에게 엄청난 영향을 행사하고 있음을 의미한다.

는 일종의 브랜드이며, 그의 성공에서 얻은 교훈은 소매품부터 사회적 대의까지 모든 종류의 브랜드에 적용할 수 있기 때문이다.

―

전형적인 마케터로 분류하기 어려운 애니 레너드 또한 디지토럴 시대의 성공 사례로 꼽히며, 그녀의 성공 또한 우리에게 귀중한 교훈을 전해 준다. 표면적으로 레너드는 마케터가 아니라 쓰레기에 열정을 가진 환경운동가이다. 그녀는 아무런 재원이나 기반 없이 메시지를 절박하게 전파하다가 마케팅계에 발을 들이게 되었다. 레너드는 결국엔 쓰레기가 될 '물건'이 어디서 만들어지는지, 그 물건이 어떻게 소비되는지, 쓰레기로 변한 물건이 버려진 다음에는 어떤 일이 일어나는지를 10년 동안이나 조사했다. 그녀는 지구인 중 그 누구보다 많은 양의 사실과 데이터, 일화, 우리의 물질 경제에 대한 선명한 그림을 확보한 다음 조사를 마무리했다. 그녀는 물질 경제 시스템이 통제 불능이라는 사실도 알게 되었다. 하지만 아무도 그녀의 말에 귀를 기울이지 않는 것 같았다.

어느 날 한 친구가 그녀에게 사실만을 부르짖는 일은 그만두고 보통 사람이 이해할 수 있는 언어로 이야기하라고 충고했다. 이 비판은 매우 효과적이었다. 그녀는 자신이 알고 있는 지식들을 대중이 이해할 수 있는 수준으로 끌어내려야 함을 깨달았다. 자신의 절규를 누구나 알아들을 수 있는 스토리로, 통계학의 언어를 쉽게 떠올릴 수 있는 장면들로 바꾸어야 했다. 바로 그녀의 이야기 속에 여러 등장인물과 그들 사이의 갈등을 채워 넣는 것이었다. 물론 세계 경제 구조처럼 추상적이고 눈에 보이지 않는 대상에

「물건 이야기」

애니 레너드는 우리가 날마다 쓰는 각종 물건들이 무슨 원료로 어떤 과정을 거쳐 만들어지는지, 어떻게 유통되고 소비되는지, 버려진 뒤에 어떻게 처리되는지에 이르기까지 물건의 일생을 추적해 사람들에게 경제 성장과 환경, 사회적 비용, 소비문화에 대한 관심을 환기시켰다.

대해 이 방법을 적용하기란 결코 쉽지 않았다. 이 형식으로 밀어 넣기엔 레너드가 갖고 있던 자료가 너무 많았고, 대상들의 상관관계가 너무 복잡했기 때문이었다. 하지만 그녀가 그 어려운 과제를 수용하자 사람들도 관심을 갖기 시작했다. 자신도 모르는 새 그녀는 위대한 스토리와 그녀 자신의 신화를 전달하는 길에 접어들었다. 한 기부자가 그녀의 스토리에 큰 흥미를 느껴, 누구나 볼 수 있도록 인터넷용으로 각색하는 데 돈을 지원하겠다고 제안했다.

그래서 우리 스튜디오에서 이 프로젝트를 맡게 되었다. 우리는 애니 레너드의 60분짜리 강연을 20분짜리 만화로 바꾸었다. 결과는 대성공이었다. 인터넷에는 매일 수백만 건의 동영상이 게시되지만 대부분은 즉시 잊히고 만다. 그러나 「물건 이야기」는 즉각 떠들썩한 화젯거리가 되었다. 제작 후 몇몇 블로거와 친구, 동료에게만 전송했을 뿐인데도 동영상은 급속히 퍼져 나가 일주일 만에 5만 명에게 전달되었다. 지금 이 수는 1천5백만을 훌쩍 넘었다. 이 동영상을 시작으로 베스트셀러가 된 도서 『너무 늦기 전에 알아야 할 물건 이야기』가 출간되었고, 1천5백만 곳 이상의 교실에서 그녀의 비디오가 상영되었으며, 그녀를 위해 20만 명의 활동가가 일하는 비영리 단체가 조직되는 등 레너드의 개인 미디어 제국이 출범하였다.

---

글렌 벡이 CNN과 폭스 뉴스의 도움을 받아 주류 아이콘으로 부상한 반면, 애니 레너드는 거의 어떤 도움도 받지 않고 군소 아이콘의 지위를 획득했다. 유황 냄새가 나는 교과 과정을 개발한 여자와 그 냄새를 맡은 남

자는 모두 예상을 훌쩍 뛰어넘는 성공을 거두었다. 그 성공을 이해한다면 디지토럴 시대에 스토리가 어떤 힘을 발휘하는지 알게 된다. 세계에서 가장 강력한 미디어 기관인 폭스 뉴스가 왜 많은 시간을 할애하여 공식적인 활동 기반도 없는 인터넷 운동가의 이야기를 다루었는지 이해한다면 스토리 전쟁의 시급성을 인식할 수 있다.

## 물건을 둘러싼 전쟁 해독하기

스토리 전쟁에 대한 개념은 세상에서 무슨 일이 일어나는지 알려 주는 강력한 렌즈이다. 이 렌즈를 통해 우리는 위대한 스토리를 기반으로 하는 브랜드의 구성 요소들을 해석하고 배울 점을 찾을 수 있다.

이러한 구성 요소들을 창조하는 일은 스토리의 교훈을 명확히 하는 데서 시작된다. 스토리 전쟁의 승리자들은 누구나 예외 없이 모든 커뮤니케이션의 주된 교훈이 될 흥미로운 메시지를 주장한다. 훌륭한 교훈은 단순하고 쉽게 기억할 수 있으며 인상적이다. 국제사면위원회(Amnesty International)의 교훈은 '사람들이 지켜볼 때는 인간의 권리를 억압하지 못한다'이고, 나이키의 교훈은 '누구든 확고한 투지를 갖고 열심히 노력하면 놀라운 결과를 얻을 수 있다'이다. 지금쯤 당신도 눈치챘을 것이다. 이러한 교훈은 그 브랜드가 들려주는 수천 가지 스토리의 기반이 된다.

그다음으로 스토리텔러는 자신들의 이야기가 우리의 삶에서 어떻게 기능하는지 보여 주기 위해 영웅과 악당, 그들 사이의 갈등을 명확히 정한다. 이 이야기들은 사람들이 그 갈등 속의 주요 인물이 되어 무너진 세계를 더 나은 곳으로 만들 수 있게 도와 준다.

브랜드가 이 역할을 모두 수행한다면 '해설(explanation), 의미(meaning), 스토리(story)'를 전달하는 장치가 된다. 즉 브랜드는 관심을 유발하고 행동을 촉구할 수 있는 신화를 창조하게 된다.

각각의 브랜드가 서로 상충되는 해설과 의미, 스토리를 전달할 때 갈등이 생긴다. 글렌 벡이 자신의 추종자들로 하여금 애니 레너드의 메시지가 사악하다고 믿게 만든 이유도 바로 그 때문이다. 이제 스토리 전쟁의 렌즈를 이용하여 이 마케팅 달인들 사이의 갈등을 조명해 보자.

「물건 이야기」에서 애니 레너드는 각 개인의 경험 수준에서 우리의 물질 경제에 대해 재미있고 쉽게 소개하는 회오리바람 여행에 대중을 초대한다. 가는 길 내내, 우리는 생활 속의 모든 물건에 보이지는 않지만 막대한 금액의 가격표가 붙어 있다는 사실을 배운다. 레너드는 1950년대에 소비가 폭발하면서 미국 국민의 행복지수가 떨어지기 시작했으며 그 이후로도 계속 떨어지고 있다고 밝힌다. 그녀는 이렇게 말했다. "우리는 지구를 파괴하고 있습니다. 그게 재미있지도 않은데도 말입니다."

우리의 소비문화에 대한 이러한 정면 공격을 신성 모독으로 받아들이는 사람들도 많을 것이다. 레너드처럼 '성장이 과연 좋은 것일까'라는 질문을 하는 것은 우리의 경제 구조와 그 목적에 대한 근본적인 가정에 의문을 표하는 것이나 마찬가지기 때문이다.

겉으로만 봤을 때는 그저 글렌 벡이 물질과 경제 성장이라면 무조건 호의를 갖는 인물이라서 이러한 갈등이 시작되었다고 짐작해 볼 수도 있다. 나는 이 가정이 옳은지 알아보기 위해 벡의 최고의 베스트셀러 스릴러 『오버턴 윈도우(The Overton Window)』 한 부를 집어 들었다. 그러나 그 가정은 전혀 사실이 아니었다.

　이 책은 미국을 전복시키고 전 세계에 사회주의 독재 정부를 세우려는 음모에 대해 다룬다. 그 모든 사건의 배후 인물은 마케터 아서 가드너이다. 그는 완전한 지배를 위한 발판으로 대중에게 소비주의를 주입하는 등 사람을 마음대로 조종하는 능력을 한껏 즐긴다.

　이렇게 보면 벡은 레너드와 뜻을 같이하는 것 같다. 그러나 스토리 전쟁에 관한 한, 표면적인 스토리는 실제 행동과 일치하지 않는 경우가 많다. 최고의 마케팅 전략에서 사람들은 표면적으로 보이는 세부 사항이 아니라 각각의 브랜드 서사가 창조하고 내세우는 스토리의 교훈이나 그 교훈을 따르며 살아가는 흥미로운 등장인물들에 반응하고, 그 인물들을 자신들의 삶에 적용시켜 본다. 애니 레너드와 글렌 벡 또한 물건에 대한 두 사람의 견해 차이 때문에 다투는 것이 아니라 바로 미국의 의미를 놓고 다투는 것이다.

　『오버턴 윈도우』를 읽고 '글렌 벡은 물건을 사랑한다'라는 내 가정이 틀렸음을 깨닫자 이 갈등의 원인을 찾기 위해 더 깊이 파헤칠 필요가 있다고 생각했다. 그래서 레너드를 점심 식사에 초청하여 「물건 이야기」가 정말로 말하고자 하는 것이 무엇인지 물어 보았다.

　"우리 모두가 개인만 생각한다는 게 문제입니다. 개인적인 문제에 신경 쓰기 바빠 전체를 조망하는 것을 까마득히 잊고 있습니다." 그녀는 이렇게 설명했다. "물건을 많이 소유하지 못해 안달하기보다 서로를 향해 관심을 돌린다면 삶의 질이 향상될 것입니다."* 이것이 바로 레너드의 스토리의 교훈이며, 그녀는 이 교훈을 구체화할 영웅과 악당, 갈등을 만들어 냈다. 레너드가 들려주는 이야기에서는 온갖 횡포를 일삼는 기업(성공을 향한 개인의 욕구를 궁극적으로 표현하는 장치)으로부터 문제가 시작된다. 언제나 악당은 통제 불능의 탐욕스러운 기업, 그리고 그들과 한통속이 된 부패한 정부 관료다. 영웅은 '소비자'라는 이름표를 떼고 '시민'으로서의 의무를 감당하기로 결심하는 평범한 사람들이다. 이 전형적인 등장인물들은 추상적인 개념이 아닌 껴안아 주고 싶을 만큼 작고 귀여운 (경우에 따라 분지르고 싶은) 막대 그림으로 등장한다.

레너드는 자신의 청중이기도 한 시민 영웅을 위해 누구나 참가할 수 있는 여정을 마련했다. 그녀는 청중에게 함께 힘을 모으고 정부를 바로잡아 정부를 집단적 의지를 구현하는 수단이자 정신 나간 시장 제도에 필요한 균형 세력으로 만들자고 간청한다. 시청자들은 그녀의 스토리를 전파하고, 영상물이 웹사이트에서 상위권에 진입할 수 있도록 투표하고, 동일한 메시지를 담은 자신만의 비디오를 만드는 등 갖가지 방식으로 반응했다. 이 모두가 디지토럴적인 성공의 특징이다.

레너드가 현재의 상징적인 위치를 차지하게 된 것은 일관성 있는 신화를 바탕으로 해설, 의미, 스토리를 산뜻하게 포장하여 제공한 마케팅 전략 덕분이다.

해설: 당신이 전에는 전혀 몰랐던 물질 경제의 비밀을 밝힌다.
의미: 이러한 시스템이 행복을 주는 것이 아니므로, 이제는 소비를 넘어 의미를 추구해야 한다.
스토리: 그녀의 분석을 통해 추상적인 경제 이론이 악당과 영웅, 갈등과 도전이 가득한 세계로 압축되었다. 사실 그녀는 지구에 사는 인간의 생존 문제에 대해 얘기하는 셈이니 이보다 큰 도전은 없다.

나는 글렌 벡도 점심에 초대하였지만, 그는 내키지 않는 모양이었다. 하지만 그의 저작들은 모두 일관성을 유지하고 있어 그의 신화를 해독하기는 어렵지 않았다. 그의 브랜드 스토리에도 명확한 교훈이 있으며 그것은 레너드의 교훈과 정반대이다. 즉 '개인의 이익 추구는 자유이자 미덕이다. 집단의 이익 추구는 폭압이다.'

벡의 스토리에는 언제나 동일한 악당이 등장한다. 진보주의라는 '진행성 암(癌)'이다. 진보주의의 옹호자로는 버락 오바마, 조지 W. 부시, 스탈린, 히틀러, 그리고 벡의 주된 공격 대상인 우드로 윌슨이 있다. 진보주의의 죄악은 전체나 국가의 의지를 레너드 같은(이런!) 개인의 의지보다 우선시하는 데 있다.

벡은 자신의 신화 속 영웅(개인주의 정신이 충만한 보통의 미국인)이 집단주의의 궁극적 도구인 국가의 방해를 받는 경우에는 언제든 진보주의의 탓으로 돌리도록 추종자들을 부추긴다. 그것은 바로 개척지 정착민 시대로 거슬러 올라가는 미국의 스토리와 깊숙이 연관되어 있다. 미국 국민의 의식 속에는 이 강인한 선조들의 정신이 깊이 새겨져 있지만, 개척자의 신성한 임무라고는 전혀 모르는 동부 대도시의 엘리트들은 이를 끊임없이 위협한다.

"건국의 아버지들은 국가 권력은 단속해야 할 대상이라 믿었다." 벡은 이렇게 썼다. "반면 진보주의자들은 큰 집단의 이익을 위해 개인의 권리를 제한해야 한다고 믿는다. 두 입장 중 하나가 결국 승리하여 미래 세대의 삶을 결정할 것이다."*

여기서도 우리는 신화가 갖추어야 할 모든 요소와 공감을 주는 스토리를 찾아볼 수 있다. 벡은 매일 자신의 세계관으로 향하는 새로운 출입구가 그려진 화면을 펼치면서, 관객들에게 뉴스와 함께 우리가 실천하고 참여할 수 있는 신화인 해설과 의미, 스토리를 제공한다.

> 해설: 미국은 진보적인 특권층과 자유를 사랑하는 진정한 미국인 사이의 전투로 규정할 수 있다.
> 의미: 이 전투에 참가하는 것은 미국인으로서 할 수 있는 가장 애국적이고 권장할 만한 활동이다(벡 자신도 이 위대한 목표 덕분에 알코올 중독과 자살 충동에서 헤어날 수 있었다고 한다).
> 스토리: 그의 드라마는 흥미로운 등장인물과 갈등, 놀라운 도전으로 구체화되었다.

벡의 관객들은 사실 이 스토리를 충분히 이해하지 못하지만, 그렇기 때문에 벡의 대학에 등록하고, 벡을 비방하는 사람들의 블로그를 공격한다. 심지어 바이런 윌슨이라는 사람은 2010년에 벡의 사주를 받고 레너드를 지원하는 타이즈 재단(Tides Foundation)을 맹공격하기도 했다. 벡의 브랜드는 단지 청중을 확보하는 데 그치지 않고 열혈 전도사까지 양성한 것이다.

나는 위의 두 입장이 결판 날 때까지 싸운 끝에 벡이 궁극적인 승리자가 되리라는 것을 확신할 수는 없다. 1950년대에도 프랭크 캐프라(Frank Capra)와 아인 랜드(Ayn Rand)같은 스토리텔러를 주축으로 미국의 이상에 대해 극명하게 대립하던 세계관들이 충돌하였다. 그리고 이제는 월가 점령 운동(Occupy Wall Street Movement)과 티파티(Tea Party) 운동의 대립으로 갈등에 다시 불이 붙었다. 분명한 것은 이 두 가지 신화가 적극적으로 상대편을 이기려 노력하면서 오랫동안 미국의 정치 상황에 대한 논쟁을 형성해 왔다는 점이다. 이 분야의 스토리 전쟁이 치열하게 전개되어 온 배경은 바로 이러하다.

벡과 레너드 사이에는 많은 차이점이 있지만, 두 사람 모두에게 성공을 가져다 주었으며 서로 공유하는 한 가지 핵심 믿음이 존재한다. 바로 보통의 미국인이 현상 유지나 편리와 안락만을 추구하기보다 높은 이상에 동참하기를 갈망한다는 믿음이다. 그들의 스토리는 우리 모두에게 일개 소비자보다는 나은 존재가 될 수 있는 기회를 제공한다. 개인을 뛰어넘어 웅장하게 펼쳐지는 드라마에 동참하도록 그들을 초대한다. 벡의 추종자들은 스스로를 '역사가(historian)'로 지칭하기 시작했다. 반면 대부분의 마케터들은 벡의 팬 집단에게 '반지성주의'라는 이름을 붙인다. 벡은 추종자들을 폭넓은 역사와 정치, 사회학과 미래주의 담론으로 끌어들인다. 그 반대편에서는 레너드가 관객들에게 시민 참여와 행동의 힘을 다시금 믿도록 촉구하고, '시민 근육'[5]을 발휘하여 소비의 행복은 전해줄 수 없는 공동체 참여를 권장한다. 두 스토리텔러 모두 우리에게 너무 익숙해진 마케팅 형태, 즉 두려움, 탐욕, 허영, 불안과 같은 기본적 감정에만 호소하는 '결함 접근법(inadequacy approach)'을 거부한다. 애니 레너드와 글렌 벡은 고차원적 가치와 큰 대의에 기여하려는 욕구에 호소하는 방법을 이용했다.

글렌 벡과 애니 레너드의 스토리는 거친

**결함 마케팅** 사람이 불완전한 존재라는 사실을 강조하면서 두려움, 탐욕, 허영, 불안과 같은 부정적인 감정을 부추겨 물건을 사거나 브랜드와 관계를 맺기만 해도 이런 감정들이 마법처럼 해소된다는 메시지를 담는 방법이다.

---

5 citizen muscle. 시민들이 소비자로 행동한다면, 정치인들은 각각의 이해 집단들이 원하는 것에 맞춘 정책을 펼칠 것이나 시민 근육을 회복해 시민으로서 국가의 미래를 걱정한다면 개인의 이해를 떠나 사회의 번성을 위한 정책이 힘을 받을 것이라는 의미의 용어다.

디지토럴 시대에서도 적절한 전략만 있다면 폭발적인 성공이 가능하다는 것을 보여 준다.

## 모든 전쟁은 스토리 전쟁이다

오늘날 뛰어난 마케터들은 사회가 필요로 하는 의미를 전달하는 스토리를 통해 대의와 브랜드에 대한 충성도를 높인다. 그들은 계획적으로 공동체를 형성하여 사람들에게 '우리'라는 인식을 심는다. 모든 사회는 핵심 신화의 힘을 빌려 구성원을 인도하지만 우리의 신화 중 많은 것들은 파괴될 위험에 처해 있다. 스토리에 대한 우리의 갈증을 이해한다면 우리 시대의 몇몇 마케팅이 엄청난 성공을 거둔 원인을 파악할 수 있고, 현대 신화의 창조자로서 마케터들에게 막대한 책임이 있다는 사실도 깨닫게 된다. 왜 그럴까? 스토리를 둘러싼 전쟁은 언제나 사회의 미래를 형성하는 가장 중요한 투쟁이었기 때문이다.

글렌 벡과 애니 레너드 사이에서 벌어지는 드라마는 고대의 강력한 세계관 충돌과 비슷한 형태를 보인다. 사실 아주 오래전부터 모든 전쟁은 스토리 전쟁이었다. 몇 가지 예를 들면 히브리인의 블레셋 정복, 십자군 전쟁, 독일의 폴란드 침공, 9/11 테러 모두 여기에 해당한다. 무수히 많은 전쟁이 유일신과의 계약을 쥐고 있는 민족, 성스러운 바위 위에 세운 도시, 천 년 동안의 세계 지배권을 두고 벌어진 운명의 결전, 순교자들을 위해 준비된 천상의 기쁨 등의 스토리를 놓고 벌어졌다.

강력한 스토리들이 수백만 명의 남녀에게 비극적이고도 영웅적인 행위를 할 용기를 주었기 때문에 그들은 목숨을 바쳐 우리의 세계를 근본적으로 바꿀 수 있었다.

나는 당신이 전쟁을 부추기지는 않을 거라고 생각한다. 당신은 전쟁보다는 아이디어나 가치관, 상품을 판매할 것이다. 다른 말로, 당신은 신병 모집자가 아니라 마케터이다. 그런데도 온통 전쟁 얘기만 하는 까닭은 무엇일까?

첫째로, 사람들이 스토리를 지키기 위해 가족을 떠나 죽음을 무릅쓰거나 다른 사람을 죽이는 것을 보면 우리의 행동에 스토리가 얼마나 큰 힘을 발휘하는지 알 수 있다. 우리는 지금껏 목숨을 잃을 수도 있는 전쟁에 스스로 뛰어드는 행위에 대해 큰 거부감을 갖도록 진화해 왔다. 이것은 바로 두려움 때문이다. 그리고 대부분의 사회에서는 살인을 엄격하게 금기로 규정하여 두려움을 조장한다. 그러나 제대로 전달된 훌륭한 스토리는 이 모든 것을 무력화한다. 스토리에는 인간의 행동에 급격한 변화를 가져오는 힘이 있다. 또한 인간의 행동을 바꾸어 변화에 대한 두려움을 무릅쓰고 지금과는 다르게 생각하고 소비하고 투표하게 만드는 것이 마케팅이 하는 일이다.

두 번째로, 전쟁은 서로 경쟁하는 스토리들이 충돌하는 가장 명시적이고 폭발적인 방법이다. 전쟁은 스토리 전쟁이 얼마나 위험할 수 있는지 보여 준다. 수 세기 전만 해도 사회는 지금보다 규모가 작았고 스토리에는 동질성이 있었다. 한 부족이나 마을, 나라의 모든 구성원은 태어날 때부터 같은 스토리를 듣고 자랐다. 그러다 새로운 스토리가 등장하면 이해관계가 다른 집단들 간에 의견이 상충되는 경우가 생겼다. 서로 다른 스토리는 집단 사이의 갈등을 증폭하거나 정당화했다. 오늘날에도 종종 그러한 일이 생기지만, 수많은 문화가 혼합된 미국 같은 사회에서는 스토리끼리 서로 싸우지 않으면서도 맹렬하게 경쟁하는 경우가 많다. 이런 사회에서 스토리 전쟁은 다른 사회만큼 격렬하지 않지만 그렇다고 중요성이 덜한 것은 결코 아니다. 구성원을 정의할 스토리, 더불어 살아갈 스토리, 사람들의 주의를 끌기 위해 치열하게 경쟁할 스토리가 필요한 것은 마찬가지다.

브랜드 메시지, 제품 광고, 선거철을 공략하는 홍보물, 파생 상품을 노리고 제작되는 영화 등이 넘쳐나는 미디어 과잉 환경에서 가장 큰 영향력을 가지는 스토리텔러는 더 이상 무당이나 성직자, 대통령, 장군이 아니다. 오늘날의 스토리텔러는 올해 가장 인기 있는 캐릭터 상품을 만들어 낼 픽사 애니메이터, 니카라과의 커피 농부와 당신을 정서적으로 손쉽게 연결하는 스타벅스, 미국의 다음번 시민 주도 혁명에 관한 이야기를 만드는 아메리칸 크로스로드[6]의 칼 로브[7] 등이다. 모든 분야에서 마케팅은 전통적인 스토리텔러의 권위에 도전하고 있다. 올해 우리 동네의 쇼핑센터에서는 쇼핑 카트를 쌓아 올려 만든 크리스마스트리가 등장하여 성자(聖者)들 또한 마케터의 지배 하에 있음을 선포했다. 어느 누구도 이의가 없는 것 같았다.

스토리 전쟁의 전쟁터는 이제 시장으로 옮겨 갔다.

한때 사람들은 세계의 운명이 경전이나 법률에 쓰여 있다고 믿었지만 이제 그 일부는 마케팅 전략서에 쓰여 있는 것 같다. 세계 100대 경제 주체의 절반 이상은 국가가 아니라 기업이다. 마케팅은 기업이 고객과 의사소통하는 언어이며, 고객은 기업의 존립 기반이다. 미국에서 마케터는 민주주의를

---

6 American Crossroads. 무제한으로 정치 기부금을 모금할 수 있는 특별 정치활동위원회 슈퍼팩(Super PAC)의 하나로, 공화당을 지지한다.

7 Karl Rove. 부시 행정부의 수석정치자문으로 2007년 공화당 선거 전략을 총지휘하였다.

좌지우지한다. 2009년에 대법원은 기업이 선거에 영향을 주기 위해 돈을 쓸 수 있는 무한한 권리가 있다고 선포했다. 바로 다음 해에, 지난 다섯 차례의 중기 선거를 합친 것보다 더 많은 돈이 기업이 지지할 수 있는 일종의 정치적 이익단체로 흘러들어갔다. 이 수백만 달러에 대한 책임은 누구에게 있는가? 마케터이다. 우리는 여전히 테러리즘과 핵무기에 대해 우려하고 있지만, 생물종의 하나인 우리 인류가 당면한 가장 심각한 위협은 기후 변화와 자원 고갈, 생물종 감소 등 과소비로 인한 위기들이다. 이런 상황을 유발한 이들은 누구인가? 다름 아닌 마케터들이다.

스토리가 당신을 문자 그대로의 싸움으로 내몰지는 않는다고 해도, 여전히 우리 모두의 민주주의와 지구의 미래를 형성할 중대한 결정을 하는 데 큰 영향을 주고 있다. 오늘날의 스토리 전쟁은 사회적 대의와 브랜드, 선거 출마자를 담당 마케터와 함께 대중의 관심을 놓고 싸우는 전쟁터로 보낸다. 스토리 전쟁은 '우리'를 정의하는 방식에 따라 사람들을 서로 묶고 서로에게 소속되어 있다는 느낌을 갖게 한다. 스토리는 우리 모두가 공유하는 외부 세계뿐 아니라 내부 세계도 형성한다.

『스토리 전쟁』은 불확실과 역경의 시대에 희망을 말하는 책이다. 마케터의 입장에서 보면 디지토럴 시대의 도래가 위기를 초래한 셈이다. 전통적인 방법은 더 이상 효과가 없고 진화하지 못하면 갑자기 도태되는 상황에 이르렀다. 그러나 좋은 소식이 있다면 우리가 대중이 필요한 만큼 대중 또한 우리가 필요하다는 것이다. 사람들은 전통적인 스토리가 더 이상 아무런 공감을 주지 못하는 급변하는 세상을 이해하기 위해 많은 노력을 기울이고 있다. 마케터들은 더 이상 효과가 없는 과거의 접근 방식에서 벗어나, 구전 전통에서는 항상 효과를 발휘한 스토리를 이용하여 시장을 개조할 기회를 얻게 되었다. 이들 스토리는 사람들을 고차원의 목표로 초대한다. 우리는 새로운 유형의 스토리를 창조하여 대중을 메시지의 전도사로 만드는 한편, 그들에게 더 나은 세상을 만드는 데 참여하도록 촉구할 수 있다. 마케터와 소비자가 서로 적대적이던 시절은 지났다. 새로운 미디어 환경은 양쪽 모두를 훨씬 더 만족시킬 것이다.

이 책에서는 소비자 대중을 우리의 목표 집단이라기보다는 동지로 보게 함으로써 스토리 전쟁에서 싸우고 이길 수 있는 새로운 방법을 제시한다.

# 제2장
# 5대 죄악

모든 영웅에게는 배경 스토리가 있다. 적에게 두려움을 주는 존재가 되기 전의 이야기로, 그 시절에 영웅은 다른 사람과 마찬가지로 여러 실수를 저질렀다. 이 장에서는 그러한 실수, 즉 스토리 전쟁에서 패배할 수밖에 없도록 만드는 허영, 권위, 위선, 허풍, 속임수라는 5대 죄악에 대해 살펴보려 한다.

영화에서는 90분이라는 짧은 시간 안에 배경 스토리까지 담을 수 없다. 하지만 실제 삶에서 우리 대부분은 영원히 배경 스토리에서 벗어나지 못한다. 우리의 메시지는 무시되거나 잘못 이해되거나 혼란을 주는 경우가 많다. 이를 피하기 위해 막연하게 커뮤니케이션에서 정서적인 내용을 많이 담게 되면, 감정만 전달될 뿐 메시지는 갈 길을 잃게 된다. 그러면 이내 방향을 바꾸어 다시 사실 전달에 집중하지만, 우리의 주장이 진실이라 하여도 신뢰를 얻기가 쉽지 않음을 깨닫게 된다. 한심하게도 우리는 아무 준비 없이 스토리 전쟁에 뛰어들었다가 제대로 대응하지 못하고 있다. 그러니 우리 대부분은 멘토가 절실히 필요하다.

물론, 멘토는 우리 주변 어디에나 있다. 우리처럼 마케팅 거장들에게도 배경 스토리가 있다. 그들도 한때 우리와 똑같은 실수를 하며 방황하다가 어느 날 위대한 스토리를 가지고 나타나 모든 것을 바꾸었다. 우리 모두가 그러하듯 방송 시대에나 적합한 가정을 토대로 훈련받은 마케터인 당신은 우리 앞을 가로막고 스토리를 죽이는 기본적인 죄악에 맞서면서 거장의 대열에 합류하기 위한 여행을 시작해야 한다.

## 죄악 소개

아이디어가 자연선택되던 구전 전통 시절과 달리, 방송 시대는 죄악에 빠진 커뮤니케이터를 더 이상 걸러 내지 않았다. 그리하여 위대한 스토리텔링을 우회하는 편법을 쓰는 마케터들이 유해 외래종처럼 번성했다. 그러나 사실 죄악은 수천 년 동안 우리 곁을 떠나지 않고 언제나 스토리텔러를 유혹해 왔다. 그래서 특별히 그들에게 주의를 주기 위한 훈계성 이야기들이 만들어지기도 했다.

이해를 돕기 위해, 나는 다섯 가지 죄악에 해당하는 각각의 이야기를 소개하여 죄악에 대항하는 방법을 설명하고자 한다.

### 첫 번째 죄악: 허영과 나르시스 이야기

나르시스는 자타가 공인하는 가장 잘 생긴 사냥꾼이었다. 그는 연못에 비친 자신의 모습을 보고, 그 아름다움에 매혹된 나머지 흥분해서 물속으로 뛰어들었다. 어떤 사람들은 그가 물에 빠져 죽었다고 한다. 또 자신의 잘생긴 외모에서 눈을 떼지 못해서 그대로 물가에 얼어붙은 채 여위어 가다가 결국 사라졌다는 사람들도 있다. 어느 쪽이든 자기 자신을 미치도록 좋아하는 사람은 행복한 결말을 맞이할 수 없다.

당신의 브랜드나 대의는 당신 자신의 모습이다. 그러니 그것을 사랑하는 것은 당연하며, 바람직한 일이기도 하다. 당신이 그것을 사랑하지 않는다면 다른 사람들에게 전할 수 없기 때문이다. 그러나 허영의 죄는 자신이 마케팅하는 대상을 너무나 사랑하여 다른 사람들도 모두 그럴 거라고 생각하는 데서 비롯된다. 사람들에게 다가가 말하기만 해도 당신의 아이디어가 모두 수용될 거라고 믿기 시작하는 것이다. 물론 그런 생각은 옳지 않다.

마케터가 "우리 제품은 35년 동안……"이나 "우리 제품은 최고로서……"와 같은 말로 시작한다면 허영에 빠진 것으로 볼 수 있다. 자기 자신과 제품에 대한 자부심 때문에 정말로 중요한 대상인 대중들과 연결되기 위해 어떻게 해야 하는지는 알지 못한다.

대중이 진정으로 보고 싶어 하는 것은 그들 자신의 현실과 메시지에 반영된 가치라는 사실을 완전히 망각한 채, 허영에 빠진 마케터는 연단 위에서 자기주장만 내세운다. 자신의 메시지가 제대로 전달되었는지 관심도 없는 그는 연단을 점점 높게 쌓아 하늘까지 이르지만 대중에게서는 점점 멀어진다.

정치인들도 허영에 찬 마케터로 이름이 높다. 존 케리(John Kerry) 같은 인물이 특히 그러하다. 그는 자신의 혼란스러운 메시지가 명료하다는 확신을 갖고, 상대편의 기량 부족을 강조하며 자신의 영웅적 활약과 번듯한 경력에 대해 떠들었다. 약한 상대라고 생각한 상대편이 더 나은 스토리로 승리하자 그는 큰 충격을 받았다.

대통령 선거의 결과 전체를 단순하게 한 가지 원인으로 설명하는 것은 불가능하다. 그러나 2004년 뉴스들이 분석한 자료를 읽는다면 대부분의 사람들은 존 케리가 선거에서 패배할 수밖에 없었던 원인이 분명하다는 것을 수긍할 것이다. 선거 운동에 돌입하면서 조지 W. 부시는 당시의 현안 해결에 골몰했다. 그가 2000년에 취임하던 당시, 미국인 열 명 중 한 명은 경제에 위기가 닥쳤다고 생각했다. 2004년 선거가 다가올 무렵에 그 수치는 50퍼센트 이상으로 늘어났다. 게다가 이라크전이 정도를 이탈하면서 유권자들 사이에는 깊은 불만이 생겨났다. 부시가 승리한 이유는 보통 이렇게 설명할 수 있다. 그는 미국과 연결될 수 있는 방법을 찾았다. 케리는 그렇게 하지 못했고, 하려고 하지도 않았다.

당시 민주당의 선거 전략가였던 제임스 카빌(James Carville)은 선거 며칠 후 이런 말을 했다. "그들은 간결한 이야기를 만들었고, 우리는 장황한 이야기를 만들었다. 그들은 '당신을 테헤란의 테러리스트와 할리우드의 호모에게서 보호하겠다'고 했고, 우리는 '깨끗한 공기와 질 높은 교육, 보건 시스템을 제공하겠다'고 했다. 결국 민주당의 장황한 이야기는 공화당의 간결한 이야기를 이길 수 없었다."*

카빌의 말에는 당시 모든 민주당원이 느꼈을 법한 좌절감이 담겨 있다. 케리가 소리 높여 외친 것은 케리 자신밖에 없었다. 그는 자신의 논점과 자격만을 열거했다. 그래 놓고 우렁찬 갈채를 기대했다.

케리가 민주당 전당대회에서 발표한 수락 연설(그의 일생에서 가장 중요한 연설이라 할 수 있다) 중 약 2분 분량에 해당하는 앞부분을 소개한다. 자기중심 마케팅의 진수를 느낄 수 있을 것이다.

"존 케리입니다. 출석을 보고합니다."

"한 위대한 미국 소설가는 『그대 다시는 고향에 가지 못하리』1를 썼습니다. 하지만 그는 이런 날이 오리라고는 상상도 못했나 봅니다. 오늘 나는 고향에 돌아왔습니다."

(자기 어머니에 대해 얘기하면서) "내가 보이스카우트 유년단이던 시절 어머니는 유년단 분대 여성 지도자로 활동하셨습니다. 또한 어머니는 걸스카우트 지도자 배지를 50년 동안이나 간직하며 매우 자랑스러워 하셨습니다. 어머니는 환경에 대한 열정을 내게도 물려주셨습니다.

(자신의 출생에 대해 말하면서) "산부인과는 병원 부속 건물(wing) 중 어디에 있었을까요? 농담이 아닙니다. 저는 웨스트 윙2에서 태어났습니다."

'우리'나 '여러분' 중심의 메시지는 극소수였고, 그것마저 대부분 흥미롭지도 적절하지도 않은 '나' 중심 진술 사이에 끼어 있거나 이를 지지하는 역할을 했다. 이것이야말로 바로 허영이 가득한 화법이다. 인상적이라고 느낀 사람도 있겠지만 절대 감동을 줄 수는 없다.

반면 부시는 구체적인 스토리를 통해 무엇보다 유권자의 가치에 집중하고 유권자가 세상을 어떻게 보아야 할지 인식시키는 메시지에 중점을 뒀다. 부시의 공화당 전당대회 연설 앞부분을 살펴보자.

"우리는 흔들리던 경제가 제 발로 일어서는 모습을 보았습니다. 그리

---

1  1940년에 출판된 토머스 울프(Thomas Wolfe)의 소설.
2  West Wing. 미국 대통령의 집무실과 비서진이 있는 백악관 서관과 동음이의어.

고 우리는 제복을 입은 미국인들이 노르망디의 용사들마저 자랑스러워
할 용기를 발휘하여, 산속의 진지로 돌격하고 모래 폭풍을 뚫고 진격해
수백만 명을 해방시키는 모습을 보았습니다."

"2001년 이후 미국인들은 가파른 언덕을 마주쳤지만, 이내 힘을 내어
언덕을 올랐습니다. 이제, 힘든 여정을 거쳐 온 우리는 언덕 아래를 내려
다볼 수 있습니다. 이제, 단호하게 역경에 맞서 온 우리는 미래에 달성할
위대한 역사적 목표가 있습니다."

"우리는 더 안전한 세상과 더 희망찬 미국을 건설하려 합니다. 그 무엇
도 우리를 막을 수 없습니다."

부시는 청중에게 감사를 표시할 경우에만 '나'라는 단어를 언급했다.
"나는 여러분의 지지를 큰 영광으로 생각합니다. 저의 후보 공천을 겸허
히 수용합니다."

이 모든 인물과 갈등, 가치가 빛을 발하는 것이 느껴지는가? 부시에게는
스토리가 있다고 카빌이 칭찬한 이유는 바로 이 때문이다. 부시는 청중의
입장에서 연설을 전개하여 자기 위주의 관점에서 벗어났고, 스토리가 파고
들 수 있는 여유를 만들었다. 그는 위대한 미래를 창조하기 위해 노력하는
영웅적인 나라를 그렸다. 그가 실제로 말하고자 했던 내용은 케리와 크게
다르지 않았다. 하지만 케리의 스토리는 그의 허영에 눌려 빛을 보지 못했
다. 죄악은 바로 이렇게 스토리가 전달될 기회를 묻어 버린다.

허영이 스토리를 죽이는 이유는 무엇일까? 케리처럼 스스로가 자신의
스토리 속 영웅이 된다면, 흥미로운 등장인물은 오직 자기 자신밖에 없는
셈이다. 한 명의 등장인물만 홀로 무대에 서 있는 스토리는 스토리라고 부

르기도 어려울 뿐더러 대개 성공하기도 어렵다. 이는 브랜드나 조직, 정치인에게 모두 해당된다.

청중과 그들의 욕구에 대한 것으로 말문을 열어 자신을 청중의 욕구를 충족시키는 데 도움을 주는 조력자로 소개한다면 스토리는 저절로 전개된다. 등장인물은 '여러 명'이 필요하며, 청중에게도 배역을 맡기는 것이 무엇보다 중요하다. 청중의 욕구와 현재의 상황 사이에는 '갈등'이 있어야 한다. 욕구를 충족하기 위해 청중이 참여할 수 있는 '줄거리'나 여정도 필요하다.

엄청난 문화적 명성을 지닌 브랜드들도 허영의 죄를 저지를 때가 있다. 코카콜라의 옛 슬로건 '코카콜라, 그것뿐!'이나 펩시의 '펩시, 새로운 세대의 선택'을 기억하는가?

이렇게 자화자찬하는 화법은 아무런 의미를 찾아볼 수 없는 데다 물건을 팔려는 의도가 빤히 들여다보인다. 대화를 시작해 놓곤 바로 끝내 버리는 셈이다. 여기에 대해 어떤 반응을 기대하는 걸까? 코카콜라는 스스로 콜라는 코카콜라밖에 없다고 믿고, 펩시는 젊은이들이 펩시를 최고라 여긴다고 생각하는 듯하다. 정말 대단한 일이다.

마침내 거대 탄산음료 기업들은 스스로를 내세우는 일은 그만두고 대중에게 말을 걸기 시작했다. '행복을 여세요(Open Happiness)'와 '모두를 상쾌하게(Refresh Everything)'는 음료가 아닌 음료를 마시는 사람들의 손에 주도권을 넘겨주며 스토리텔링을 향해 한걸음 나아갔다. 이러한 문구는 제품의 장점을 떠벌리는 대신 제품을 사용하면서 뭔가 느낄 수 있게 한다. 케리가 탄산음료를 만들었다면 아마도 병에 '케리, 그 사람뿐!'이라고 썼을 테지만, 부시 콜라 회사에서는 '미국을 상쾌하게' 같은 문구를 선택했을 것이다.

## 두 번째 죄악: 권위와 벌거벗은 임금님

이 이야기는 시작부터 몹시 수상쩍다. 바보의 눈에는 보이지도 않을 만큼 훌륭한 옷감이 있다니? 사실 재단사가 옷을 보여 주었을 때 임금님도 옷이 보이지 않아 무척 당황스러웠다. 그러나 재단사들은 교활했다. 임금님이 옷을 걸쳤을 때 무슨 말을 해야 할지 잘 알고 있었던 것이다. 이런 노련한 사람들 앞에서 바보 취급을 당하고 싶지 않았던 임금님은 울며 겨자 먹기로 많은 금화를 내놓을 수밖에 없었다. 임금님은 새 옷을 입고 행차를 나갔다. 지나가면서 백성들의 얼굴에 나타난 당황한 표정을 보고 임금님은 그들 중에도 자신 같은 바보가 적지 않음을 알게 되었다. 하지만 사실은 임금님이 감쪽같이 속은 것이었다. 마침 그때 한 어린아이가 큰 소리로 떠들었다. "임금님이 벌거벗었다!"

이 이야기는 역사상 최고의 스토리텔러인 안데르센이 남긴 가장 유명한 이야기 중 하나다. 스리랑카와 인도, 터키의 민간 설화에서도 이와 비슷한 이야기를 찾아볼 수 있다. 이 이야기는 무엇을 말하고자 하는가? 바로 전문가를 맹신해서는 안 된다는 것이다.

스스로를 지나치게 대단하다고 믿는 데서 허영의 죄악을 저지르게 되듯, 자신의 분야에서는 자신이 당연히 전문가라고 생각하기 때문에 권위의 죄를 저지르게 된다. 사실을 제시하기만 해도 사람들이 모두 받아들일 거라 생각하면서 장점을 열거하고, 전문 용어를 나열하며, 자신의 자격을 내세운다. 그러고는 청중이 메시지를 전혀 알아듣지 못하면 곤혹스러워한다.

그 어느 때보다 많은 양의 데이터와 이를 해석할 다양한 기술을 보유하고 있는 전문가들은 이를 크게 절감할 것이다. 그러나 전문 지식에 대한 사람들의 신뢰에만 의존하는 것이 효과가 없는 데는 명백한 이유가 있다. 대중은 지금껏 속는 데 넌더리가 나서 이제는 전문가들이야말로 최악의 거짓말쟁이나 바보라고 생각하기 때문이다. 정부 전문가들은 페인트 속 납 성분부터 DDT의 탈리도마이드에 이르는 모든 것에 대해 아무런 문제가 없다는 태도로 일관했다. 의사들은 카멜(Camel) 담배를 추천하기도 했다. BP 석유 회사의 전문가들은 원유 시추 시설 딥워터 호라이즌 호에서 사고가 발생할 가능성은 전혀 없다고 단정했다. 우리는 이들의 거짓말에 이미 지쳤다.

또한 권위에 의존하는 사람들이 쉽게 빠질 수 있는 큰 함정이 있다. 바로 사실에 대해 확신을 가질수록, 대중과 정서적 유대를 형성해야 한다는 사실은 잊기 쉽다는 것이다. 그러면서 그들은 스토리 같은 건 필요 없다는 잘못된 믿음을 갖게 된다. 공익적 이슈, 특히 기후 변화 문제에 관여하는 마케터들이 이 죄악에 빠지는 경우가 많다. 이미지가 전부라는 사실을 아는 핸드백 디자이너와는 달리, 기후 변화 운동가들은 마치 시사 토론 동아리에서 만든 자료처럼 마케팅에 과학적 사실과 전문가의 보증을 제시한다.

기후 과학의 대부로 알려진 제임스 핸슨(James Hansen)은 수십 년간의 시행착오를 거친 후에야 자신이 권위의 죄악에 빠져 있었음을 깨달았다. 미국항공우주국(NASA)의 수석과학관이자 이산화탄소가 기후 변화에 끼친 영향을 일찍이 밝혀낸 인물인 핸센은 전형적인 전문가라 할 수 있다. 사실 그는 과학자로서 전문가의 역할을 다하려 애썼다. 그래서 자신이 수집한 데이터와 연구 결과가 얼마나 이해하기 어려운지 개의치 않고 어떠한 설명도 붙이지 않은 채 곧이곧대로 결과물을 출판하였다. 그가 지구의 운명에 대해 걱정하지 않은 것은 아니었다. 그는 그저 사실만 밝히면 모두 알아줄 거라고 생각했다.

핸슨이 이런 전략을 쓴 지 40년이 지난 후에, 그의 절친한 친구 빌 매키븐(Bill McKibben)은 그가 한 일에 대해 이렇게 요약했다. "핸슨은 한때 내가 그랬듯 모두에게 사실을 제시하기만 하면 그 사실이 너무 강력하고 충격적이어서 사람들이 행동을 취할 것이라고 생각한 것 같다." 매키븐은 『뉴요커(New Yorker)』지와의 인터뷰에서 이런 말을 하기도 했다. "물론, 우리 둘 다 지나치게 순진했다고 할 수 있죠."*

현재 핸슨은 상아탑에서 내려와, 칠순의 나이에 체포될 위험을 무릅쓰고 석탄 화력 발전소 밖에서 격렬한 항의 시위를 하고 있다. 그는 또한 2009년에 전 세계에서 1천4백 개의 기후 관련 집회를 동시에 조직한 바 있는 '350.org' 단체와 동맹하였다. 이제 핸슨은 정서적이고 상징적인 행동을 통해 변화를 요구하고 있다. 그리고 이렇게 양극단을 오간 한 과학자의 스토리 또한 그의 아이디어를 사람들에게 납득시키는 데 큰 역할을 했다.

그의 새로운 전략은 과연 효과가 있는가? 그가 크게 주목을 끌게 된 것은 분명하다. 하지만 더욱 중요한 것은 핸슨뿐만 아니라 우리 모두가 전문 지식과 사실에 대한 깊은 믿음만 의존해서는 좋은 결과를 얻을 수 없다는 사실이다.

### 세 번째 죄악: 위선과 양의 탈을 쓴 늑대

이 이야기를 들은 적이 있다 해도 다시 읽어 보자. 아마 당신도 그 결말을 제대로 기억하지 못할 것이다.

늑대는 자신에게 찾아온 행운을 믿을 수 없었다. 어느 날 산책을 나갔다가 온전한 양가죽이 길에 놓여 있는 것을 우연히 발견한 것이다. 이건 횡재 중의 횡재였다. 교활한 늑대는 그 양가죽에서 찢어진 틈을 발견하고 그 안에 들어갔다. 양가죽은 늑대의 몸에 꼭 들어맞았다. 양을 마음껏 잡아먹을 수 있다는 생각에 사로잡힌 늑대는 가까이 있는 양떼 무리에 들어가 어슬렁거리면서, 입맛을 쩝쩝 다시며 가장 맛있어 보이는 양을 찾았다. 변장은 효과가 있었다. 양들은 침입자가 왔다는 사실은 전혀 눈치채지 못한 채 유유히 풀을 뜯었다. 그런데 늑대는 과연 양치기도 속일 수 있을지 궁금했다. 늑대는 이내 그 답을 알게 되었다. 양치기가 양떼 사이로 걸어오더니 변장한 늑대를 골라 즉시 도살한 것이다.

이야기의 반전을 잘 생각해 보자. '양가죽을 쓴 늑대'라는 말은 다른 사람인 척하고 있는 위험한 사람을 주의하라고 경고할 때 가장 흔히 쓰인다. 그러나 이솝(Aesop)은 수천 년 전 다른 의도를 갖고 이 이야기를 쓴 것 같다. 이 이야기는 늑대에게 하는 경고이다. 지나치게 남들에게 맞추려 하지 마라. 자신의 모습으로 사는 것이 낫다.

위선의 죄악은 여러 측면에서 허영의 죄악과 동전의 양면의 관계에 있다. 허영에 빠진 마케터는 자신에 대해 말하지 않고는 못 배긴다. 위선적인 마케터는 대중의 비위를 맞추기 위해 자신을 완전히 버린다.

나는 시작부터 형편없이 위선적일 수밖에 없는 아이디어 회의에 참석한 적이 있다. 캠페인의 스토리 교훈이나 가치 자체에는 거의 시간을 투자하지 않은 채, 팀은 오로지 대상 대중의 예측할 수 있는 특징에만 초점을 맞췄다. 팀이 대상 집단에 대해 아는 것이 적은 만큼 메시지를 그들에게 정확하게 조준하려 노력했다.

이렇게 정확한 조준이 모두를 만족시켰으나 정작 마케터 자신은 만족시키지 못하는 역효과를 가져오는 어처구니없는 사례도 있다. 2007년에 맥도날드는 '나는 그것을 좋아해(I'm Lovin' It)'라는 성공적인 슬로건을 만들고는 이것이 소비자들 사이에서 반응이 좋다는 사실에 대단히 뿌듯해하고 있었다. "여기서 그만둘 필요는 없잖아?" 어떤 마케팅 이사가 이렇게 물었다. 그러자 누군가 멋진 슬로건으로 답했다. "그걸 먹고 말거야(I'd Hit It)."[3] 이 말은 사실상 주 고객층인 10~20대가 즐겨 쓸법한 표현이었지만, 젊은 남자가 옆 테이블에서 해피밀(Happy Meals) 세트를 먹고 있는 가족을 놀라게 할 의도가 없다면 햄버거에 대해 사용할 말은 아니었다. 이 슬로건은 즉시 철회되었지만, 때는 이미 늦었다. 맥도날드는 인터넷 여기저기에서 간절히 다가가길 원했던 대상 소비자 집단과 블로거들의 비웃음을 견뎌야 했다.*

'피지 워터(Fiji Water)'의 그린 캠페인과 관련한 위선 문제는 훨씬 정도가 지나쳤다. 피지 워터는 순수하고 깨끗하며 신선하다는 등 많은 장점이 있지만 친환경적이지는 않다. 피지 워터는 사실 서구의 대도시 소비자들로부터 아주 멀리 떨어진 곳에서 물을 가져오기 때문에 순수한 것이다. 그중에는 1만3천 킬로미터 이상 떨어진 수원도 있다. 즉 수도꼭지만 틀면 물을 얻을 수 있는 사람들을 위해 많은 양의 탄소를 소비하면서 무거운 액체를 실어 나른다는 얘기다. 피지도 그것이 문제라는 점을 인식했다. 자신의 건강을 위해 특별히 깨끗한 물을 사는 데 기꺼이 돈을 더 지불하는 사람들은

---

3 누군가와 성적 접촉을 하고 싶다는 의미의 속어로도 사용된다.

지구의 건강을 위해 친환경 제품을 사는 경향이 있었기 때문이다.

그래서 피지는 피지 워터를 최초의 '저탄소 생수'로 만들기로 결정하고, 피지 워터 홈페이지에서 이러한 입장을 크게 선전했다. 복잡한 상쇄 제도를 통해 피지는 제품 판매 수익 중 상당한 돈이 탄소 저감 사업에 쓰이기 때문에 제품 생산에 소요되는 산소 비용이 상쇄된다고 주장했다. 하지만 이 말은 설득력이 없었다. 제품의 가격을 크게 올리지도 않았는데 어떻게 지구 반 바퀴를 돌아온 생수의 탄소 발자국을 상쇄할 수 있단 말인가? 피지는 그럴 수 있다고 주장했지만 주요 환경 단체들은 집단 소송과 캠페인을 통해 이것이 사실이 아님을 증명할 태세다. 자신이 속하지 않은 하위문화의 언어를 사용하여 정체성을 위장하려고 하다가 피지는 간절히 다가가고자 했던 대중들 사이에서 위선자라는 오명을 쓰고 말았다.

이것이 바로 위선의 죄악이 맞게 되는 결말이다. 위대한 스토리가 보편성을 띠는 이유는 인간을 대상 집단별로 나누는 사이비 과학보다 그 핵심에서 큰 공감대를 형성하기 때문이다. 위대한 브랜드와 캠페인은 대중들의 다양한 취향에 민감하지만, 핵심 스토리와 가치는 누구에게나 적용될 수 있다. 보편성은 위선의 반대말이다.

픽사(Pixar)의 스토리 작가들은 보편성의 중요성을 가장 잘 이해하고 있는 것 같다. 다른 애니메이션 스튜디오는 작품의 대상을 어린이 집단으로 한정하는 반면 픽사는 좀 더 높은 차원의 대중, 즉 인간을 대상으로 한다. 나는 픽사의 스토리 부문 책임자인 네이트 스탠턴(Nate Stanton)에게 픽사가 어떻게 보편적인 호소력을 갖게 되었는지 물어보았다.

"우리는 서로 여기서 애들 얘기는 꺼내지도 말자고 말합니다."* 그는 이렇게 설명했다. "아이들에게만 맞추려 하면, 잘못된 방향으로 가게 되지요."

네이트는 영화가 성공하려면 아이들의 마음을 끌어야 한다는 것은 잘 알고 있지만, 그렇다고 해서 대상 집단인 아이들의 언어에 집착하지는 않는다고 한다. 다만 그 사실은 작품을 써나가는 과정에서 스토리 팀원들의 영감에만 영향을 줄 뿐이라고 한다.

스토리텔링의 근본을 무시하고 대상 청중의 특정 언어로 말하는 전략이 상당한 성과를 거두는 경우도 있다. 그러나 이러한 전략을 기본으로 채택하는 것은 거의 예외 없이 나쁜 결과를 가져온다.

당신에게 감동을 준 캠페인들을 생각해 보자. 그것들이 당신의 연령대나 인종, 성별, 정당에만 호소했는가? 아마 아닐 것이다. 디지털 시대에 우리의 집단 연대는 그것보다는 훨씬 미묘하다. 스토리는 장르를 불문하고 보편적인 언어로 전달해야 하고, 인간 전체를 청중으로 보고 접근해야 한다는 사실을 망각하지 말자.

**네 번째 죄악: 허풍과 오즈의 마법사**

커튼 뒤의 남자에게 신경 쓰지 마라.

허풍의 죄악은 역사상 가장 사랑받았던 영화 「오즈의 마법사」의 잊을 수 없는 멋진 대사 한 줄에 잘 요약되어 있다. 이 말에는 커뮤니케이션 전략을 신의 목소리, 이 경우는 오즈의 목소리라는 한 가지 속임수에만 의존했던 한 남자의 간절한 부탁이 담겨 있다.

「오즈의 마법사」는 모든 사람들에게 적용될 만한 의미심장한 진리를 가르친다. 이 영화는 방황하는 네 영혼이 심장, 두뇌, 용기, 가족 등 각자 추구하는 대상이 이미 자신의 내면에 있다는 것을 알지 못한 채 외부에서 찾으려 하는 이야기다. 그들은 잠시 신의 목소리로 말하는 사람에게 속아 넘어가, 그에게서 도움을 받을 수 있을 거라는 희망을 품고 그의 제안에 따라 행동한다. 그러나 결국 마법사는 사기꾼에 불과했다.

이 이야기는 커튼 뒤의 남자에게로 사람들의 관심을 집중시키는 허풍떠는 의사 전달자에 대한 경고이다. 신의 목소리를 내면 잠시 동안은 효과가 있을지 몰라도, 얼마 지나지 않아 상대방은 그의 실체에 의문을 품게 된다. 단순한 판매원이 아니라 스토리텔러가 되고 싶다면 마케터들은 이러한 경고에 주의할 필요가 있다. 인간적인 모습을 전혀 내비치지 않은 채 대중 위에 군림하며 높은 곳에서 명령만 내린다면 바로 허풍의 죄를 범하는 것이다.

방송 시대의 초기에는 아나운서, 정치인, 광고 회사 할 것 없이 모두 대중에게 신과 같은 목소리만 들려주었다. 우리는 무엇을 해야 할지 명령하는 우렁찬 남성의 목소리가 적절하고 당연하다고 생각했다. 물론 이때는 커튼 뒤에 오류를 범하기 쉬운 인간이 있을 뿐이라는 사실을 잘 알지 못했다.

1950년대 중반부터 60년대 초의 전형적인 자동차 광고 문구를 읽으면, 마치 낡은 라디오의 희미한 잡음이 들리는 것 같다. "지금 캐딜락으로 바꾸시면 그 어느 때보다 큰 혜택을 누릴 수 있습니다", "가장 세련되고 잘 나가는 차 쉐보레를 타면 어디에 가든 최고의 대우를 받습니다. 아름답고 찬란한 새 보빌(Beauville)을 타 보세요!"

교만한 마케터는 연단에 올라서서 연설을 할 수 있다는 사실만으로도 청중에게 어떤 생각을 하도록 강요할 수 있다고 믿는다. 사실과 통계 자료로 청중을 주눅 들게 하는 권위의 죄인과 달리, 허풍스러운 마케터는 그저 한 걸음 뒤로 물러서서 선포한다. 보통 그의 목소리는 단호하고 유머가 없으며 냉정하다. 이는 메시지를 전달하려는 사람의 목소리가 아니다. 마치 육체를 떠난 영혼처럼 메시지 자체가 내는 목소리다. 이런 방법으로 훌륭한 스토리를 전달할 수 있겠는가? 결코 그럴 수 없다.

한때는 TV 뉴스 앵커들도 감정을 배제한 엄숙한 목소리로 말했다. 그들은 편파적으로 보이지 않으려 최대한 노력했다. 하지만 그런 시대는 지났다. 일류 아나운서들은 이제 자기 의견을 격렬하게 주장하고 뻔뻔할 만큼 편파적이다. 글렌 벡만 보아도 잘 알 수 있다. 그들은 이제 커튼 뒤에서 나왔다. 옷도 제대로 갖춰 입지 않은 채 말이다. 나는 벡과 러시 림보[4]가 언론계에 끼친 영향에 대해 탐탁지 않게 생각하지만, 어쨌든 그들의 스토리가 미국의 여론을 형성하고 있다는 점은 분명하다.

'신의 목소리' 접근법은 분명 힘을 잃고 있지만, 허풍의 죄악이 이내 사라질 거라는 의미는 아니다. 지금은 괴상하게 들리는 1950년대의 목소리를 사용하려는 사람은 없지만, 마케터들은 여전히 그것을 좀 더 인간적인 냄새가 나도록 바꾸려고 노력 중이다. 하지만 스토리텔러의 목소리를 습득하길 원한다면 다음과 같이 해야 한다. 인간적인 모습을 드러내고, 우리 자신만의 목소리를 이용하여, 명령을 수행하라는 요구가 아닌 재미있는 이야기를 들려주어야 한다.

---

4 Rush Limbaugh. 보수 성향의 미국 라디오 토크쇼 진행자이자 정치 논객.

## 다섯 번째 죄악: 속임수와 주(周)나라 유왕(幽王)

여러분이 알고 있을 만한 이야기를 소개한다.

유왕은 전형적인 실수를 저질렀다. 고대 중국의 위대한 통치자는 조강지처를 버리고 모든 면에서 그를 만족시키는 아름다운 첩을 택한 것이다. 황홀한 로맨스는 일상생활을 함께하는 사이로 정착되었다. 왕은 자주 웃었으나, 아름다운 포사(褒姒)는 웃는 일이 없었다. 그녀의 매력이 줄어든 건 아니었으나 두 사람이 함께하는 삶은 점차 따분해졌다. 유왕은 온갖 수단과 방법을 동원해 포사를 웃기려 애썼지만, 모두 실패로 돌아가자 결국 극단적인 방법을 쓰기에 이르렀다.

어느 날 밤, 왕은 왕국 전체에 오랑캐의 침입을 알리는 봉화를 밝히도록 명령했다. 왕은 왕비의 눈을 가린 채 성벽으로 데려가 성 아래서 어떤 혼란이 일어나는지 보여 주었다. 포사는 크게 놀랐지만 모두 장난이라는 것을 깨닫고 미소를 지었다. 왕의 신하들이 무장한 채 나타나자, 젊은 왕비는 더 이상 웃음을 억누르기 어려웠다. 웃음을 터뜨리는 왕비의 모습을 보고 무안해진 병사들은 집으로 돌아갔다.

어쨌거나 유왕은 행복했다. 왕 내외는 매주 못된 장난을 계속했다. 그러나 결국 장난은 일순간에 끝이 났다. 유왕의 전부인의 아버지가 딸을 버린 데 대해 복수를 하기로 결심한 것이었다. 그의 군대가 성에 다가오자 유왕은 필사적으로 봉화를 올렸으나 아무도 나타나지 않았다. 그다음은 굳이 말하지 않아도 알 것이다.

위대한 스토리가 모두 그러하듯 유왕의 이야기에는 누구나 이해할 수 있는 교훈이 담겨 있다. 즉 '모든 장난이 무해한 것은 아니다'라는 교훈이다. 유왕은 위험한 장난을 했다. 마케팅의 세계에서 그것은 한 사내가 사타구니를 걷어차이거나, 침팬지들이 중역실에서 회의하는 광고[5]를 보고 킬킬거리며 웃는 공허한 행동이나 마찬가지다. 그러나 우리가 이미 알고 있는 이야기를 생각지 못한 방법으로 듣는 데서 오는 재미는 훨씬 더 크다. 우리가 위대한 스토리텔러에게서 기대하는 유머는 바로 이런 종류이다.

유머는 인간의 보편적인 정서이며 사람들 사이를 금방 이어 준다. 인간의 모든 의사소통 방법 중 아마도 가장 즉각적으로 유대감을 형성하게 하는 방법일 것이다. 같은 농담에 함께 웃으면 사람들은 금방 친구가 된다. 그러므로 커뮤니케이터로서 우리가 추구하는 것, 즉 공통의 정체성 형성을 위한 훌륭한 도구가 될 수 있다. 그러나 유머는 제대로 사용해야 효과를 발휘한다.

온갖 메시지가 난무하며 '선풍적인 히트'를 최대 목표로 삼는 현대 사회에서, 대부분의 커뮤니케이터들은 사람들이 유쾌하게 감상하고 친구들에게 기꺼이 전달하는 재미있는 캠페인을 부러워한다. 사실 웃기기야말로 요즘의 TV와 인터넷 광고가 구사하는 유일한 전략인 듯하다.

그래서인지 슈퍼볼(Super bowl) 광고는 매년 유왕 스타일의 터무니없는 개그를 총출동하는 것 같다. 필사적으로 대중을 웃기고, 그들 앞에 내놓은 브랜드와의 감정적 친화를 즉각적으로 유도하겠다는 의도가 뻔히 보인다. 사실 이들 광고의 상당수는 큰 인기를 얻는다. 그중에는 정말로 웃을 가치가 있는 광고도 있지만, 이 한시적인 성공의 비결에 대해서도 '그들이 진실

---

[5] 영국의 홍차 브랜드 PG Tip의 광고로 사람 분장을 한 여러 마리의 침팬지를 등장시켜 동물 학대 논란에 휩싸였다.

하기 때문에 웃긴 것인가?'라고 질문해 볼 필요가 있다. 나의 스튜디오에서 만든 초기 성공작 중 몇몇 작품들은 강도 높은 유머를 내포하고 있고 나도 한때는 그게 전부라고 착각하기도 했다. 월마트(Walmart)의 고용 관행을 고발한 「임금이 낮은 친구들(Friends with Low Wages)」이라는 애니메이션에서 사람들은 '협회'가 가스 브룩스(Garth Brooks)에게 변기를 핥으라고 명령하는 모습을 보고 재미있어 했다. 하지만 이 작품이 폭발적인 성공을 거둔 이유는 단지 사람들을 낄낄대게 만드는 술책을 부려서가 아니라, 그들이 진실이라고 믿었지만 입 밖으로 꺼내지 못했던 사실에 대한 분노를 웃음으로 표현했기 때문이다. 나는 그 후 훨씬 더 웃긴 영상을 몇 편 만들었으나, 완전히 실패한 다음에야 유머가 전부가 아니라는 사실을 어렵사리 깨달았다.

물론 유머가 잘못은 아니다. 사실 유머는 다른 여러 죄악을 피할 수 있도록 도와 준다. 우스운 의사 전달은 권위와 허풍의 죄악에서 멀어지게 한다. 어쨌든 신의 목소리로 말하는 뻣뻣한 전문가들은 절대 우습지 않으니까. 그러나 커뮤니케이션의 처음부터 끝까지 유머로 일관하면 진실한 이야기를 할 기회를 놓치게 된다. 동시에 스토리 전쟁에 참가하여 승리를 거둘 기회를 놓치는 것도 물론이다.

―

허영, 권위, 허풍, 위선, 속임수라는 다섯 가지 죄악은 안타깝게도 오늘날 마케팅의 창조자와 대중 모두에게 익숙하다. 사실 이들 죄악은 우리가 숨쉬는 공기나 다름없다. 그렇다면 의문이 생긴다. 우리 동료 중 죄악을 저지르는 이들이 그렇게 많은데도 이 죄악들을 심각한 문제라고 여겨야 할까? 그리고 새로운 경로를 택하면 정말로 무너진 마케팅 세계를 치유할 수 있을까?

애플의 직원들에게 한 번 물어 보자. 나는 몇 년 전 워싱턴 DC로 가는 야간 항공편에서 훌륭한 스토리 전략이 브랜드를 얼마나 차별화할 수 있는지 새삼 깨달았다.

## 맥가이(The Mac Guy)

2007년 8월 5일 밤 12시 30분이었다. 나는 노트북 컴퓨터의 모니터를 아무런 의욕도 없이 바라보고 있는 피곤한 기색의 비즈니스맨 옆자리에 앉아 있었다. 다른 승객들이 하나 둘 잠들고, 나는 가방에서 맥북(MacBook)을 꺼내 그의 옆에서 일을 하기 시작했다.

나의 행동에 그가 관심을 보였다. 그는 내 컴퓨터를 보다가 나를 한 번 쳐다본 뒤, 다시 컴퓨터를 보았다. 그러곤 마침내 뭔가 다 알고 있다는 듯한 미소를 지으며 물었다. "맥가이시군요?"

내가 맥가이가 된 것은 대학교 1학년 시절이었다. 학교 신문사에서 일하게 된 첫째 날, 편집장은 나를 앉혀 놓고 맥을 어떻게 사용하는지 가르쳤다. 나는 그때 이후로 계속 맥을 사용하고 있다.

애플의 제품이 그리 흔하지 않던 얼마 전까지만 해도 나는 '맥가이'냐는 질문을 많이 받았다. 그러면 나는 아니라고 대답했다. 나는 콘플레이크 가이나 치약 가이, 휴지 가이가 아닌 것처럼 맥가이도 아니었다. 이 모두는 그저 일상생활에 필요한 물건이다. 이 제품들은 도구일 뿐이며, 나는 이들 제품의 도움을 받지만 그들이 나를 정의하지는 않는다는 데 (적어도 내가 그러길 원하지 않는다는 데) 감사한다.

하지만 나는 무난한 대답을 했다. "그렇죠."

그는 내가 작업하고 있던 스프레드시트를 들여다보려고 머리를 숙였다.

"일이 무척이나 재미있겠는데요."

당신이 70세 이하이고, 직업이 있는 것처럼 보이며, 맥을 사용하여 일을 한다면, 반드시 당신을 이런 식으로 보는 사람들이 있을 것이다. 마치 컴퓨터가 "보라구! 이 사람은 당신이 언제나 바라던 그런 삶을 사는 사람이야. 평범하길 거부하고, 규칙에 얽매이지 않는 사람이지!"라고 외치기나 하는 듯 말이다.

이는 당신이 사람들 앞에서 맥을 꺼낸다면 그들이 알아서 당신에 관한 매혹적인 스토리를 상상하기 시작한다는 뜻이다. 이렇게 자기 자신에게 브랜드의 스토리를 들려주는 것이야말로, 스토리 전쟁을 평정한 마케터가 사람들에게 가르치는 행동이다.

물론 맥과 일반 PC들이 서로 앞다투어 제품을 모방하는 바람에 기능의 차이는 거의 없어졌다. 더구나 맥을 사용한다고 결코 저항적인 사람이 되는 것도 아니다. 하지만 사람들 앞에서 맥을 사용하는 것이 곧 남들도 따라하고 싶어 하는 비범한 스타일을 가진 것과 다름없던 시절이 있었다. 애플이 세상을 지배하기 전부터 맥을 사용한 나는 다른 사람들에게 창조적이고, 진보적이며 유쾌한 종족의 일원으로 비춰졌다. 애플사가 지난 25년간 혼신을 다해 스토리 전쟁을 평정하면서 스스로 주장한 바로 그 모습이다.

애플은 전설적인 슈퍼볼 광고 '1984년'에서부터 스토리를 지배하기 시작했다. 단 한 번밖에 방영되지 않았지만, 이면에 감춰진 의미를 읽을 수 있는

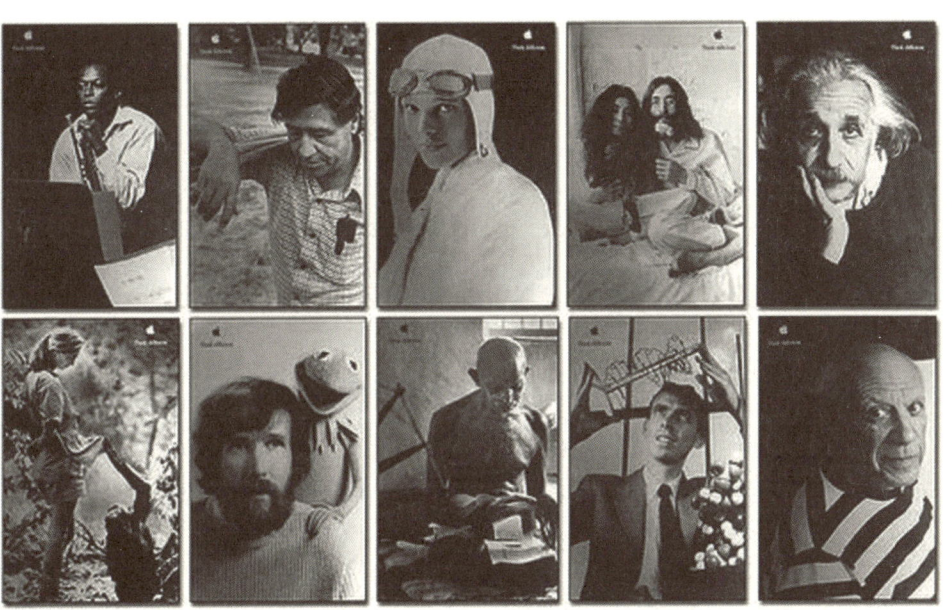

애플의 '다르게 생각하라' 광고

1985년 애플에서 쫓겨났다가 1997년에 복귀한 스티브 잡스는 '다르게 생각하라'라는 슬로건을 내세운 광고로 대중에게 창조적이고 혁신적인 회사의 이미지를 심어 주었다.

사람들에게 그것은 과감한 선전포고이자 향후 수십 년간 애플이 쟁취하려는 스토리에 대한 전투 계획이었다. 거대한 스크린 속에서 조지 오웰식 전체주의 지도자가 미래에 대해 떠들어 대는 모습을 수많은 세뇌된 인간들이 지켜본다. 그때 한 섹시하고 탄탄한 몸매의 반란자가 강당에 뛰어들어 스크린에 망치를 집어 던진다. 스크린은 완전히 파괴되고 군중은 깨어난다. 이는 폭압에 대항한 휴머니즘, 기계에 대항한 정신, 무너진 세계를 되살릴 영웅의 출현을 의미한다. 광고가 날려버린 것은 세뇌된 인간들만이 아니다. 모든 사람들이 날아갔다. 애플의 새 스토리가 주는 교훈은 분명했다. "세상에서 가장 강력한 힘은 창조적인 혁명이다."

1990년대에 애플은 '다르게 생각하라(Think Different)'라는 광고에서 회사 로고를 간디, 아인슈타인, 아멜리아 에어하트,6 밥 딜런과의 유사성에 연결시키면서 서사를 확장했다. 이들은 식민주의부터 뉴턴식 물리학, 성차별이나 전쟁에 이르기까지 제약을 가하는 모든 규범에 저항하는 세계에서 가장 유명한 반란자들이다. 이들은 (아마도 애플의 브랜드를 제외한) 모든 것에 순응하기를 거부하였다. 자신의 스토리에 강력한 교훈을 부여한다면 당신은 스토리를 바탕으로 하는 브랜드의 기초를 마련한 셈이다. 그다음 두 단어와 로고, 이미지를 이용하여 그 교훈을 거부할 수 없게 만든다. 그러면 스토리 전쟁을 평정하게 된다. 애플은 매력적인 이야기를 만들어 내는 데 4분짜리 영상물이나 30초의 광고 시간도 필요치 않음을 증명했다. 하나의 이미지와 두 단어가 남긴 빈틈은 대중들이 채우기 때문이다.

그런 다음 애플의 스토리텔러는 미국에 웃음을 주었다. 애플의 광고는

---

6 Amelia Earhart. 대서양을 건넌 최초의 여성 비행사.

누군가 애플의 거대한 반란에 반발하는 사람이 있다면 그에게 꼬장꼬장한 멍청이라는 딱지를 붙이고, 사람들이 기꺼이 '나는 맥이야'라고 선언하도록 유도했다. 사람들은 자신의 삶에서 실제로 브랜드의 스토리를 실천하기 시작했다. 애플은 유쾌한 반란을 중심으로 한 스토리텔링에 너무나 큰 성공을 거둔 나머지 오히려 흔해빠진 제품이 되는 현상을 걱정해야 할 정도였다. 이 또한 분명 스토리텔링의 성공으로 나타난 현상이다.

그러니 비행기에서 그 사람이 나에게 맥가이인지를 물었을 때, 위대한 스토리텔러의 업적에 영향을 받은 그는 실제로 내가 창조적인 반란자가 아닌지를 묻는 것이었다. 한편 나는 그에게 규칙에 대항하는 대담한 행동을 할 용기가 있다면 맥을 구입할 것인지 궁금했다.

나는 맥에 관한 어색한 대화를 나누다 그가 명석한 경제학자임을 알게 되었다. 우리는 비행기 안에 있는 내내 이야기를 나누었다. 하지만 그에게는 언제나 내가 '맥가이'로 기억되지는 않을지 조금 염려스럽기도 했다.

물론 애플이 항상 그랬던 것은 아니었다. 애플의 마케터들도 한때는 죄악을 저질렀고, 과거에는 애플을 스토리 전쟁에서 완전히 실패하게 할 만한 실수도 있었다. 1984년 이전, 정확히 말하면 1983년에 일어난 일로 비운의 제품 '리사(Lisa)'의 광고를 시작할 때였다. 당신만 이 컴퓨터를 기억하지 못하는 것은 아니다. 기억이 난다면, 그 광고를 기억하는 사람은 당신이 유일할 것이다. '다르게 생각하라' 광고의 간결함과는 대조적으로 최초의 리사 광고는 아홉 페이지 분량이나 될 만큼 장황했다. 광고는 다음 문구로 시작된다. '애플이 개인용 컴퓨터를 발명하다. 다시 한 번.'

광고는 페이지마다 현란하고 이해하기 어려운 제품의 특징을 열거하였다. 컴퓨터의 개발 과정에 대한 내부 역사부터 시작해서 제품을 구입해야 한다는 다소 고압적인 명령까지 담고 있었다. 이 광고를 보면 '리사가이' 같은 것이 생길 가능성은 거의 없어 보였다.

맥은 스토리를 전했지만, 리사는 허영과 권위, 허풍의 죄악 사이에서 갈피를 잡지 못하고 헤맸다. 그 결과 리사는 기술적인 측면에서 매우 혁신적인 시도로 평가받았음에도 맥의 성공에는 크게 미치지 못했다.

―――

우리의 스토리를 질식시키는 다섯 가지 죄악은 오늘날 마케터의 세상을 무너뜨린 주범이다. 그러나 마케터들만 고통을 받는 것은 아니다. 다른 모든 사람들의 세계도 무너졌다. 비록 급속히 변하는 우리 시대와, 건강한 사회가 의존하고 공유하는 문화적 신화 사이의 격차라는 다른 이유가 있긴 하지만 말이다. 이제 우리는 이러한 신화의 격차를 채워야 한다.

### 간단한 스토리 테스트

커뮤니케이션에서 스토리를 죽이는 죄악의 껍질을 벗겨내면 숨겨진 스토리가 모습을 드러내는 것을 볼 수 있다. 이 책의 2부에서는 이러한 스토리들이 브랜드 전략이자 대중을 매혹시키는 수단이 될 수 있도록 다듬는 방법에 관한 내용을 다룬다. 그러나 당신의 스토리 역량이 향상되고 있는지 당장 시험해 보고 싶다면, 아래의 간단한 필터를 이용해 당신의 커뮤니케이션 방법을 확인해 보라. '예'라는 대답이 많을수록 스토리텔링에 성공할 가능성이 높다.

**구체성**: 스토리가 시각적이고, 인간적인 척도에 맞는 개념을 담고 있다. 사람들이 아이디어를 '만지고' '볼' 수 있다고 느낀다.
당신의 커뮤니케이션은 누가, 무엇을, 어디서, 언제 제공하는가?

**관련성**: 등장인물들이 우리에게 이익이나 손해를 줄 수 있는 가치를 전달하기 때문에 스토리가 우리에게 중요하다고 느낀다.
당신의 커뮤니케이션에 등장하는 인물들이 어떤 동기로 행동하는지 이해하여 그들과 당신 자신을 동일시하거나 적대감을 가지는가?

**몰입성**: 보거나 듣기만 한 대상에 대해 사람들이 실제로 경험한 것처럼 느낀다.
등장인물의 경험에서 자신의 삶에 대한 명확한 가치를 배울 수 있는가?

**인상적**: 풍부한 장면 묘사와 은유를 사용하여 의식적인 노력 없이 스토리의 메시지를 기억할 수 있다.
당신의 커뮤니케이션이 그림으로 전달되건 문자로 전달되건 핵심 메시지를 다시 쉽게 떠올릴 수 있도록 깊은 인상을 남기는가?

**정서적**: 스토리가 지적인 이해보다는 정서적 몰입을 유도한다.
당신의 커뮤니케이션이 무언가를 생각하기보다는 느끼게 하는가?

## 제3장
# 신화 격차

1945년 6월 16일 새벽 4시. 몇 주 동안 그는 손으로 만 궐련과 고대 산스크리트 시가(詩歌)만으로 연명했다. 키 180센티미터에 몸무게 52킬로그램으로, 굶주리고 목마른 그에겐 아무것도 남지 않았다.* 버려진 땅의 버려진 사나이였다.

그는 수천 명이 사는 도시를 등진 채, 먼지투성이 땅을 손가락으로 쓸어보았다. 사람들 대부분은 여름 캠프에 놀러온 것처럼 곤히 자고 있었다. 그는 캠프 같은 느낌이 좋았다. 사람들이 의문을 별로 품지 않기 때문이다. 이런 분위기 속에서는 아내와 아이들의 호기심을 누그러뜨려, 어떤 비밀이든 지킬 수 있었다.

지프 한 대가 시험장 쪽으로 나아갔고, 그는 다시 한 번 번개가 치기를 기다렸다. 번갯불이 번쩍이는 순간 광대한 뉴멕시코의 허허벌판이 잠시나마 그의 눈에 들어왔다. 그가 여름휴가 중인 젊은이였다 해도 편안함을 느낄 수 있었을 것 같았다.

"마치 핵폭탄이라도 떨어진 것 같군." 그는 말장난을 했다.

이 말은 머지않아 무시무시한 상투 어구가 될 터였다. 수마가 할퀴고 간 마을이나 아이가 어질러놓은 방처럼 엄청난 것을 본 사람이 공통적으로 느낄 만한 공포를 표현하는 말이 될 것이다. 그러나 이 말은 무엇보다 오펜하이머의 마음을 먼저 스치고 지나갔다. 이 날은 그를 비롯한 몇몇 지친 인부들만이 폭탄의 존재를 알았다.

그들이 애칭으로 부르는 '가제트'가 제대로 작동할지는 확실치 않았다. 사람들은 핵폭발의 위력을 예측하기 위해 웅덩이를 만들어 놓았다. 그들 중에는 아무 일도 일어나지 않을 거라는 의견부터 뉴멕시코 주 전체가 불에 탈지도 모른다는 반쯤 농담 섞인 예측에 이르기까지 온갖 추측이 난무했다. 이 프로젝트의 책임자 오펜하이머는 핵폭탄의 폭발력이 TNT 3백 톤 정도의 위력밖에 안 될 거라는 겸손한 예견을 하며 부하들을 안심시키려 했다. 폭탄의 세계에서 3백 톤은 아무것도 아니었다.

그러나 그의 내면은 결코 겸손하다고 할 수 없었다. 그는 여가 시간의 대부분을 위대한 힌두교 경전 『바가바드 기타(*Bhagavad Gita*)』를 읽으며 보냈다. 조만간 그가 터트릴 어마어마한 폭탄에 대한 생각으로 머릿속이 복잡할 때마다 그는 2천 년 된 경전 속의 이야기 속으로 들어가려 애썼다. 폭탄을 설계할 때는 과학의 힘을 빌렸지만, 사상 초유의 순간을 앞두고 폭탄의 의미와 자신의 위치를 이해하는 데는 신화에 의존했다.

때때로 그는 음모를 꾸미는 사촌에 대항하여 마지못해 전투에 참가한 영웅 전사 아르주나의 역할을 자신이 직접 맡아야 한다고 생각했다. 『바가바드 기타』에서 아르주나가 크리슈나 신에게 도움을 요청하자 크리슈나는 막강한 군대와 무한한 지혜 중 하나를 주겠다고 한다. 아르주나는 물리적 힘보다는 정신적인 힘을 선택한다. 아르주나의 이야기는 오펜하이머 자신의 상황에 꼭 들어맞았다. 그는 몇몇 사람의 지혜가 수천, 수만 명의 무장 군인을 이길 수 있음을 증명하고 싶었다.

그러다가 그는 폭탄이 그보다도 훨씬 큰 의미를 갖는 것이 아닌가 생각하기도 했다. 아마도 그는 전사 아르주나가 아니라 절대자의 현신인 크리슈나 신을 떠올렸던 것 같다. 지금까지 세상을 완전히 파괴할 힘을 가진 존재는 신들뿐이었다. 하지만 이제는 그 힘이 인간의 손에 들어온 것이다. 오펜하이머 자신 때문에.

번개는 멈추었고 그는 피우던 궐련의 불을 다른 궐련에 옮겨 붙였다.

"크리슈나" 그는 생각했다. "이제 때가 왔어요."

지프는 몇 미터 떨어진 곳에 멈추었고, 그의 동생 프랭크는 이미 조수석에 앉아 있었다. 오펜하이머는 아무 말 없이 차 안으로 들어갔다.

새벽 5시 29분. "시작!" 진행자가 소리치자 벙커 안의 사람들이 일어섰다. 폭발도 두려웠지만 폭발하지 않을 것도 두려웠다. 15킬로미터쯤 떨어진 곳에서 섬광이 번쩍였고 갑자기 새벽이 대낮처럼 환해졌다. 지금까지 경험한 어떤 낮보다 밝고 뜨거운 낮이었다. 화염 기둥이 10킬로미터 하늘 위로 치솟더니 꼭대기에서 보라색과 녹색의 괴상한 빛이 번쩍이며 터져 나왔다. 45초 뒤에는 화염이 완전히 고요했던 하늘을 교란시키며 사람들 쪽으로 다가왔다. 천둥이 무시무시하게 울리며 온 사막을 가로질러 퍼져 나갔다.

몇 초 동안 기쁨의 함성이 울려 퍼졌다. 그러나 사람들이 서로 등을 치며 격려하는 동안 오펜하이머의 마음은 『바가바드 기타』에게로 돌아갔다. 나중에 그는 그 순간에 무슨 생각을 했었는지 생생하게 기억해 냈다. 바로 인간이 전지전능한 신에 도전하고 있다는 생각이었다.

"나는 세상의 파괴자, 죽음의 신이다." 신성을 드러내며 크리슈나가 했던 말이 떠올랐다.

그러나 그가 입 밖에 꺼낸 말은 단 한마디였다. "성공이다."

TNT 1만8천6백 톤의 위력과 맞먹는 폭탄이 마침내 폭발에 성공했다. 네 시간 뒤에는 '리틀 보이'라는 다른 핵폭탄이 샌프란시스코에 있는 헌터스 포인트[1]에서 발사되었다. 3주 뒤에는 일본의 번화한 두 도시가 뉴멕시코 사막처럼 황폐해질 것이었다.

―――

오펜하이머와 그의 부하들은 자신들이 인류를 대표하여 신의 권능을 손에 넣었다는 것을 알았고 이 사실은 오래지 않아 세상에도 널리 알려질 터였다. 이 폭탄은 수천 년 동안 세계인이 믿어 온 신화의 기둥을 강타했다. 서양인들이 공유한 전통적인 스토리는 대부분 구약 성경에서 왔고, 구약 성경은 그보다 더 오래된 고대의 출처에서 유래되었다. 이들 신화는 인간을 신과 자연의 강력한 권능과 변덕에 복종하는 힘없고 미천한 존재로 표현한다. 갈릴레오 시대 이후로 과학이 우리를 둘러싼 힘에 대해 다른 방법으로 해석하기 시작했지만, 이 핵 실험이 있기 전까지는 과학의 거대한 힘이 실제 세계에서 그렇게 명백히 발휘된 적이 없었다. 오펜하이머가 폭발에 신화적인 의미를 부여한 것은 무리가 아니었다. 나중에 그가 자신의 팀을 신들에게서 불을 훔친 프로메테우스에 비교한 것도 지나친 것이 아니었다.

오펜하이머의 연구팀에서 지도적 역할을 수행한 물리학자 이지도어 라

---

[1] 샌프란시스코 남동쪽 해안에 위치한 해군 조선소.

비(Isidor Rabi)는 이렇게 말했다. "새로운 세상이 바야흐로 도래했다. 새로운 통제, 인간이 자연을 지배할 수 있다는 새로운 관념이 탄생했다."* 한편 아인슈타인은 다음과 같이 경고했다. "통제되지 않은 원자의 힘이 모든 것을 바꾸었지만 우리의 사고방식만은 바뀌지 않았다. 우리는 균형을 상실한 재앙으로 내몰리고 있다."*

라비와 아인슈타인은 변화하는 시대가 우리가 세상에 대해 반응하던 옛 방식에 대해 근본적으로 도전하고 있다는 사실을 인정했다. 다만 아이슈타인은 기술이 우리를 구원하지는 못한다고 항상 강조했다. 우리를 구원하는 것은 새로운 사고방식이다. 그리고 한 사회의 사고방식은 사회가 공유하는 신화 속에 들어 있다. 우리 선조들이 믿어 온 신화는 오펜하이머가 아인슈타인의 도움으로 만든 폭탄에 대처할 준비가 되어 있지 않았다.

가장 중요한 문화적 스토리라고 할 수 있는 신화를 어떻게 시대에 맞게 바꾸고 실행하느냐에 따라 급변하는 시대에 대한 사회의 반응이 상당 부분 결정된다. 이제 우리는 스토리 전쟁의 렌즈를 통해 마케터들이 여기서 어떤 중요한 역할을 담당하는지 살펴볼 것이다.

이제는 한 인간의 수명만큼이나 오래된 일이지만 뉴멕시코 사막의 폭발은 우리의 신화 격차를 벌린 주요한 사건으로 기록되었다. '신화 격차(Myth gap)'란 우리의 역사적 현실과, 우리 사회가 해설, 의미, 행동의 지침을 얻기 위해 의지하는 스토리 사이의 간극을 의미한다.

이제 종교, 과학, 엔터테인먼트가 혼란에 빠진 틈을 타 마케터들이 차지한 균열을 뜻

**신화 격차**  신화는 적응력이 뛰어나 수천 년 동안 사람들에게 해설, 의미, 행동의 지침을 제공하였으나 지난 수백 년간 변화가 너무 급격하게 일어난 나머지 현실에서 그 효과를 적용하지 못하게 되었다. 이러한 현실과 우리가 의지하는 스토리(신화) 사이의 간극을 신화 격차라고 부른다.

하는 신화 격차에 대해 알아보자.

## 신화란 무엇인가?

우리 사회에서 신화라는 단어가 보통 거짓말과 동의어로 인식된다는 사실은 비극적이며 매우 아이러니하다. 오늘날 신화에 대한 얘기가 나오면 우리는 거기서 교훈을 찾기보다는 타파해야 할 대상으로 보는 경향이 있다. 그러나 신화 없이 산다면 우리는 인간 문명의 역사 속에서 미지의 영역으로 내몰리게 된다.

신화는 의미 형성이라는 필수적인 기능을 수행하여 사회를 결합시키는 끈이다. 영국의 인류학자 브로니슬라프 말리노프스키(Bronislaw Malinowski)는 신화가 "믿음을 표현하고 강화하고 성문화하며, 도덕을 수호하고 집행할 뿐 아니라, 의식(儀式)의 효과를 보증하며, 사람들에게 방향을 제시하는 실용적인 법칙을 담고 있다"고 설명한다.* 즉 우리가 소중히 여기는 가치가 신화 속에서 표현되고 공유되어, 사람들에게 강력한 힘을 준다는 의미다.

제 기능을 발휘하는 신화는 우리를 한데 묶고, 모든 문화에서 보편적인 공식에 따라 행동하도록 한다.

### 신화의 구성 요소 1: 상징적 사고

신화는 사실도 허구도 아니다. 시공간을 초월하기 때문이다. 신화는 현실의 제약에 순응할 필요가 없다. 사실 대부분의 사회에서 신화는 '먼 옛날'

이나 '저 멀리'라는, 완전히 분리된 현실을 배경으로 한다. 이 신성한 상상 속의 영역은 현실 세계를 교화하지만 현실로부터 멀리 떨어져 있다.*

신화는 상징적 언어를 사용하여, 현실이 내보내는 혼란스런 사실의 물결에서 우리를 구조한다. 신화는 강력한 상징을 통해 세상을 볼 수 있게 하여 우리에게 심오한 진실을 알려 준다. 이 진실은 언어로 나타내기 어려울 때가 많지만 상징을 통해서는 쉽게 표현된다. 신화의 영역과 꿈의 영역이 완전히 비슷하다고 할 수는 없지만 현실을 설명하고 인생의 길을 보여 준다는 공통점이 있다. 사실 조지프 캠벨(Joseph Campbell)은 신화를 '대중의 꿈'이라고 불렀다.*

신화는 상징의 세계에 존재하기 때문에 매우 유연하다. 현실에 대한 새로운 경험, 심지어 원자폭탄처럼 세상을 놀라게 할 발명품도 신화가 틀렸음을 입증할 수 있는 것은 아니다. 『바가바드 기타』는 로버트 오펜하이머를 비롯한 수백만 명에게 올바른 삶의 방향을 제시했다. 하지만 그렇다고 아르주나와 그의 사촌들 간에 전쟁이 실제로 일어났다고 믿어야 한다는 뜻은 아니다. 힌두교도들은 이교도의 도전을 두려워하지 않고 이 이야기의 상징성에 대해 터놓고 논쟁을 벌인다. 신화가 변화무쌍한 시간을 초월하여 인간의 역사 속에서 살아남은 이유는 실제 사건을 개작한 것이라고 주장하지 않기 때문이다.

### 신화의 구성 요소 2: 스토리, 해설, 의미

신화는 스토리, 해설, 의미를 하나로 깔끔하게 포장하여 우리에게 제공한다. 가장 강력한 신화로서 수많은 스토리의 근간이 된 「창세기」 첫 장을 예로 들어보자.

스토리: 하느님이 7일 만에 세상을 창조하시고 인간에게 세상을 지배하게 하셨다.
해설: 우리를 둘러싼 만물이 어떻게 존재하게 되었는지 설명한다.
의미: 우리는 만물을 창조하신 하느님께 감사하고 복종해야 한다.

'아메리칸 드림'처럼 현대에 생겨난 신화에도 같은 요소가 담겨 있다.

스토리: 자유와 도덕, 절제를 추구하는 사람들이 계급과 특권이 지배하던 영국의 폭압에서 벗어나 미국이라는 특별한 나라를 세웠다.
해설: 이로 인해 모든 미국인에게 성공과 번영의 기회가 주어졌다.
의미: 그러니 당신도 열심히 노력한다면 반드시 노력에 상응하는 대가를 얻을 것이다.

모든 신화는 이런 식으로 분석할 수 있다. 특정 신화를 분석하는 데 옳거나 그른 방법은 없다. 하지만 단순히 재미를 위한 이야기가 아니라 신화라고 부를 수 있는 이야기라면, 분명 그 안에서 스토리, 해설, 의미를 모두 찾을 수 있다.

### 신화의 구성 요소 3: 의식(儀式)

흥미로운 해설과 의미를 지닌 스토리는 우리에게 강력한 교훈을 줄 수밖에 없다. 훌륭한 교훈을 들었을 때 우리는 먼저 그것을 우리의 삶에 어떻게 적용할지 고민한다. 그러나 「창세기」를 믿는 사람은 "하느님을 어떻게 섬겨야 할까?" 같은 문제로 고민하지 않는다.

신화는 현실과 동떨어진 공간에서 펼쳐지기 때문에 인간은 의식을 이용하여 신화를 현실 세계에서 실행한다. 유월절 의식부터 각종 가정의례까지 인간은 의식을 통해 신화를 구현한다.

―

상징적 사고, 스토리, 해설, 의미, 의식이라는 요소가 갖추어졌다면 집짓기 재료들을 모두 한자리에 모은 셈이다. 하지만 그렇게 구성된 스토리가 모두 사회의 근간을 형성하는 신화가 되는 것은 아니다. 그렇게 되려면 보편적인 판단 기준에 접근해서 많은 사람들에게 수용되어야 한다. 다음에서 살펴보겠지만 신화 격차는 위의 모든 요소를 갖춘 신화의 보편성마저 파괴하였다.

## 신화 격차(The Myth Gap)의 발생

신화는 적응력이 매우 뛰어나 수천 년 동안 지속되고 발전한다. 그러나 현실이 너무 급격히 변화하는 나머지 신화가 변화에 맞서 효과를 유지할 만큼 적응하지 못하면 신화 격차가 생긴다.

지난 수백 년간 변화 속도는 갈수록 가속화되고 있다. 오펜하이머의 폭탄은 세계인의 의식에 변화를 가져온 수많은 사건 중 하나에 불과하다. 미국에서만 민권 운동, 베트남 전쟁, 워터게이트 사건, 생태계 위기, 2008년 세계 금융 붕괴 등 많은 사건이 의식의 전환점으로 작용하였다. 이 모든 변화 속에서도 신화가 인간을 계속 보편적인 방향으로 이끌 수 있으려면 극도로 유연해야 한다.

하지만 종교적 신화는 그다지 유연하지 않다는 사실이 밝혀졌다. 한때 과학과 엔터테인먼트가 대안을 제시할 수 있을 거라고 기대하기도 했지만, 이들도 새로운 신화의 격차를 채울 수는 없었다. 결국 이러한 현실은 마케터들을 향해 기회의 문을 활짝 열었고 그들은 기꺼이 문 안으로 들어왔다. 신화 격차와 관련한 마케팅의 역사를 밝히기 전에, 나는 현재의 신화 격차의 실태가 어떠한지 잠시 설명하려 한다.

### 상징적 사고의 격차

합리적인 현대 사회의 독특한 특성은 상징적 사고의 개념을 받아들이길 거부하는 사람이 많다는 점이다. 우리의 신화적 배경이 위태로워진 이유는 바로 그 때문이다. 현대인들은 어떤 대상이 사실인지 아닌지를 굳이 따지려 한다. 그러다 보니 과학과 종교가 격렬하게 경쟁하게 되었다. 세상이 6천 년 전에 창조되었는지 수십억 년 전에 창조되었는지, 또는 인간이 유인원 조상에서 진화했는지 아니면 신에 의해 창조되었는지에 관한 논쟁은 끊이지 않는다. 현대인의 사고방식으로는 한 가지가 옳다면 다른 하나는 그를 수밖에 없다. 반면 신화적인 사고방식에서는 양쪽 다 사실로 받아들일 수 있다. 현대 사회가 문자 그대로의 진실이라는 기준에만 집착하면서 전통적인 신화는 힘을 잃기 시작했다.

### 스토리, 해설, 의미의 격차

다양성을 특징으로 하는 현대 사회에서는 스토리, 해설, 의미의 기능이 종교, 과학, 엔터테인먼트 등의 영역에 모두 분산되어 있다. 하지만 이 중 어느 영역도 우리에게 신화 격차를 줄이기 위해 필요한 완전한 신화 패키지를 제공하지 못한다.

그럴 만한 이유가 있다. 종교는 해설과 의미의 제공에 있어서는 여전히 큰 역할을 하지만, 경전 속의 교리가 스토리라고 불리는 것은 원하지 않는다. 오늘날 주요 종교 지도자들은 그들의 교리가 신화의 수준으로 떨어지지나 않을까 우려한다. 주류 종교계는 그 종교적 스토리를 문자 그대로 받아들이도록 가르쳤고, 그 결과 사람들이 종교에 입문하기가 훨씬 더 어려워졌다. 종교적 신화는 사라지지 않고 명맥을 유지할 수 있었지만, 이러한 엄격함 때문에 종교는 보편성에서 점점 멀어져갔다.

과학의 경우 해설의 영역에서는 종교의 강력한 대체 수단이 되었지만, 의미의 영역에는 관여하지 않으려고 한다. 또한 종교와 마찬가지로 주류 과학은 스스로 스토리의 집합으로 보이지나 않을까 노심초사한다.

창의적인 스토리텔링이라는 활기찬 영역은 영화와 TV가 지배한다. 이들은 사람들을 재미있게 해야 한다는 단 하나의 목표만을 추구한다. 일부 엔터테인먼트는 엄청난 인기를 얻으면서 보편적 문화 기준이라는 지위를 획득하기도 했다. 그러나 대중에게 진짜로 세계가 어떻게 움직이는지를 알려 주거나 심오한 의미를 전달하는 책임을 기꺼이 감당하는 엔터테이너는 거의 없다.

일부 미래지향적인 종교 지도자와 과학자, 엔터테이너들은 스토리, 해설, 의미를 통합하려고 시도하고 있으나, 이들은 여전히 주류에서 크게 벗어나 있다. 하지만 신화가 사회에서 제 기능을 발휘하려면 주변부를 맴돌아서는 안 된다. 고대와 전통 사회는 스토리, 해설, 의미를 통합하는 역할을 수행하던 무당이나 현자의 덕을 보았지만, 이제는 이런 역할을 수행하는 이들이 사라졌거나 영향력을 크게 상실했다.

**의식의 격차**

오늘날 종교 의식은 너무 다양하고 서로 상충하는 경우가 많아 우리 사회에 보편적인 결속력을 부여하기 어려우며, 변화하는 현실을 따라잡을 수 있을 만큼 빨리 진화하지도 못한다. 엔터테인먼트의 경우, 적극적 참여가 아닌 수동적인 시청만을 강조하기 때문에 크게 도움이 되지 않으며, 과학은 상징적 행위라는 마술을 완전히 배제한다.

―

20세기에는 여기저기서 이러한 격차가 생겨났다. 우리에겐 낡은 신화와 의식을 시대에 맞게 바꾸고, 필요한 경우 새로운 신화를 도입할 새로운 세대의 유능한 스토리텔러가 필요하다. 오펜하이머가 우리를 불안한 신화 격차의 시대로 쏘아 보냈을 때 우리는 전통적인 신화창조자에 기대를 걸었다. 하지만 그들은 더 이상 우리에게 절실하게 필요한 새 신화를 전해 줄 수 없다.

## 신화창조자(Mythmaker)가 된 마케터

물론 이러한 격차는 엄청난 불편을 초래한다. 심리학자 카를 융(Carl Jung)은 제1차 세계대전 발발 직전부터 신화 격차에 대해 경고했다. 그는 이렇게 말한다. "신화란 모든 사람이 언제 어디서든 믿는 것이다. 그러니 신화

없이 또는 신화에 속하지 않고 살 수 있다고 생각하는 사람은 매우 예외적이다. 그는 내면에 존재하는 과거나 선조들의 삶 또는 자신이 속한 사회와 진정으로 연결되어 있지 않거나, 뿌리가 없는 사람이다."* 그러니 신화가 없는 사회는 쉽게 해체되며, 신화에 속하지 않은 사람이 많은 세상은 위험하다.

융이 신화 없는 인간에 대해 근심을 표명하기 시작한 지 얼마 되지 않아, 기업가들에게 존립의 위기가 닥쳤다. 제1차 세계대전 중에 미국 경제는 어마어마한 양의 생산품을 동원했다. 그런데 기계가 한번 작동하기 시작하자 전쟁이 끝난 후에도 정지하기가 쉽지 않았다. 도시화된 미국의 일자리와 주식 시장은 제품 생산에 완전히 의존하게 되어, 생산을 중단하면 경제는 급격히 추락할 수밖에 없었다. 그렇다면 대체 무엇을 생산하겠는가? 공급 물량을 충족할 만큼 수요가 따르지도 않는데 말이다. 신화 격차는 충격적인 수요 격차에 직면하게 된 것이다.

이렇게 해서 새로운 신화창조자인 마케터에게 기회가 찾아왔다. 사실 당시의 미국 정치 지도자들도 마케터의 개입을 적극 권유했다. 결국 마케터는 제품 판매자에서 문화의 운명을 쥐락펴락하는 권력자로 탈바꿈했다.

20세기 초로 한번 돌아가 보자. 「창세기」에서 직접 유래한 청교도의 가치와 의식(儀式)을 바탕으로 근검과 중용의 스토리, 해설, 의미를 갖춘 미국이 형성되었다(이 가치는 미국인에게 열심히 일하고 충분히 저축하라고 가르치는 벤저민 프랭클린의 유명한 명언들에도 간결하게 표현되어 있다[2]).

수요 격차를 메우기 위해서는 사회 자체가 혁명을 통하여 완전히 새롭게 변모해야 한다. 다음에는 환경의 변화로 크게 위협받고 있어 반드시 시

---

2 "오늘 하루는 내일보다 두 배의 가치가 있다.", "시간은 인생을 구성하는 재료다. 인생을 소중히 여긴다면 시간을 낭비하지 마라.", "1센트를 절약하면 1센트를 버는 것이다.", "지갑이 가벼우면 마음이 무겁다."

대에 맞게 수정하거나 교체되어야 할 신화의 예를 소개한다. 아인슈타인이 핵 재앙을 피하기 위해서는 완전히 새로운 사고방식이 요구된다고 했듯이, 20년 전의 리더들은 경제에 대한 새로운 사고방식이 필요하다고 주장했다.

제1차 세계대전 중에 마케팅 업계는 대부분 전쟁 수행에 관심을 돌려 미국의 지도자들을 위협하였고, 그 결과는 기대 이상이었다. 온건한 요구 방식이 새로운 위협으로 등장하자, 지도자들은 또다시 마케터에 의지하면서 그들에게 노골적으로 종교, 과학, 엔터테인먼트가 실패한 일, 바로 경제가 계속 굴러가기 위한 새로운 신화를 창조하라고 요구했다.

캘빈 쿨리지3가 일류 광고주들의 집회에서 한 연설을 들어보자. "[광고는 생활양식과 습관을 조정하고 바꿀 수 있는 잠재적 영향력이 가장 큰 수단입니다. 우리가 먹고 입는 것뿐만 아니라 국민 전체의 일과 여가에도 영향을 줍니다. 광고는 비즈니스의 정신적인 측면을 지배합니다." 또한 허버트 후버4는 이렇게 말했다. "여러분은 욕망을 자극하고 사람들을 끊임없이 움직이는 행복 기계로 바꿉니다. 그 기계는 경제 성장의 동력이 되었습니다." 당시의 최고위급 정치 지도자였던 쿨리지와 후버는 분명 마케터에게 삶의 방식에 대한 새로운 해설, 의미, 의식을 창조하도록 요구하고 있다. 즉 마케터들에게 현대의 신화창조자의 역할을 부여하고 있는 것이다.

물론 마케터들은 이러한 역할을 수용하기에 그 누구보다 적합했다. 그들에게는 종교, 과학, 엔터테인먼트가 벌려 놓은 모든 격차를 메울 수단이 있었기 때문이다. 1800년대 후반 이후로 마케팅계는 이미 광고에 있어서 스토리텔링이 지닌 힘을 알고 있었다. 20세기가 되자 '티 없는 도시(Spotless

---

3  Calvin Coolidge. 제30대 미국 대통령(1923~1929).
4  Herbert Hoover. 제31대 미국 대통령(1929~2933).

Town)'처럼 스토리를 바탕으로 하는 캠페인을 통해 별 특징 없는 생필품에 불과했던 사폴리오(Sapolio) 비누[5]가 누구나 탐내는 제품으로 격상되었다. 사폴리오라는 브랜드를 중심으로 형성된 가상의 마을에서 일어나는 시적인 스토리는 미국 가정에서 저녁 식사 시간의 화젯거리가 되었다. 이런 종류의 스토리는 모두 전형적인 상징적 사고를 보여 준다. 티 없는 도시, 유쾌한 그린 자이언트,[6] 모튼 우산 소녀,[7] 말보로맨이 실존한다고 믿는 사람은 없지만, 이들은 실제 세계에서도 강력한 영향력을 발휘하고 있다. 미국의 수천만 흡연 인구는 말보로맨이라는 강인한 롤 모델을 모방하여, 그가 허구라는 사실을 알면서도 담배 브랜드를 바꾸었다. 신화를 움직이는 것은 바로 상징적 사고의 힘이기 때문이다. 다른 분야에서는 인정받지 못하는 상징적 스토리가 시장에서 제공될 경우에는 사람들을 끌어 모은다.

 마케터들이 들려주는 스토리는 언제나 신화처럼 해설과 의미를 제공했다. 설거지용 액상 세제부터 아이패드에 이르기까지 새로 출시되는 모든 제품은 수시로 변화하는 현대 사회에서 삶을 어떻게 살 것인가에 대한 새로운 실용적인 해설로 자리 잡았다. 이러한 해설은 우리의 생활 환경만큼이나, 때로는 그보다 더 빠르게 업데이트된다. 더구나 마케팅은 가장 초창기부터 구매자에게 상품이나 서비스 의미를 전달하도록 하는 데 주력했다. 테이크아웃 커피 컵조차 의미와 구매자의 속성을 표현한다. 즉 컵을 보면 우리가 어느 집단에 있는지 알 수 있다. 스타벅스 종이컵은 풍족한 생활을

---

[5] 1868년부터 뉴욕의 에녹 모건 선즈(Enoch Morgan's Sons)에서 생산한 다용도 비누.
[6] Jolly Green Giant. 제너럴 밀스(General Mills)의 채소 통조림 마스코트.
[7] Morton Umbrella Girl. 모튼 솔트(Morton Salt)사의 습기에 강한 소금 로고 디자인으로 1914년 처음 등장하였다.

## 사폴리오 비누 광고

하녀는 티끌 하나라도 없게 하려고 사폴리오 비누로 열심히 바닥을 청소하고 정육점 주인은 사폴리오 비누로 칼을 깨끗이 닦아서 주민들에게 위생적인 고기를 공급하고, 시장은 시장으로서의 품위와 세련미를 돋보이게 하기 위해 사폴리오 비누를 사용한다. 모든 사람들이 사폴리오 비누를 사용하여 티 하나 없이 깨끗한 도시를 만드는 일에 동참하고 있다.

누리는 주류 계층, 또는 그들을 동경하는 사람들을 의미한다. 던킨의 스티로폼 컵은 서민이지만 자긍심을 가진 집단을 뜻한다. 재사용 가능한 여행용 스테인리스 컵은 환경 문제에 대한 관심과 책임감을 의미한다.

그렇다면 의식도 그럴까? 당연하다. 마케팅 스토리가 대중들에게 스토리를 실천할 수 있는 방법을 알려 주지 않으면 무슨 소용이 있겠는가? 새로운 의식의 도입은 모든 마케팅 캠페인의 기본이다. 쇼핑은 우리가 보편적으로 공유하는 유일한 의식으로 자리 잡고 있다.

마케터들은 상징적 사고, 스토리, 해설, 의미, 의식 등 신화의 형식을 숙지하고 있다. 그리고 뛰어난 마케터 집단 덕분에 미국은 과소비 모드로 전환되었고, 수요 격차는 분명히 극복되었다. 근검과 중용이라는 청교도적 가치는 손쉬운 할부 구매, 과시적 소비, 브랜드와 개인 사이의 깊은 유대감 때문에 산산이 부서졌다. 원자 폭탄만큼이나 획기적인 변화라 할 만하다.

스토리 전쟁의 새로운 지배자로 떠오른 마케터들은 당장이라도 어디에나 적용할 수 있는 완전한 패키지를 갖추고 있다. 이들은 막강한 힘으로 무장하여 오래된 신화를 업데이트하고 새로운 신화를 창작하기 시작했다. 이런 일이 어떻게 가능한지 역사를 통해 자세히 살펴보자.

### 담배와 아담의 갈비뼈 신화: '자유의 횃불'

> 또 여자에게 이르시되 내가 네게 임신하는 고통을 크게 더하리니 네가 수고하고 자식을 낳을 것이며 너는 남편을 원하고 남편은 너를 다스릴 것이니라 하시고
> — 「창세기」 3:16

20세기 초 무렵 미국의 전통적인 농경 생활은 당시 새롭게 떠오르던 근대 도시라는 지배적인 세력의 도전을 받았다.

점점 팽창하는 대도시에서의 삶과 비교하면, 농장 생활은 아담과 이브가 작은 실수를 저지르고 에덴동산에서 쫓겨난 다음 삶의 터전으로 삼았을 법한 동산 바깥의 생활 모습과 크게 다르지 않았다. 즉 자신의 작은 영역을 지배하면서 힘들게 밭일을 하는 아버지와 그의 내조자인 아내가 등장하는 시나리오였다. 이러한 생활 방식에 대한 설득력 있는 스토리, 해설, 의미는 「창세기」 3장 16절에서 찾아볼 수 있다. 모든 사람이 이런 삶의 방식에 익숙했고 그 방식대로 살고 있었다.

그러나 여자들이 옛 질서에서 벗어나 도시에서 교육과 취업의 기회를 얻게 되자, 더 이상 살기 위해 반드시 '남편을 원'할 필요가 없어졌다. 사실 일부 여성들에게는 전혀 말도 안 되는 소리가 되고 말았다. 「창세기」 3장 16절에 대한 반발이 커지면서 여성에게도 투표권을 부여해야 한다는 획기적인 사상이 등장했다. 공적인 문제에서 이브의 의견이 아담과 다를 수 있다는 생각은 거의 2천 년 동안이나 의심 없이 수용되던 신화에 대한 전면 공격이었다.

20세기 전환기에 미국 여성이 미국 남성과 대등한 지위를 갖는다는 새로운 신화는 일반 대중의 상상 속에 뿌리를 내리려 안간힘을 쓰고 있었다. 규모는 작지만 큰 영향력을 지닌 도시 여성 참정권 운동가 집단은 투표권을 요구하며 거리 시위를 시작하였고, 전국적으로 여성 참정권 논쟁에 불을 붙였다. 이 소수의 여성들이 신화 격차를 벌리는 동안, 마케터 에드워드 버네이스(Edward Bernays)는 시위에 참여하는 대신 흡연이라는 의식을 통해 모든 미국 여성이 참정권 운동가의 스토리를 실천하도록 유도함으로써 격차를 채웠다.

지그문트 프로이트의 조카 버네이스는 PR(홍보) 분야의 창시자로, 이 용어를 처음 만들어 낸 인물이기도 하다. 버네이스는 당시의 다른 마케터들과 달리, 사람들이 갖고 싶어 하는 제품을 공급하는 행위가 마케팅이라고 여기지 않았다. 대신 그는 삼촌이 심리학에 불어 넣은 획기적인 통찰을 이용하여 마케팅이 새로운 욕구를 창조할 수 있다고 생각하였다.

1928년 아메리칸 타바코(American Tobacco Company)의 사장 조지 워싱턴 힐(George Washington Hill)은 한 가지 문제로 버네이스를 찾아왔다. 미국의 여성성을 다룬 옛 스토리들이 여성을 지나치게 다소곳한 존재로 그리고 있다는 것이었다. 여성들이 공공장소에서 흡연하는 행위를 강력하게 금기시하게 된 연원도 이들 스토리에 있다. 겨우 몇 년 전에 뉴욕에서는 한 여성이 거리에서 담뱃불을 붙였다는 이유로 구속되기도 했다. 투표와 마찬가지로 공공장소에서의 흡연도 남성의 전유물이었고, 이러한 인식은 사업에 불리하게 작용했다. 하지만 버네이스가 해결 방법을 제시했다.

힐이 보급하고자 하는 흡연 의식이 옛 신화에 부합하지 않는다면 파급력을 지닌 새로운 스토리에 결합시키면 되지 않겠는가? 불과 8개월 전에, 여성 참정권 운동가들에게 기념비적 승리를 안겨 준 제19차 헌법 수정 조항이 비준되었다. 물론 그들은 투표권을 얻는 것만으로 만족할 생각이 없었다. 평등에 대한 요구는 단지 시작일 뿐이었다. 아마도 이 여성들이 쓰고 있는 새로운 스토리를 흡연이라는 의식과 함께 제시한다면 그 스토리를 신화의 수준으로 끌어올릴 수 있을 것 같았다. 그러면 담배 판매량 또한 크게 증가할 게 분명했다.

버네이스에게 이 아이디어가 처음 떠오른 것은 한 일류 정신분석가에게 담배를 건네주며 대화를 나눌 때였다. 정신분석가가 그에게 말했다. "담배는 남성의 성기를 상징합니다." 버네이스는 추론했다. "여성이 남성이 가진 모든 것을 원한다면, 무엇보다 페니스를 원하지 않을까?" 버네이스는 재빨리 「창세기」를 완전히 전복시킨 신흥 스토리에 여성의 남근 선망을 결합하여 여성이 흡연하게 만들 전략을 만들어 냈다. 남자들이 가진 것을 모두 원하는 여성은 담배도 원하게 된다.

버네이스는 여러 명의 매력적인 젊은 여성을 고용하여 뉴욕 부활절 퍼레이드에서 여성 참정권 운동가로 연기하게 했다. 그들은 신호에 따라 치마 밑에서 담배를 꺼내 불을 붙인 다음 "자유의 횃불"이라고 외칠 예정이었다. 이 말을 떠올린 순간 버네이스는 영혼의 전율을 느꼈다.

그는 그 계획적인 반란에 대해 미리 언론에 귀띔해 놓았다. 연극은 거침없이 진행되었고, 미국인의 상상을 뒤흔들었다. 전국의 신문들이 앞다투어 이 '여성 참정권 운동가'에 대한 스토리를 보도했고, 곧바로 이 주장을 뒷받침하는 광고가 뒤따랐다. 여성의 공공장소 흡연에 대한 금기가 무너지고 있었다. 그 후 10년도 되지 않아 여성을 대상으로 제품을 생산하고 마케팅하는 담배 브랜드가 미국에 수십 개나 생겨났다.

여성 참정권자들은 구약 성경에 담긴 가치와 새롭게 협상하면서 신화의 격차를 벌렸다. 그들은 오늘날까지 사회를 계속 변화시키고 있는 미국 여성성에 관한 새 신화의 주인공이 되었다. 한편 이 모든 미국 여성이 신흥 신화를 보편적으로 공유하고 실천하도록 도운 주역은 마케터 에드워드 버네이스였다. 이 신화는 수백만 명의 여성이 담뱃불을 붙이는 의식을 행할 때마다 그들을 곧장 새로운 스토리, 해설, 의미에 연결시킨다.

## 쓰레기와 개척 신화: '눈물 흘리는 인디언'

> 하나님이 그들에게 복을 주시며 하나님이 그들에게 이르시되 생육하고 번성하여 땅에 충만하라, 땅을 정복하라, 바다의 물고기와 하늘의 새와 땅에 움직이는 모든 생물을 다스리라 하시니라. — 「창세기」 1:28

「창세기」는 남자에게 아내를 지배하라고 가르치듯, 인간이 지구를 어떻게 다스려야 하는지도 매우 분명하게 제시한다. 「창세기」는 땅을 정복하라고 말한다. 청교도 선조들은 새로운 삶의 터전이 될, 사람이 살지 않는 숲의 경이로운 모습을 보았을 때 즉시 「창세기」 1장 28절의 가르침을 행하였다. 인구가 조밀하고 산림이 개간된 유럽 대륙에서 온 사람들은 마치 에덴동산에 돌아온 듯한 기분을 느끼면서 하느님의 명령을 새로이 이행할 기회가 주어졌다고 생각했다. 그 후로 자연 그대로의 천연림이 인간의 손을 기다리고 있다는 생각은 미국 신화의 핵심으로 자리매김하였다.

그러니 처음부터 미국의 영웅은 개척자나 사냥꾼, 카우보이일 수밖에 없었다. 전형적인 영웅은 데이비 크로켓,[8] 조니 애플시드,[9] 애니 오클리,[10] 존 웨인(John Wayne), 람보(Rambo)처럼 안락한 문명에서 개척지로 눈을 돌리고, 문명인들이 이용할 수 있는 땅을 마련하는 남녀였다. 서부 영화에서 우주 대서사시에 이르기까지 미국의 스토리는 모두 개척지를 배경으로 한

---

8 Davy Crockett. 미국의 개척자이자 정치가로 1836년 알마모 요새에서 멕시코군과 싸우다 전사하였다.
9 Johnny Appleseed. 미국의 선구적인 묘목업자로 본명은 존 채프먼(John Chapman)이며, 미국 여러 지역에 사과나무를 도입한 것으로 유명하다.
10 Annie Oakley. 전설적인 여성 명사수.

다. 개척지야말로 「창세기」에 근거한 미국의 핵심 신화를 제대로 실현할 수 있는 장소이기 때문이다.

개척 신화의 관점으로 보면 자연을 인간의 손으로 개발하지 않고 내버려 두는 것은 낭비이며, 하느님의 명령에 대한 반역이자 부도덕한 행동이다. 개척 신화는 두 가지 측면에서 강력한 행동 지침이 되었다. 먼저 미국인들로 하여금 단지 경제적 효용만을 위해서가 아니라 영혼의 구원을 위해 땅을 이용하도록 장려하면서 변방을 끊임없이 확장하도록 가르쳤다. 또한 자신들이 사는 땅을 지배하지 않는 '부도덕한' 원주민을 몰아내는 행위를 정당화하였다.

1960년대까지 이 두 가지 개척 신화는 미국 문화에 거대한 영향을 주었다. 스토리 전쟁에서 이 신화는 마케팅의 강력한 보호막 역할을 하기도 했다. 리오 버넷[11]이 말보로의 광고를 맡았을 당시에 일반 필터 담배는 여성용으로 인식되었다(버네이스는 무척 자랑스러워했을 것이다). 버넷은 강인한 말보로맨을 도입하여 개척 신화에 새로운 상징을 부여하고 모든 남성이 카우보이 같은 남성성을 과시할 수 있는 보편적인 의식을 창조했다. 말보로맨은 혼자의 힘으로 말보로를 모든 세대를 아우르는 남성 흡연자 사이에 가장 잘 팔리는 브랜드로 만들었다. 말보로 광고에는 대부분 단일 이미지와 브랜드 이름이 실려 있을 뿐이지만, 그 신화는 이 모든 어려운 업적을 달성했다. 말보로맨은 말 한마디 하지 않고도 여전히 광고 역사에서 가장 상징적인 브랜드 대변인으로 인식되고 있다.

말보로맨의 탄생과 비슷한 시기에 케네디 행정부는 베트남 참전을 정당

---

11 Leo Burnett. 말보로맨, 켈로그 토니 호랑이 등 유명한 광고 캐릭터를 창조한 광고 제작자.

**말보로 광고**

필립 모리스는 초기에 말보로 담배를 여성용으로 출시하였으나 판매가 부진하자 변경을 개척하는 카우보이의 이미지를 내세워 말보로맨이라는 아이콘을 선보였다. 그 후 말보로는 전 세계에서 가장 잘 팔리는 브랜드가 되었다.

화하기 위해 개척 신화의 '미개성' 측면을 부각시켰다. 미국 신화 전문가 리처드 슬로킨(Richard Slotkin)이 지적하듯 존 F. 케네디가 남부 베트남에 파견한 맥스웰 테일러(Maxwell Taylor)는 무력 행동을 '정착민'이 '인디언'을 '요새'에서 이주시켜 '옥수수'를 심을 수 있게 한 일에 비유하여 정당화하였다.* 군인들은 신화적 용어에 큰 관심을 보여 여러 해 동안 베트남을 '인디언의 나라'로, 수색 섬멸 작전을 '카우보이와 인디언 놀이'로 불렀다. 심지어 전쟁이 끝난 후에도, 그 신화적 영향력은 사라지지 않고 계속 스토리, 해설, 의미를 부여하였다. 흡연 행위에서 베트남 전쟁에 이르는 모든 것이 개척 신화의 의식을 실행하고 있었다. 그렇게 되자 모든 상황이 크게 잘못된 방향으로 나아가기 시작했다.

1962년에는 레이철 카슨(Rachel Carson)의 『침묵의 봄』이 「뉴욕타임스」 베스트셀러 리스트에 오르면서 바야흐로 현대 환경 운동의 시발점이 되었다.* 이 책은 땅을 다스려 야생에서 안전하게 옥수수를 재배할 수 있게 한 초강력 살충제 DDT를 중점적으로 다루고, 화학 약품이 생태계에 일으키는 심각한 부작용에 대해 충격적인 폭로를 하였다. 자연을 정복하라는 성경의 가르침이 갑자기 전면 공격을 당한 것이다. 많은 사람들이 자연을 파괴하면 자연이 우리를 향해 반격을 가할 수도 있다는 사실을 처음으로 깨달았다. 결국 그것은 인간 대 자연의 대립이 아닐지도 모른다. 아마도 인간과 자연 대 무개념의 대립이었을 것이다. 한때 인간은 무시무시한 힘을 지닌 신과 자연에 복종하며 살았다. 하지만 오펜하이머의 폭탄이 인간 또한 신처럼 강력할 수 있음을 깨닫게 해 준 것처럼, 『침묵의 봄』은 인간이 자연을 지배할 수 있음을 처음으로 깨닫게 하였다.

신화 격차가 커져가고 오존층 파괴, 생물종 감소, 기후 변화 등과 관련한 진실이 잇따라 밝혀지면서 미국인들 사이에 환경에 대한 우려가 퍼져 나갔다. 한때 미국인들이 보편적으로 공유했던 인간 대 자연의 신화가 사회를 분열시키기 시작했다. 이 무렵부터 환경운동가들은 신화를 시대에 맞게 고치고 다시 쓰는 수고를 마다하지 않았다. 반면 '급진적인 환경 운동'에 반대하는 사람들은 경제 성장 행진에 의문을 제기하는 과학적 증거들을 거부하며 그 어느 때보다 신화에 필사적으로 의존하고 있다.

개척지에서 자연과의 관계에 금이 가면서 '인디언'과의 관계에서도 같은 현상이 나타났다. 베트남에서의 상황도 악화되고 있었다. 전쟁에 반대하는 목소리가 계속 높아졌고, 처음으로 카우보이가 개척지에서 정의를 위해 싸운다는 전형적인 미국 신화에 널리 의문이 제기되었다. 민권 운동으로 향상된 현실 이해 수준에 이 새로운 사고방식이 더해지면서, 사람들은 노예제도가 폐지된 후 오랜 세월이 흐른 다음에도 미국이 언제나 정의와 자유의 편에 서는 것은 아니라는 사실을 깨달았다. 선량한 정착민과 비도덕적인 야만인의 대결 신화를 지나간 시대의 유물로 여기는 사람들이 많아졌다. 심지어 이전의 서부 영화에서 아메리카 원주민을 묘사하는 방식에도 회의를 품기 시작했다. 결국 관점은 180도 바뀌어, 원주민의 가치관을 중심으로 하는 「늑대와 춤을(Dances with Wolves)」이나 「아바타(Avatar)」 같은 영화가 표준으로 자리 잡았다. 이 새로운 스토리 속 카우보이들은 인디언을 정복하는 대신 그들에게서 배움을 얻고 그들의 방식을 받아들이면서 완벽한 영웅으로 거듭난다.

1970년대 즈음에 자연 정복과 인디언의 야만성이라는 개척지 신화의 양대 축이 스토리 전쟁에서 공격받기 시작하자, 시대에 맞게 신화를 바꿔야 했다. '미국을 아름답게(Keep America Beautiful)' 캠페인의 숨은 주역인 일류 마케터들은 새 신화를 제공할 기회를 얻었다.

이 캠페인은 마치 공익 광고 같은 제목을 달고 있지만, 포장재를 제한하고 일회용 병에 보증금을 부과하는 법률에 대해 식품 업계가 반격한 것이었다. 처음에 이 캠페인은 쓰레기 줄이기가 산업계의 의무가 아닌 개인의 의무라는 인식을 강하게 심어 주어 규제를 무력화하려는 의도로 시작되었다. '쓰레기 벌레(Litterbug)' 광고는 도시와 고속도로에 쓰레기가 쌓이는 이유는 불필요한 포장 때문이 아니라 비도덕적인 개인 때문이라고 비난하며, '공해를 일으킨 주범은 우리고, 이를 막을 수 있는 것도 우리'라는 슬로건을 내세웠다.\* 물론 이 문장은 사람들이 쓰레기를 한 통 버릴 때마다 제조 과정에서는 70통의 쓰레기가 생성된다는 사실을 숨기고 있다.\*

1971년 골치 아픈 환경 문제가 밀어닥치고 베트남 전쟁이 극적으로 악화되자, '미국을 아름답게' 캠페인은 오랫동안 간직해 온 개척 신화가 무너지면서 생긴 불안감에 대한 완벽한 처방을 제시했다. '눈물을 흘리는 인디언'이라는 이 스토리 광고는 역사상 가장 상징적이고 효과적인 공익 광고로 꼽힌다. 또한 스토리 전쟁의 승리를 보여 주는 최고의 사례이기도 하다.

이 광고에는 배우 아이언 아이즈 코디(Iron Eyes Cody, 실제로는 아메리카 원주민 연기로 성공한 이탈리아계 이민자였다)가 출연한다. 광고가 시작되면, 코디는 당당하게 카누를 저어 나아가고 음악이 점점 강렬해진다. 카메라가 상하좌우로 회전하면서 산업화가 진행되어 황량해진 강가를 보여 준다. 그는 한때는 고결했지만 지금은 정복된 땅에 사는 것이다. 불과 10초 만에 신화 격차가 발생한 것이다. 그런데 마케터가 과연 그 격차를 줄일 수 있을까?

코디가 카누를 쓰레기가 널린 강가에 대자, 해설자가 이렇게 경고한다. "이 나라의 아름다웠던 자연에 대해 변함없이 깊은 존경심을 품고 있는 이

'미국을 아름답게(KAB)'는 환경 미화, 쓰레기 줄이기 등 환경 보호에 주력하는 비영리 기관으로, 1971년에 방영한 '눈물 흘리는 인디언' 광고를 통해 미국인들이 환경 보호에 적극 동참하는 계기를 마련하였다.

들이 있습니다. 그러나 그렇지 않은 사람도 많습니다." 차 한 대가 지나가면서 몇몇 개념 없는 사람이 창밖으로 비닐봉지를 집어던진다. 카메라가 인디언의 얼굴을 비추면서 그의 뺨 위로 눈물이 한 방울 떨어지는 모습을 보여 준다. 정치적 성향과 관계없이 모든 미국인이 그와 함께 눈물을 흘린다.

하지만 이게 끝은 아니다. 다음에는 슬로건과 함께 이 새로운 스토리에 동참하기 위해 우리가 무엇을 할 수 있는지 보여 준다. 그것은 자연에 대한 경외심을 유지한다면 예전의 아름다움을 회복할 수 있다는 내용이다. "공해를 일으킨 주범은 우리이고, 이를 막을 수 있는 것도 우리다"라는 스토리 속에서는 인디언이 영웅이고, 차에 탄 카우보이가 악당이다.

'미국을 아름답게' 단체에서 활동하는 공익광고협의회(Ad Council)의 마케터들은 옛날에 에드워드 버네이스가 했던 것처럼 모든 사람에게 적용되는 상징적인 의식을 만들었다. 쓰레기 감소와 재활용은 사람들이 무너진 신화에 대한 불안을 극복하고, 지구와 조화롭게 살아가고 과거와 타협하여 다시 자신을 도덕적인 주체로 인식할 수 있게 하는 치료법이 되었다.

## 차(茶), 천막, 아메리칸 드림: 경제 위기에 대한 해답

> 모든 남녀는 타고난 능력을 최대한 발휘할 수 있어야 하고, 출신이나 계급이라는 우발적 환경과 관계없이 있는 그대로의 모습으로 대우받아야 한다.
> – '아메리칸 드림'이라는 말을 처음 만든
> 제임스 트러슬로 애덤스(James Truslow Adams)

신화 격차로 불안감이 조성되고 커뮤니케이터들에게 이를 치료할 권능이 부여되자 오늘날의 스토리 전쟁은 더욱 격렬해지고 있다. 이 글을 쓰는 현재 미국 양대 정당의 가장 두드러진 감정은 분노이다. 아마도 분노는 미국이란 나라의 가장 위대한 신화가 붕괴된 데 대한 직접적인 반응인 듯하다.

아메리칸 드림은 열심히 일하고자 하는 모든 사람에게는 경제적 기회와 자유가 똑같이 주어진다는 믿음으로, 미국인의 마음속에 선택받은 국민이라는 자부심을 심었다. 그러나 2008년 경제 대붕괴와 '대사불마(大事不磨)' 금융기관에 대한 정부의 긴급 구제는 많은 이에게 아메리칸 드림 신화의 붕괴라는 충격으로 다가왔다. 열심히 일한다면 노력에 대한 정당한 대가로 얻을 수 있을 거라고 생각했던 직장, 연금, 내 집 마련의 꿈이 모두 사라졌다. 오랫동안 희망을 주던 스토리가 돌연 거짓말임이 밝혀진 것이다.

티파티와 월가 시위는 이러한 분노를 자극하여 수천 명의 미국인을 시위 장소로 모이게 하고 미디어를 장악했다. 정부 주도의 경제 조치가 분노하는 대중의 요구를 조금도 충족시키지 못하자 이 두 가지 운동이 그 자리를 대신 차지한 것이다. 디지토털 시대의 활동들이 으레 그러하듯, 이들 운동은 겉보기와 달리 실제로는 마케팅 캠페인이었다. 양쪽 모두 정치적 분노를 조명할 브랜드를 형성할 목적으로 비전통적 매스컴이 의도적으로 일으킨 사건이다.

미국에서 이러한 사건들이 큰 반향을 일으킨 이유는 이로 인해 더 이상 유지될 수 없는 아메리칸 드림이라는 신화가 시대에 맞게 수정되었기 때문이다.

그 정치적 플랫폼은 (그런 게 있다면) 사실 새롭지도 않았고 무엇이라고 단정하기도 어려웠다. 그저 현대 미국 혁명과 '99퍼센트'라는 상징적 이미지로 대변될 뿐이다.

티파티는 사람들에게 아메리칸 드림의 기원을 상기시켰다. 선조들이 분명히 선언했듯 미국은 특권 지배층의 소유가 아니라는 것이다. 독립선언문의 자유와 평등, 인민 주권을 경제 용어로 표현한 것이 — 결국 보스턴 티파티 사건[12]도 조세 저항 운동이었다 — 바로 아메리칸 드림이다. 경기 불황으로 아메리칸 드림이 무너지기 시작하자, 현대의 티파티는 미국인에게 번영을 위협하는 경기 침체가 사실은 자유에 대한 공격이라는 믿음을 심었다. 그들은 18세기의 의상을 입고는 현실과 동떨어진 거대 정부를 향해 난폭한 열정을 분출하였다. 재정 파탄의 복잡한 원인을 단순하고 익숙한 도덕적 이야기로 압축한 다음 그것을 모든 이에게 친숙한 스토리에 연결했다.

---

[12] 1773년 미국 식민지 주민들이 영국의 과도한 세금 징수에 반발하여 영국으로부터의 차 수입을 저지하기 위해 일으킨 사건.

신화 격차를 벌려 아메리칸 드림을 무너뜨린 책임이 있는 정당을 지목하면서 그들은 명확한 악당(정부)과 명확한 갈등(저항)을 찾아냈다. 그러자 갑자기 경제 붕괴는 인간의 힘으로 통제할 수 없는 자연 현상이 아닌, 투쟁의 대상으로 인식되었다.

수십만 명이 이 전투에 참가하여 신화를 재차 확인했다. 티파티 운동에서 주요 조직책으로 활동했으며 2010년의 승리로 여전히 기세등등한 티파티 후원 단체 미국번영재단(Americans for Prosperity)은 티파티 리더들을 위해 전국 단위의 교육 행사를 개최했다. 이름 하여 '아메리칸 드림 지키기(Defending the American Dream)'라는 행사이다.

월가 시위에는 다양한 정치적 목적이 있었겠지만 '99퍼센트'라는 획기적인 메시지는 아메리칸 드림의 가치를 재확인하고 명확한 등장인물과 갈등을 제공했다. 월가 시위의 메시지는 미국의 우월성을 내세우지 않았다는 점에서 티파티와 차이가 있다. 월가 시위는 스스로 범세계적 운동이라 평가했다. '99퍼센트'는 누구나 노력만 하면 경제적 번영을 누릴 수 있다는 아메리칸 드림을 줄인 말이나 다름없었다. 그 메시지는 배타적인 특권 엘리트 계층에서 유래된 것이 아니었다. '99퍼센트'의 메시지는 티파티처럼 악당과 그 추종자가 누구인지 지적하고 갈등을 제시하여 대중의 분노를 부추겼다. 월가 시위가 지목한 악당은 과잉 반응하는 정부가 아니라 월가의 상징인 기업이며, 정부는 무력하게 기업이 시키는 대로 할 뿐이라고 본다.

월가 점령 시위는 표면적으로는 소강 상태에 들었지만, 공원에서 벌어지는 전쟁이 아니라 미국의 정체성에 대한 스토리를 두고 벌어지는 전쟁임은 분명하다.

공화당의 정치 컨설턴트 프랭크 룬츠(Frank Luntz)는 이렇게 말하기도 했다. "나는 이 월가 반대 운동이 두렵다. 정말 겁이 나서 죽을 지경이다. 그들은 미국인들이 자본주의라고 생각하는 대상에 영향력을 행사하고 있는 것이다."* 대부분의 매스컴들이 거리에서의 폭력 사태에 초점을 맞추고 있는 반면, 룬츠는 이 운동이 신화에 도전하는 싸움이라는 점을 분명히 깨닫고 있다.

이 두 운동을 성공적이라고 볼 수 있는 이유는 낡아빠진 아메리칸 드림 신화가 만든 격차를 새로운 스토리(명확한 등장인물과 갈등을 제시했다), 해설(복잡한 경제 붕괴의 근본 원인을 간단하게 설명한다), 의미(평범한 사람들이 저항해야 한다고 설득한다)뿐만 아니라 의식(티파티와 천막촌으로 사람들을 초대한다)으로도 메워 주었기 때문이다. 이 운동의 막강한 힘은 그 성명서 안에 있는 것이 아니라 이들이 제공한 새로운 신화에 있다.

'자유의 횃불'부터 오늘날의 파급력 있는 정치 운동에 이르는 모든 캠페인은 세상에 나오는 순간부터 현재의 신화 격차 상태를 이해한 덕분에 스토리 전쟁에서 성공할 수 있었다. 모든 마케터는 시대 정신에 다가갈 방법을 찾고 있지만, 낡은 신화 때문에 생긴 공백을 파고드는 것이 가장 빠른 방법이다. 이 공백은 불안감이 생겨나는 곳인 한편 사람들이 긴장을 완화할 해결책을 찾는 곳이기도 하다. 또한 새로운 의식이 만들어질 준비를 하는 곳이기도 하다.

마케터가 바로 신화창조자들이라는 사실에 우리는 기뻐해야 할까 두려워해야 할까? 무의식적으로 무당이나 음유시인, 사제가 지배하는 미디어 환경으로 돌아가고 싶어 하는 사람들도 있겠지만 머지않아 그런 일은 더 이상 일어나지 않을 것이다. 현재만 해도 우리의 가장 강력한 신화창조자가 마케터라는 사실은 상식이 되었기 때문이다. 신화창조는 성공으로 가는 지름길이므로 주어진 특권을 제대로 이용하지 않는 마케터는 어리석다고 보아야 할 정도다. 사실 이 책은 그러한 신화창조자의 의무를 완전히 받아들여 스토리 전쟁에 뛰어들기를 촉구한다. 하지만 그렇게 한다면 의무에 따르는 책임 또한 받아들여야 한다. 융에서 아인슈타인, 쿨리지 이르는 사상가들이 밝혔듯, 스토리를 만드는 것은 한가한 놀이가 아니다. 스토리는 미래 사회의 방향을 제시할 수도 있다. 다음 장에서 살펴보겠지만 마케팅의 방향을 선택할 때는 신중한 검토가 필요하다.

## 제4장
# 마케팅의 흑기술

2011년 3월 2일. 그들은 광장에서 밤을 새웠다. 모두 백만 명에 가까운 인파가 모인 것 같았다. 그보다 더 많다는 이들도 있었다. 그들은 끝없이 구호를 외치다가 휴식이 필요할 때는 서로의 등에 기댔다. 그들 주위에는 새로운 역사의 분위기가 감돌았다. 지난 며칠 동안 그들 중 몇 명이 살해당했지만 시위대는 이렇게 많은 사람들이 함께 한다는 데 안도감을 느꼈다.

시위대 속의 한 젊은 여성에게는 이 엄청난 숫자가 마치 기적처럼 느껴졌다. 훗날 사람들은 이 사건을 그녀가 만든 기적이라 부를 것이었다. 겨우 2주 전 같은 장소에서 아스마 마흐푸즈(Asmaa Mahfouz)는 커다란 좌절감을 맛보아야 했다. 그녀는 페이스북에 초대장을 게시하여, 무바라크 정권에 항의하는 뜻으로 분신한 네 명의 이집트인의 추모 시위에 참가할 사람을 모집했다. 위험을 무릅쓰고 자신의 전화번호도 공개했다. 그러나 시위 참가자로 모인 사람은 단 세 명에 불과했고, 경찰이 그보다 더 많이 나타났다. 비참한 경험이었다.

하지만 마흐푸즈는 자기 자신과 다른 이집트인들의 용기를 믿었다. 그리하여 며칠 후에는 대담하게도 유튜브에 자신의 얼굴을 드러내며 공개적으로 혁명을 촉구하는 동영상을 올렸다. 자신을 희생하려고 작정이나 한 듯 위험천만한 행동을 벌인 것이다. "정부를 두려워하지 맙시다. 우리가 경외해야 하는 대상은 오직 신입니다. 인간이 마음을 바꾸지 않으면 신은 인간을 위해 그 무엇도 바꾸지 않겠다고 말씀하십니다. (……) 모두 동참하여 당신의 권리와 나의 권리, 가족의 권리를 요구합시다. 나는 오는 1월 25일, 부패에 대해, 그리고 이 정권에 대해 반대하는 의사를 분명히 표시하려 합니다."

동영상은 즉시 퍼져 나갔다. 수십만 명이 시청하였고, 수십만 명이 광장에 나타났다. 적극적으로 앞장서는 한 여성의 모습을 보고 부끄러움을 느껴 참가하는 사람도 있었다. 또한 환한 대낮을 두려워하지 않는 진정한 혁명의 모습을 지켜보다가 동요한 사람들도 있었다. 어쨌든 그 순간 이후, 그 무엇도 군중의 움직임을 막을 수 없었다. 마흐푸즈는 한순간도 현장을 뜨지 않았다.

동틀 무렵 시위대는 백만 명이라고는 믿기지 않을 정도로 조용했다. 시위대에게나, 부담스럽지만 피할 수 없는 의무를 짊어진 정부군에게나 기나긴 하루가 될 터였다.

마침내 한 발의 총격이 정적을 깨뜨렸다. 연이어 몇 발의 총성이 들리더니 기관총 포격이 뒤를 이었다. 총알이 사람의 물결을 헤치고 나아가는 소리가 여기저기서 들리는 듯했다. 갑자기 시위대는 흥분에 휩싸였고, 마흐푸즈의 혁명은 더욱 거세졌다.

―――

이집트에서 수천 킬로미터 떨어진 곳에서 구두 디자이너 케네스 콜 (Kenneth Cole) 역시 중요한 하루를 앞두고 있었다. 얼마 전 그의 봄 신상품이 온라인에 출시되었다. 고전적인 스타일을 가미한 매혹적인 제품이었다. 그러나 이집트 혁명이 한창인 그날은 사람들의 주목을 받기가 어려울 것 같았다. 예상치 못한 변수로, 누구의 탓이라고도 할 수 없지만 분명 유감스런 일이었다.*

물론 콜은 광장에 모인 학생들과 비교하면 자신의 문제는 아무것도 아니라는 것쯤은 알고 있었다. 그는 오랫동안 자선가이자 에이즈 운동가, 약자의 옹호자로 활동해 왔다. 그는 인생에서 구두를 파는 일보다 더욱 중요한 일이 있다는 사실도 알고 있었다. 그래도 소셜 미디어를 이용하여 마케팅을 하는 것이 나쁘지는 않다고 생각했다. 트위터를 이용해 재미를 보는 건 남들이 상관할 일이 아니니까.

'이걸로 장난을 좀 쳐도 되지 않을까?' 그는 생각했다. '모두들 이집트에 대해 트위트에 글을 올리는데 나라고 못할 게 뭐야?'

그저 미디어의 관심을 끄는 게 목적이었다면 그것은 탁월한 아이디어였다. 콜은 결국 자신이 상상도 못했을 정도로 주목을 받게 되었다.

"카이로에서 수백만 명이 큰 소란을 일으켰다."
"우리 봄 신상품이 온라인에 출시됐다는 소식 때문이라는 소문이 있다. –KC"

그는 얼굴에 미소를 띠며 전송했다.

"잘 한 일이야." 그는 분명 이렇게 생각했을 것이다. 그러나 결코 잘 한 일이 아니었다.

이 민망한 트윗에 대해 충분히 예상되는 대중의 반응을 살펴보기 전에, 콜이 하려는 행동은 스토리 전쟁에 뛰어든 전사들이 이미 오래전부터 해오던 일이라는 점에 주목할 필요가 있다. 먼저, 콜은 벌어진 신화 격차를 감지했다. 서양의 미디어는 수년에 걸쳐 아랍인에 대한 인식을 지배하는 스토리를 만들어 왔다. 아랍의 '거리'는 생경하고 광적인 풍경으로 묘사되었다. 사실 이 스토리는 무바라크(Mubarak)나 카다피(Qaddafi) 같은 인물들에 대한 미국의 지지를 정당화하는 수단으로 이용되는 경우가 많았다. 이렇게 강력한 지도자가 집권하지 않는다면 근본주의자인 국민들이 권력을 차지한다는 내용이기 때문이다. 이라크만 보아도 이를 잘 알 수 있다. 민주주의라는 선물을 받아들이지 않는 반란 분자가 넘치는 그곳에 미국 군인들이 활보하고 있다.

그러나 타흐리르 광장(Tahrir Square)에서 일어난 혁명 덕분에 세상은 갑자기 아랍의 진정한 모습을 마주하게 되었고, 한때는 정신 나간 광신도라 여겼던 사람들이 사실은 평화와 민주주의를 사랑하고, 테크놀로지에 능숙하며, 창의력이 넘치는 우리의 이상적인 자아상이나 다름없다는 사실을 받아들이게 되었다. 아랍 시민에 대한 새로운 스토리가 탄생한 것이다. 카이로의 혁명은 서구인의 뇌리에 깊이 각인된 신화에 도전했기 때문에 스토리 전쟁을 위한 완벽한 전장이 되었다. 콜은 그저 그곳에서 디지토럴식 성공의 물결을 타려 했을 뿐이다.

트윗이 퍼져 나가자 즉시 수백만 명으로부터 회신이 밀려들었다.

"뉴올리언스 사람들이 케네스 콜의 가게로 몰려든다."

"블랙 팬츠 다운[1] – 우리 신상품은 소말리아 식단보다 더 날씬하다!"

바로 핵심을 찌르는 내용도 있었다. "젠장, 이게 무슨 개소리야?"

이집트의 시위가 전 세계 뉴스 미디어의 조명을 받고 있을 때, 이 사건을 이용해 먹으려는 콜의 개념 없는 행동과 그를 괴롭히는 심술궂은 모방작들 또한 헤드라인으로 떠올랐다. 몇 시간 만에 주요 매스컴들이 이 이야기를 다루기 시작하자 콜의 구두 회사는 고통스러운 신상털기에 시달려야 했다. "저는 지금껏 중대한 사회 문제에 대해 인식을 제고하기 위해 많은 노력을 기울였습니다." 페이스북에서 콜이 항변했다. "지금 생각해 보니 압제에서 벗어나 자유를 쟁취하려는 한 나라 국민의 시위를 유머로 이용한 것은 시기상으로 매우 부적절한 행동이었습니다."

콜이 저지른 마케팅 실수를 개인적인 충동 행위로 보는 것은 오산이다. 원래 케네스 콜은 스토리의 교훈을 잘 전달하는 마케팅 방식으로 유명하다. '인생에서 쇼핑보다 중요한 것은 없다'가 바로 이 마케팅의 교훈이다. 세계가 타흐리르 광장에서 새 시대의 가장 희망적이고 긍정적인 인간의 스토리를 지켜보는 동안, 마케터는 이에 대해 "좋아. 이제 쇼핑을 하자구"라는 반응을 한 셈이다. 9/11 테러 바로 직후, 콜은 "하느님 미국을 치유하소서"[2] 라는 단순한 메시지의 광고를 게시한 적도 있다. 이 트윗이 경솔했다고 할 수도 없다. 많은 마케터들이 무심코 사용하는 언어의 행태로 볼 때 그것은 사실 그렇게 놀랄 만한 일은 아니었다. 전과 달라진 점이 있다면, 이제 대중이 즉각적으로 반응할 수 있게 되었다는 것뿐이다. 콜은 자신이 얼마나 위

---

1 Black Pants Down. 소말리아 내전을 소재로 한 미국 영화 「블랙 호크 다운」의 패러디.
2 God Dress America. 어빙 벌린(Irving Berlin)이 1918년에 만든 노래 「God Bless America」의 패러디로 'Dress'가 '옷을 입히다'와 '상처를 치료하다'의 이중적 의미로 쓰였다.

험한 행동을 했는지 곧 알게 되었다. 분노한 사람들이 수만 명의 팔로워를 거느린 가짜 케네스 콜 계정을 만들어 대응하기로 했기 때문이다. 그들은 이집트 시위를 웃음거리로 만든 콜을 폭로했다. 방송 시대였다면 대중은 콜의 판단력 부족과 천박한 취향에 대해 그저 어이없어 하는 데 그쳤을(그 중 몇 사람은 항의 편지를 보냈을지도 모르지만) 것이다. 그러나 디지토럴 시대에 대중은 목소리 높여 의견을 말하고 반격한다.

이러한 일반적인 마케팅 언어가 더 이상 통하지 않는다는 사실을 깨닫게 된 사람은 콜뿐만이 아니다. 숭고한 목적을 비웃으며 의식 없는 소비지상주의를 부추기는 모든 마케팅은 실패하기 마련이다. 카이로 트윗 후 한 달도 지나지 않아, 소셜 커머스에 돌풍을 일으킨 그루폰(Groupon)이 수백만 달러짜리 슈퍼볼 광고에서 같은 실수를 저질렀다. 인생에서 좋은 상품을 저렴한 가격에 사는 것만큼 중요한 일은 없다는 주장을 너무 멀리까지 밀고 간 것이다.

그루폰의 광고 세 편 중 가장 어리석은 광고는 거의 매번 '최악의 슈퍼볼 광고' 리스트에 올라 일반 시청자와 블로거의 비난을 받고 있다.

"티베트 사람들이 곤경에 빠져 있습니다. 그들만의 문화가 위험에 처해 있습니다." 광고는 이렇게 시작된다. 배우 티모시 허턴(Timothy Hutton)이 자선을 호소하는 것처럼 진행되던 광고는 갑자기 반전된다. "하지만 그들은 여전히 맛있는 생선 카레를 만듭니다. (……) 우리 중 2백 명이 그루폰닷컴에서 구입했으니, 우리는 모두 시카고에 있는 히말라야 레스토랑에서 15달러에 30달러어치의 티베트 음식을 즐긴 셈입니다."

티베트 사람들은 정말로 곤경에 빠져 있고, 수십만 명의 사람들이 그들을 위해 열정적으로 활동하고 있다. 그루폰은 마치 대중의 반발을 예상하기라도 한 듯 티베트 활동 단체에 미리 기부를 해놓았다. 그러나 그 광고 앞에서는 선행마저도 공허해 보였다. 한 시청자는 트위터에 그 광고의 효과에 대해 다음과 같이 날카로운 평을 했다. "그루폰은 한때 그들을 사랑하던 고객들이 등을 돌리게 하는 데 3백만 달러를 지불했다."

부정적인 관심이 쓰나미처럼 쏟아지자, 그루폰의 CEO 앤드류 메이슨(Andrew Mason)은 자신의 블로그에서 우회적으로 변명을 늘어놓았다. "우리 광고의 의도는 세계의 주요한 현안들과 그루폰의 상품을 나란히 놓고, 상품의 보잘것없는 특성을 부각시키면서 그루폰을 웃음거리로 만드는 것입니다." 이 해명은 물론 전혀 이치에 맞지 않았기에 분노와 조롱은 그치지 않았다. 그루폰은 공개적으로 광고대행사인 크리스핀 포터+보거스키(Crispin Porter+Bogusky)를 해임하고 자신들의 입장을 여러 차례 해명하다가 결국 광고 방영을 중지했다.

그루폰과 케네스 콜은 모두 사태가 악화되자 자신들의 천박한 마케팅 취향을 판단력 부족이나 어리석은 실수의 탓으로 돌리려 했고, 이런 식의 해명이 먹힐 거라고 진심으로 믿었던 것 같다. 그러나 그들은 핵심을 놓치고 말았다. 그들의 문제를 개인의 실수라고만 볼 수는 없다. 우리 사회에서 수십 년 동안 성행했던 전형적인 마케팅 메시지의 유형들이기 때문이다. 최근에 이르러서야 디지토털로 무장한 대중이 반대 의견을 표시할 수 있게 된 것뿐이다.

이러한 메시지들은 인간의 숭고한 목적이라는 개념을 부정한다. 하지만 이들은 마케팅계의 지배적인 형식이자 우리의 신화 환경이 되었다. 또한 이들은 내가 '마케팅의 흑기술(The Dark Art of Marketing)'이라 부르는 언어를 사용한다. 소비 행위가 인간의 가장 고차원적 목표라는 점을 강조하는 언어이다.

앞으로 살펴보겠지만 이 방법은 스토리 전쟁에서 활용할 수 있는 유일무이한 최선의 전략이 아니라 마케터들이 옷을 팔거나 정치 후보자를 지지하거나 사회적 대의를 내세울 때 오랜 세월동안 흔히 사용해 온 방법이다. 마케터들이 신화창조자가 되면서 이러한 접근법의 사용은 우리 사회에 근본적으로 부정적인 영향을 가져오게 되었다.

이러한 관행의 이면에는 프로이트와 버네이스, 수요 격차의 시대로 거슬러 올라가는 대단히 흥미로운 역사가 숨겨져 있다. 오늘날 스토리 전쟁의 무너진 환경을 복원하는 데 기여하고 싶다면 반드시 이 뿌리를 찾아가 흑기술이 어떻게 현재의 모습으로 나타나게 되었는지 살펴보아야 한다.

## 마케팅의 흑기술

우리는 살면서 1백만 건이 넘는 마케팅 메시지를 수신하고 있다.* 성인이 되기도 전에 이 수를 넘는 경우도 많다. 의식적으로 우리는 이들 메시지에 따라 행동할 수도 있고 그냥 무시할 수도 있다. 그러나 무의식적으로는 마케팅 스토리의 교훈이 주는 심리적 영향을 피할 수 없다. 우리는 이 메시지들로 인해 우리 자신과 세계, 자신의 위치에 대한 감각을 깨우친다. 만약 눈길이 닿는 모든 곳에 당신의 행동을 지시하기 위해 만들어진 스토리가 존재하고, 이들이 당신에게 강력하고 무한한 잠재력이 있다고 말해 준다면 당신은 그 스토리를 믿고 그에 따라 행동하게 될 가능성이 크다. 당신이 들은 스토리가 그와 반대의 메시지를 전달한다면 당신은 또 그것을 믿고 그 방식대로 행동할 것이다.

그러나 마케터들은 마케팅이 가지는 이러한 힘에 대해 꾸준히 부인하고 있다. 어린이를 비롯하여 사회 전체에 미치는 광고의 영향에 대해 규제 기관이 우려를 표시할 때마다 마케터들은 이 스토리들이 우리의 생활 방식에 거의 영향을 주지 않는다는 연구 결과를 제시하곤 했다. 하지만 그것이 사실이라면 세계적으로 연간 4조 달러 이상을 광고에 쓰고 있는 현상을 도저히 설명할 수 없다. 아무 효과를 기대하지 않고 수십억 달러를 쓸 사람이 누가 있겠는가.

그렇다면 오늘날의 지배적인 마케팅 언어를 흑기술이라고 부르는 이유는 무엇일까? 융은 모든 긍정적인 심리 요인에는 그와 반대되는 어두운 측면이 존재한다고 믿었다. 포스(Force)의 '어두운 면'이라는 조지 루카스의 개념은 이에 근거한다. 포스는 매우 긍정적인 힘이지만 잘못 이해하거나 잘못 사용하면 매우 부정적인 힘이 된다. 최근의 마케팅 스토리들 또한 사회의 가장 중요한 신화들의 교훈과는 정반대의 부적정인 교훈을 전달하여 신화의 역할을 왜곡하고 있다.

그렇다면 신화의 올바른 역할은 무엇일까? 조지프 캠벨은 서로 다른 수십 가지 문화와 시대를 관통하는 수천 개의 기본적인 스토리를 연구하여 신화에 가치를 부여하는 주제, 즉 신화의 일반적인 목적을 찾아냈다. 그는 그것을 '영웅의 여정'이라 부른다.

삶의 막바지에 이르러 캠벨은 빌 모이어스(Bill Moyers)에게 모든 신화는 "의존적이던 개인이 성숙하여 어른이 되고 세상 밖으로 나가는 과정이며, 이 사회와 어떤 관계를 맺고, 사회를 자연과 우주의 세계에 어떻게 관련시킬지 고민하는 과정"이라고 말했다.* 한마디로 신화는 우리의 성장을 돕는다. 신화는 이기적이고 겁 많은 어린아이를 성숙하고 현명한 성인으로 성장시켜 공동체에 기여하게 한다. 호기심 많은 어린이들이 언제나 이야기를 해달라고 조르고 이야기에 열광하는 이유는 바로 그 때문이 아닐까? 그들은 성장하는 법을 배우고 싶은 것이다. 모든 고전 스토리의 주인공은 성인이 되는 법을 배우는 청소년이라는 사실을 알고 있는가? 호메로스의 텔레마코스,[3] 그림 형제의 헨젤과 그레텔, 루이스 캐럴의 앨리스, 프랭크 바움의 도로시, 조지 루카스의 스카이워커 등이 모두 그러하다.

캠벨이 신화에 관한 문헌 조사를 통해 밝혀낸 바와 같이, 변화무쌍한 역경의 시기에 인생의 고난에 맞서기 위해 우리가 특히 의지하는 신화는 어떻게 성숙할 것인가에 관한 내용을 담고 있다. 성숙을 갈망하는 사람들은 주위 어디에서나 찾아볼 수 있다. 정치나 도덕적 성향이 어떠하든 우리 대부분은 민주주의를 존중하고, 서로 화합하며, 미래 세대를 위해 지구의 환경을 지키고, 장기적인 안목으로 사고하는 시민들로 구성된 성숙한 사회를 희망한다.

사람과 사회의 성숙에 도움을 주는 측면에서 현대의 여러 신화창조자들은 기준에 크게 못 미치고 있다. 마케터인 우리는 전 시대로부터 구체적인 스토리텔링 접근법을 물려받았다. 우리는 스스로가 대단히 혁신적이고 독특하다고 여길지 몰라도 사실은 지난 수백 년간 이어진 마케팅의 언어를 능숙하게 구사하고 있을 뿐이다. 그 언어는 '결함 접근법'에 근거한다. 결함 스토리는 우리가 불완전한 존재라는 사실을 강조하면서 탐욕, 허영, 위험 같은 미성숙한 감정을 부추긴다. 그러면서 물건을 사거나 브랜드와 관계를 맺기

---

3 Telemachos. 그리스 신화 속 영웅 오디세우스와 페넬로페의 아들로 트로이 원정길에 오른 아버지를 찾아 떠돌아다니는 과정에서 용감한 영웅으로 성장한다.

만 해도 이러한 감정으로 생기는 불편함이 제거된다고 꼬드긴다.

　이 시대의 신화들은 우리가 어린아이에서 성숙한 시민으로 거듭나게 하는 험난한 여정에 뛰어들도록 가르치는 대신 우리를 마치 사춘기 아이처럼 취급한다. 우리가 무엇을 원하는지 알려 준 다음, 그것을 손에 넣고 만족하는 소비자로만 만들어 버린다. 민주주의 참가나 시민 정신의 표현조차 투표나 자동차 범퍼에 스티커를 붙이는 손쉬운 행위로 간소화되었다. 투표 참가율이 줄곧 50퍼센트도 안 된다는 점에서 이러한 간단한 행동마저 오늘날의 미국인들에겐 지나친 요구가 된 것 같다.*

　캠벨은 신화 경험이 없는 아이들을 이렇게 묘사했다. "너희는 스스로의 행동을 책임지는 자유 행위자가 아니라 처벌과 보상을 기대하고 받아들이는 순종적인 의존자이다."* 다른 말로, 이런 사람은 시민이 아니라 소비자라는 뜻이다. 처음으로 신화창조자의 역할을 자청하여 미국 경제를 수요 격차에서 구원한 에드워드 버네이스 같은 마케터의 입장에서는 사람들을 계속 사춘기에 머물러 있게 하는 것이 비즈니스에 도움이 될 뿐만 아니라 도덕적 의무이기도 했다.

## 결함 마케팅의 탄생

　20세기 초 에드워드 버네이스의 삼촌 지그문트 프로이트는 인간의 마음을 과학적으로 연구하고 이해할 수 있다는 관념을 세상에 소개했다. 하지만 프로이트가 들여다본 마음은 결코 아름답지 않았다. 사실 프로이트는 불안에 대한 근거를 제시했다. 프로이트는 보편적으로 인간을 움직이는 깊은 무의식 속 공격성과 성적 충동에 대해 설명했다. 사람들은 대개 이러한 충동을 억압하려 하지만 별로 효과가 없다. 우리의 가장 심층적인 자아에 뿌리박고 있어 결국에는 표출될 수밖에 없기 때문이다. 프로이트는 이렇게 썼다. "문화는 모든 강화(reinforcement) 수단을 동원하여 인간의 공격적인 본성을 차단하는 장벽을 세운다. 그리하여 '네 이웃을 너 자신처럼 사랑하라'라는 이상적인 명령은 인간의 본성과 완벽히 모순된다는 사실로 정당화된다."*

제1차 세계대전이 발발한 시기에 비할 데 없이 끔찍한 무력 충돌이 발생했던 중부 유럽에 거주하면서 프로이트는 인간이 위험하고 사악하다는 증거를 수없이 목격했다. 기관총과 폭탄을 실은 복엽 비행기가 판치는 세상에서 인류가 더 끔찍한 잔혹성을 발휘하기 전에 통제되고 진정되어야 한다는 결론에 도달하였다. 제2차 세계대전은 이 가정이 사실이라는 증거를 더욱 처절하게 보여 주었다.

예전에 마케터들은 대중의 성숙이 궁극적으로 불가능하다고 믿는 당시의 심리학의 영향을 받았다. 그들은 사람들을 자아 발견을 위한 여정에 참여시키는 일은 무용할 뿐 아니라 위험하다고 생각했고, 자신들이야말로 공공의 선을 위해 행동하며, 경제와 사회 붕괴의 위기에 처한 사회를 구하고 있다고 믿었다. 그래서 경제와 사회 위기를 전환할 마케팅 언어를 확립하고자 했고, 여기서 마케팅의 흑기술이 탄생했다. 이는 소비자들에게 자신들의 결함을 인식시키고 미성숙한 욕구를 자극한 다음 소비재를 이용하여 이러한 부정적 감정들을 달래겠다는 의도로 만들어졌다.

부적절한 마케팅을 고안하고 발전시킨 이들은 1920년대부터 1950년대에 이르는 마케팅의 초창기에 변방에 머물던 사람들이 아니었다. 그들은 이 분야의 핵심 인물들이었다. 저명한 심리학자로서 한때 유명세를 떨쳤던 '동기 분석(motivational research)'의 선구자 에르네스트 디히터(Ernest Dichter)는 '안정된 시민들'의 경우 돈을 써서 욕구를 만족시키는 방법으로 좌절감을 해소한다고 주장했다. 쇼핑을 통해 위험한 욕구를 무해하게 해소하는 안정된 시민들이 안정된 사회의 초석이 된다. 디히터의 딸에 따르면 아버지와 그의 동료들은 "사람들이 제품을 사용하여 긍정적인 자아상을 갖도록 도움으로써, 그 어느 때보다 위대한 사회를 만들고 있다"고 생각했다고 한다.*

스탠리 리저(Stanley Resor)는 1920년대의 영향력 있는 광고인이자 월터 톰프슨 광고사(J. Walter Thompson agency)의 사장이었다(이 회사는 지금까지도 세계 최대의 광고 회사에 속한다). 리저는 초기 심리학을 산업에 적용한 최초의 인물 중 하나다. 그는 인간을 무한한 잠재력과 목적 의식을 가진 존재로 보는 것은 잘못이라고 주장했다. 대신 그는 인간이 허영과 배고픔, 두려움, 탐욕에 의해 움직이는 일그러진 대중의 미분화된 일부라고 믿었다.*

그다음으로 삼촌의 이론의 타당성에 대해 깊이 확신하는 에드워드 버네이스가 등장했다. 사실 프로이트가 처음에 미국에서 유명해진 계기도 버네이스의 기업가 정신 덕분이었다. 1920년대부터 1950년대까지 버네이스는 모든 분야에 영향력을 행사하는 듯했다. 그는 전쟁 선전을 주도하고, 여러 대통령의 이미지를 바꾸었으며, 유나이티드 프루트(United Fruit Company)를 대신하여 중앙아메리카 쿠데타를 선도하는 한편, 담배와 자동차를 판매하기도 했다. 그의 사무실은 미국 광고계의 메카로 떠올랐다.

버네이스는 PR부터 TV 프로그램 속 간접 광고에 이르는 온갖 수법을 고안한 인물로 알려져 있다. 그는 자신을 단순한 사업가가 아닌 사회의 설계자라 생각하여 이러한 입장에서 방대한 저술을 남겼다. 그는 마케터들이 사람들의 욕구를 자극하고 이러한 욕구를 충족시킴으로서 위험하고 통제하기 어려운 대중을 다스릴 방법을 찾아냈다고 가르쳤다.

버네이스는 신화창조자라는 지위를 이용하여 사람들에게 개인적 선택이란 공동체나 사회의 질서를 유지하는 방법에 대한 선택이 아니라 여러 상품 중에서 하나를 고르는 결정이라는 점을 주입시켰다. 그가 설계한 세상에서 시민의 기본적 의무는 '소비'였으며, 영웅의 여정은 아무도 다치지 않는 안전한 슈퍼마켓 안에서만 진행되었다.

리저, 버네이스, 디히터는 마케팅 초창기의 거물들로서 그 시대의 스토리 전쟁에서는 가장 성공한 전사들이었다. 그들이 형성한 토대 위에 마케팅의 보편적인 언어가 만들어져 한층 한층 쌓여갔다. 그 언어의 형식이 어떠한지 일단 알게 되면, 그것이 어디에나 존재한다는 사실을 깨닫게 된다. 마케팅 언어는 계속 진화하고 있지만 흑기술은 그 뿌리에서 그다지 멀리 벗어나지 못했다.

## 결함 마케팅 분석

모든 결함 마케팅 스토리는 간단한 2단계 접근법을 따른다. 그 공식만 익히면 주위의 마케팅 메시지 중 어느 것이 결함 마케팅에 해당하는지 금방 알 수 있다.

### 제1단계: 불안감을 조성한다

앞에서 살펴보았듯 스토리에 기초한 마케팅 캠페인은 모두 '스토리의 교훈'을 내포하고 있으며, 그 교훈을 쉽게 실천할 수 있게 하는 의식을 함께 제시한다. 결함 스토리의 경우 그 교훈은 언제나 "당신은 ~하지 않습니다"로 시작하며, 최소 한 가지 이상의 부정적 감정을 부추긴다.

탐욕: "당신은 자신을 행복하게 할 만한 수단을 갖고 있지 않습니다."
두려움: "당신은 안전하지 않습니다."
욕정: "당신은 사랑받을 만큼 아름답지 않습니다."

이 정도면 느낌이 올 것이다.

결함 마케터들은 초창기의 실험을 통해 결함 때문에 등장인물의 삶이 황폐해지는 스토리를 만들면 사람들에게 결함의 감정을 쉽게 불러일으킬 수 있다는 사실을 알게 되었다. 아니면 보통 사람들과는 달리 그 결함을 성공적으로 극복하여 공허감을 채우는 인물들에 대한 스토리를 만들어 우리의 질투심을 유발하는 방법을 쓰기도 했다.

**제2단계: 마법 같은 해결책을 소개한다**

성장하고 있는 전통 신화 속 주인공은 이러한 부정적 감정이 끓어오르면 욕망에 탐닉하고 싶은 유혹에 저항한다. 모든 책과 영화에서 그렇게 해야 한다고 가르친다. 프로도는 자신이 소유한 절대 반지의 유혹에 사로잡히자 탐욕의 괴물로 전락하지 않기 위해 반지를 심연에 던져 버려야 했다. 예수의 마지막 시험은 권세와 부, 세속적 삶의 영광을 주겠다는 사탄의 유혹을 이겨 내는 것이었다. 백설 공주의 계모는 허영심을 포기하지 않으면 파멸될 수밖에 없었다(결국 그녀는 그리되고 말았다).

영웅은 탐욕과 허영, 욕정은 무엇으로도 채울 수 없다고 늘 자기 자신에게 상기시킨다. 물론 전통적인 신화는 이러한 충동에 대해 극복해야 한다고 가르친다.

하지만 이러한 감정을 극복하기란 결코 쉽지 않다. 성숙해지기 어려운 까닭은 바로 그 때문이다. 그래서 결함 스토리는 보다 직접적이고 손쉬운 해답을 제시한다. 바로 욕망이 추구하는 대상을 제공하여 욕망을 마법처럼 잠재우는 것이다. 제품을 소비하기만 하면 그렇게 할 수 있으니 절대 어려운 일이 아니다. 결함 마케팅은 예수에게 유혹에 굴복하여 인생을 즐기면 행복할 수 있다고 말한다. 허영심 많은 여왕에게는 "예순은 서른의 새로운 시작입니다"라고 말하며 기적의 피부 크림을 권한다.

이렇게 제품이 깊은 결함 정서를 충족시킬 수 있다고 주장하는 스토리를 믿게 하려면 엄청난 상징 능력과 신화적 사고가 필요하다. 하지만 이런 스토리는 실제로 효과가 있다. 모든 세대는 코카콜라 병에서 기쁨을, 캐딜락 자동차에서 사회적 지위를, 롤렉스 시계에서 성적 매력을 얻을 수 있다고 믿게 되었다. 범죄에 대해 강경한 입장을 취하는 후보자에게 투표하는 것만으로도 안전을 확보할 수 있으며, 재활용을 하기만 해도 과거와 화해할 수 있다고 믿기도 한다. 물론 결함 마케팅이 구사하는 신화적 언어에 능통하지 않은 사람들에게는 이 모두가 터무니없게 느껴질 것이다. 하지만 이런 언어도 일단 입 밖에 내기만 하면 완벽하게 이치에 맞는 것처럼 보인다. 사실 이 언어야말로 오늘날 우리가 공유하는 유일한 보편적 진실을 표현하고 있으며, 우리의 가장 완벽하고 생생한 신화다.

'불안감을 조성'한 다음 '마법 같은 해결책'을 소개하는 스토리를 들려주는 것은 결함을 부각시키는 모든 캠페인의 두 단계 전략이다. 우리는 지난 수십 년간 이러한 관행이 어떻게 진화해 왔는지 추적할 수 있다. 초창기에 결함 전략은 윤색이 없고 노골적이었다. 앞으로 그것을 '초기 결함 접근법'이라 부르고자 한다. 이 시기에는 전략의 첫 단계인 불안감 조성에 중점을 두었다.

결함 전략이 광고계를 지배하게 되자 대중이 초기 접근법 이면의 수법을 알아채기 시작했고, 결함 마케팅은 '현대 결함 접근법'으로 진화할 수밖에 없었다. 현대적인 접근법을 자세히 살펴보면, 두 번째 단계인 '마법 같은 해결책 소개'를 강조하고 있음을 알 수 있다. 현대적 접근법에서 불안감은 눈치채기 힘들만큼 살짝 조성되거나 그저 추정할 수 있을 뿐이다.

케네스 콜과 그루폰으로 대표되는 유머를 내세운 포스트모던 결함 스토리에서는 소비가 단순히 불안감에 대한 치료법을 넘어서 모든 문제에 대한 해결책이 될 정도로 중요해진다. 즉 살아가면서 겪는 모든 불편한 경험을 해결할 만병통치약으로 발전한다.

결함 마케팅의 기본 원칙을 살펴보면서, 분명 당신 자신의 미디어 환경을 둘러싼 수천 개의 마케팅 캠페인도 이에 해당한다는 느낌을 받았을 것이다. 심지어 당신 자신이 만든 메시지도 여기에 속할지 모른다.

## 초기 결함 접근법: 슬픈 에드나

**불안감 조성**

1922년 제라드 램버트(Gerard Lambert)는 판매율 제고에 고심하고 있었다. 그의 아버지는 훌륭한 외과용 소독제 리스테린(Listerine)을 발명했다.

리스테린 광고

"에드나의 사정은 정말 안타깝습니다. 다른 여자들과 마찬가지로 그녀의 가장 큰 소망은 결혼이었습니다. 그녀 주변의 여성들은 대부분 결혼을 했거나 곧 할 예정입니다. 비참한 서른 살 생일이 다가오지만 결혼은 그녀의 인생에서 점점 더 멀어져만 갑니다. 그녀는 가끔 신부 들러리는 서 보았지만, 신부는 되지 못했습니다……."

이 의약품은 후두염 치료제로도 성공하였으나 이렇게 확대된 시장도 리스테린을 대규모 비즈니스로 성장시키기에는 충분치 않았다. 그래서 램버트는 광고하기가 까다로운 이 제품 홍보를 위해 광고인 밀턴 피슬리(Milton Feasley)와 고든 시그로브(Gordon Seagrove)를 불러 모았다. 누가 입 냄새 얘기를 꺼냈고, 한 약사가 리스테린이 실제로 '구취(口臭)'에 효과가 있다는 사실을 입증하자 그들은 큰 관심을 보였다. '구취'라는 용어는 전문적이고 세련된 방법으로 두려움을 주는 것처럼 들렸다. 그들은 곧 역사상 가장 성공적인 개인위생 용품을 만들어 낼 계획을 세웠다. 피슬리는 그 광고 전략을 '홍보기 카피'와 '두려움을 조성하는 광고'라고 불렀다.*

"신부 들러리는 서 보았지만 신부는 되지 못했습니다." 광고는 한 불행한 젊은 여성을 소개한다. 나이 서른에 아직 미혼이며, 그녀가 간절히 바라는 사회적 지위도, 안정도, 성적 매력도 없다. "자신에게 입 냄새가 나는 것을 알지 못한다." 전에는 아무도 생각해 본 적이 없는 문제에 대해 갑자기 전 국민이 두려움을 갖게 되었다. 슬픈 에드나의 비극을 통해 미국은 어렵지만 중요한 스토리의 교훈을 받아들였다. "당신이 안정적이지도, 매력적이지도 않고, 원하는 것을 가질 수도 없는 이유는 구취가 조용히 방해하고 있기 때문이다."

『애드에이지(Ad Age)』[4]가 선정한 '20세기 최고의 광고' 순위에서 '신부 들러리만 하는 당신'은 '눈물 흘리는 인디언'보다 두 단계 높은 48위를 차지했다. 물론 슬픈 에드나가 수백만 달러어치의 리스테린을 팔아치운 것이 전부가 아니었다. 그녀는 청결한 신체라는 새로운 미국 신화의 신전에 최초로 등극한 여신이 되었다. 이 신화는 그 후 수십억 달러 규모로 성장하게 될

---

[4] 미국의 권위 있는 광고 잡지.

미용 산업의 초석이 된다.

### 마법 같은 해결책 소개

다행히도 구취에 대한 불안감을 완화할 수 있는 의식이 존재했다. 물론 그 의식은 리스테린을 매일 사용하는 것이다. 초기 결함 접근법을 대표하는 이 사례에서는 불안감 조성을 강조하지만 해결책은 매우 간단하다. 광고의 마법은 독자들로 하여금 리스테린이 입 냄새를 없애는 데 도움이 된다고 믿게 하는 것이 아니다. 진정한 마법은 사람들이 리스테린 자체가 불어넣은 두려움을 리스테린으로 극복할 수 있다고 믿게 하는 데 있다.

'신부 들러리만 하는 당신'은 오늘날의 광고 기준으로 보면 너무 구식으로 보이지만, 그 광고 이후로 결함 마케팅이 크게 진화한 것도 사실이다. 그러나 초기 접근법의 그림자는 지금까지도 짙게 드리워져 있다. 2011년 브리지스 리조트 앤 스파(Breezes Resorts and Spas)의 광고는 시청자들에게 묻는다. "다른 사람들이 모두 당신보다 즐겁게 살고 있는 것처럼 느껴지나요? 맞습니다. 이제 그들을 따라잡아야겠죠."

냉소적인 피슬리보다는 훨씬 고결한 의도를 지닌 마케터들도 여전히 흥보기 카피와 두려움을 조성하는 광고에 의존하곤 한다.

일례로 그린피스의 몇 해 전 광고를 들 수 있다. 30초짜리 광고에서 한 젊은 남자가 사무실을 가로질러 걸어가는 동안 동료들이 등 뒤에서 그에게 욕을 퍼붓는다. 가운데 손가락을 들어 보이는 사람도 있고, 그의 커피에 걸쭉한 침을 뱉는 사람도 있다. 그의 등에는 욕설이 적힌 종이쪽지가 붙어 있다. 그는 동료들로부터 철저히 따돌림을 당한다. 그는 안정되지 못하고, 섹시하지도 않으며, 지위도 없다. 그다음 그는 주차장으로 걸어 나가 SUV 차

량에 탑승한다. 그는 자신이 욕을 먹고 있다는 사실도 알아채지 못한다. 결국 환경 파괴 습관은 스스로 말하지 않기 때문에 자신이 환경을 파괴하고 있는지 알 길이 없다. 그러나 우리는 그의 실수를 통해 배울 수 있기 때문에 우리 자신을 보호할 수 있다는 얘기였다.

그린피스의 광고대행사는 오랜 세월동안 사용되어 그 효과가 입증된 결함 전략을 이용했다. 나는 디지토럴 시대는 이런 광고에 대해 절대 너그럽지 않다는 사실을 다행으로 생각한다. 환경운동가들에게조차도 비난을 받던 그 광고는 머지않아 자취를 감추었다.

## 현대 결함 접근법: 데이지

**불안감 조성**

『애드에이지』의 목록 100위에 오른 광고는 린던 존슨(Lyndon Johnson)의 1964년작 '데이지'이다.* 구취 광고와는 달리 데이지는 처음부터 불안감을 조성할 필요가 없었다. 로버트 오펜하이머가 20년 전에 이미 그 광고에 필요한 사전 준비 작업을 해놓았기 때문이다.

한 어린이가 꽃 한 송이에서 꽃잎을 하나하나 세면서 모두 떼어낸다. 그 소녀의 얼굴을 비추며 화면이 정지된다. 해설자가 10부터 카운트다운을 하며 숫자를 세기 시작한다. 그다음 모든 사람들의 악몽 속에 등장하는 버섯구름이 나타난다. 그 어린이는 원자 폭탄으로 파괴된 대상 중 극히 일부라는 점만 상상할 수 있다. 사람들의 마음속에 언제나 도사리고 있는 공포가 TV 화면 속에 생생하게 구현된 셈이다. 냉전 시대의 시청자들에게 불안감이 물밀듯 밀려왔다.

존슨은 먼저 오든(W. H. Auden)의 시를 인용했다. "서로 사랑하지 않으면 우리는 죽는다." (재미있게도 오든은 '불안의 시대(The Age of Anxiety)'라는 시를 쓰기도 했다.) 그다음에는 "오는 11월 3일, 존슨 후보에게 투표합시다. 집에만 있기엔 너무 위험합니다"라는 말이 이어진다.

물론 이 스토리의 교훈은 '당신과 당신의 자녀는 안전하지 않다'이다. 이 광고는 불안감을 조성할 필요 없이 이미 존재하던 깊은 불안감을 일깨우기만 하는 현대 결함 접근법을 사용했다.

초기 접근법에서 현대 접근법으로 옮겨갈수록 결함의 감정을 명시적으로 자극하지 않지만, 그래도 이들 마케팅 캠페인은 여전히 불안감에 크게 의존한다. 청바지 광고는 매력적인 십대를 내세우며 또래 친구들 사이에서의 인기를 중요시하는 청소년들의 두려움을 부추긴다. 나이에 비해 젊어 보이는 드류 배리모어(Drew Barrimore)가 출연하는 '커버걸'[5] 광고는 젊음이 시들면서 아름다움과 매력도 사라지지 않을까 걱정하는 여성들의 두려움을 이용한다.

### 마법 같은 해결책 소개

사람들은 '데이지'나 조지 H. W. 부시의 악명 높은 광고 '윌리 호턴'[6]처럼 두려움을 이용한 정치 광고를 싫어하는 경향이 있다. 우리의 이성은 투표를 한다고 후보자들이 내세우는 거대한 문제가 해결되지는 않는다는 사실

---

5 Cover Girl. P&G 계열의 색조 화장품 브랜드.
6 Willie Horton. 종신수로 복역 중에 일시 출소했다가 강도와 강간을 저지른 범죄자로, 부시가 1988년 대선 캠페인에서 사형 제도에 반대하는 상대편을 공격하기 위해 이용한 사례이다.

을 알고 있기 때문에, 설사 감정이 자극을 받는다 해도 지성은 이에 반발한다. 리스테린은 입 냄새를 확실히 치료할 수 있지만, 존슨에게 투표한다고 해서 과연 핵폭탄이라는 괴물을 병 속에 가둘 수 있을까? 머리는 그렇지 않다고 말하지만, 우리의 두려움이 자극을 받고 우리를 이끌어 줄 강력하고 긍정적인 신화가 없는 경우에는 이에 반응할 수밖에 없다.

## 포스트모던 결함 접근법:
## 와퍼 공황 상태와 펩시 맥스

마지막으로 결함 마케팅의 가장 최근의 경향을 살펴보자. 여기서 마케터들은 불안감이 마법처럼 해결되는 언어에 우리가 완전히 익숙해졌다는 점을 이용하여, 불안감 조성이라는 첫 번째 단계는 생략하고 바로 마법 같은 해결책을 제시하는 두 번째 단계로 향한다.

브랜드가 삶 속에서 겪는 모든 문제의 해결책이라는 말을 수없이 들어온 우리는 브랜드보다 중요한 것은 인생에서 없다는 것을 믿게 되었는지도 모른다. 이러한 전제가 터무니없이 극단적으로 흐르면 광고 업계는 밑도 끝도 없는 마케팅 유머의 온상이 된다. 물론 마케터는 이런 유머들도 여전히 귀중한 해결책을 제시한다고 주장한다. 그루폰의 메이슨은 스스로를 조롱하면서 메시지를 부각시키는 결함 마케팅에 대해 열심히 사람들에게 납득시키려 했다.

"우리 광고의 의도는 세계의 주요한 현안들과 그루폰의 상품을 나란히 놓고, 상품의 보잘것없는 특성을 부각시키면서 그루폰을 웃음거리로 만드는 것입니다." 그렇다. 어떤 점에서는 메이슨이 자신을 웃음거리로 만들었다고 할 수 있지만, 그 내면에 담긴 진정한 메시지는 '저렴하고 맛있는 생선 카레를 먹을 수 있다면 티베트가 무슨 상관인가?'이다.

포스트모던 접근법을 쓰는 마케터들은 사람들이 그들의 천박한 취향을 문제 삼으면, 장난일 뿐이니 심각하게 받아들이지 말라고 간청한다. 그러나 소비의 마법이 인류의 모든 가치보다 우위에 있다는 이러한 스토리의 교훈은 심각한 문제를 가져올 수 있다. 시민 참여를 유행에 뒤떨어지고, 너무 순진한 행위로 치부하기 때문이다. 물론 세상을 바꾼 이집트 혁명은 결코 어리석지 않았다. 케네스 콜의 행동이 그렇게 부적절해 보였던 이유도 바로 그 때문이다.

포스트모던 결함 캠페인 또한 어디서나 쉽게 볼 수 있다. 여기서는 대중을 브랜드의 노예가 되어 상품을 구하기 위해 무슨 짓이든 하거나, 만약 구할 수 없다면 공황 상태에 빠지는 사람들로 표현한다. '와퍼 공황 상태(Whopper Freak-out)'를 예로 들어보자. 이 광고는 와퍼가 더 이상 생산되지 않는다는 말을 들었을 때 소비자가 나타내는 좌절 상태를 몰래 카메라를 통해 상상할 수 있는 모든 유치한 형태로 보여 준다. 디지토럴 세대는 지금은 비난의 대상이 된 초기 접근법보다는 포스트모던 접근법을 선호한다는 사실을 증명이나 하듯, 이 광고는 온라인에서 선풍적인 인기를 끌었다.

'첫 데이트(First Date)'라는 펩시의 2011년 슈퍼볼 광고도 마찬가지다. 이 광고는 인간의 기본적인 가치를 완전히 무시했다. 한 젊은 여성이 데이트 상대를 바라보며 그의 수입이 얼마일지, 그가 아이를 갖기를 원할지 알아내려고 머리를 굴리고 있다. 그녀는 오직 지위와 사회의 인식에만 관심이 있을 뿐이다. 한편 남자의 머릿속에는 단 한 가지 생각밖에 없다. '이 여자랑 자고 싶다, 이 여자랑 자고 싶다.'

'오 펩시' 이쯤에서 우리는 키득거리게 된다. 펩시가 성욕마저 차갑게 식혔으니 말이다. 펩시 맥스가 테이블 위에 놓이자 남자의 머릿속 후렴구는 즉시 바뀐다. '펩시 맥스 마시고 싶다. 펩시 맥스 마시고 싶다.' 즉 남자들은 섹스와 좋아하는 상품 외에는 아무 관심 없는 다 큰 애들일 뿐이라는 내용이다.

'와퍼 공황 상태'와 '첫 데이트'는 누구나 예상할 수 있는 전형적인 마케팅 스토리이며, 별 생각 없이 본다면 재미있기도 하다. 그러나 그 광고가 세상에 미칠 큰 영향과 흑기술을 이해한다면 그저 웃어넘길 수만은 없다.

## 소비의 위기

오늘날 인류가 직면한 문제는 우리의 마케팅 선배들에게 닥쳤던 문제만큼이나 절실하지만 그 시절과 성격은 많이 다르다. 그때는 많이 소비하지 않는 데서 위기가 찾아왔으나 지금은 너무 많이 소비하는 것이 문제다. '소비의 위기'의 징후는 절대 무시할 수 없을 만큼 여기저기서 나타나고 있다. 인간이 초래한 기후 변화의 위험성에 대해서는 믿지 않는다 해도 주요 자원이 고갈되기 시작하고 생물종이 무서운 속도로 멸종하고 있으며, 산림과 산호초가 급속히 사라져간다는 사실은 결코 무시할 수 없다. 우리는 지금 소비 수준의 한계에 가까워지고 있으며, 개발도상국 또한 선진국의 생활 방식에 접근함에 따라 세계적으로도 소비가 극한으로 치솟고 있다.

국제 생태발자국 네트워크(Global Footprint Network)의 추정에 따르면 현재 인간이 지구가 회복할 수 있는 연간 자원량의 1.4배를 사용하고 있으며, 모든 인간이 미국인 수준으로 소비한다면 지구가 네 개나 필요하다고 한다.* 아인슈타인의 말대로 이제는 분명 새로운 사고방식이 필요한 때다.

역사를 돌아보면 대중을 바보로 만들던 방송 시대에는 결함 마케팅이 실제로 효과가 있었다. 그러나 에드워드 버네이스와 에르네스트 디히터처럼 '어쨌든 쓰고 보자'라는 심리 상태를 끊임없이 유발하는 마케팅은 결코 지속가능하지 않다. 뿐만 아니라 소비를 한다고 해서 그것이 약속하는 대로 불안감에 대한 피난처나 행복을 얻을 수 있는 것도 아니다. 1950년대에 미국인의 소비가 급격히 늘어나면서 국가 행복지수도 크게 상승했다. 집의 크기, 자동차의 수, 쓰레기 배출량, 수입과 지출액으로 대변되는 소비 수준이 두 배 이상 높아지자, 개인의 행복지수는 제자리를 맴돌더니 이내 감소하기 시작했다.* 더 오랜 시간 일해야 하고, 빚은 늘어나며, 신화창조자들에 의해 불안감이 계속 유발되고 있기 때문이다.

소비를 통해 행복을 얻는다는 신화를 가장 강력하게 지탱하는 요소 중 하나는 경제의 '건전성'을 측정하는 척도들이다. 미국 공영 라디오 방송(National Public Radio, NPR)의 프로그램 '시장(Marketplace)'에서는 주가가 오를 때는 다소 신나는 음악이, 주가가 떨어질 때는 어두운 분위기의 음악이 흘러나온다. 다우존스(Dow Jones)는 그 자체가 국민총생산(GNP)의 장기적인 상승과 하강에 매여 있어, 오늘을 행복하거나 슬프게 만드는 수백만 가지 요인을 멋지게 단순화시킨다. 우리는 여러 요인들에 대해서 생각하지 않아도 된다. 그 이면의 음악과 신화가 우리에게 어떻게 느껴야 할지 알려 주기 때문이다. 특히 국민총생산은 소비 수준으로 측정되기 때문에 우리의 선배 마케터들에게 더없이 사랑받는 지표였다. 그러나 국민총생산이 문화적 개념에 취약하다는 점은 현재의 위기를 상상도 할 수 없었던

40년 전에 이미 밝혀졌다. 로버트 케네디7는 이를 다음과 같이 아름답게 표현했다.

> 우리의 국민총생산은 (……) 미국을 그것으로 평가한다면, 대기오염과 담배 광고, 살육의 고속도로를 뚫고 나아가는 앰뷸런스의 수량을 반영한다. GNP에는 우리의 집 대문을 잠글 특수 자물쇠와 집을 침입한 자들을 가둘 감옥이 포함된다. 또한 삼나무 숲의 파괴와 무분별한 도시 팽창으로 인한 자연의 훼손도 포함된다. GNP는 우리의 재능과 용기를 나타내는 지표가 될 수 없으며, 우리의 지혜나 학식도 측정하지 못한다. 타인에 대한 동정심이나 애국심도 나타낼 수 없다. 즉 GNP는 삶을 가치 있게 만드는 것들에 대해서는 결코 측정하지 못한다. 우리가 미국인임을 자랑스러워 할 수 있는 것들에 대해서는 어떤 것도 설명하지 못한다.*

우리가 가치 있게 여기는 대상을 수치화 하는 순간, 그 가치는 의미를 잃게 된다. 그러나 다행인 것은, 여러 기술과 통신 수단을 통해 우리가 삶의 방식에 대해 다시 생각해 볼 수 있게 되어 예전에는 불가능할 것만 같던 속도로 새로운 방식에 적응할 수 있게 되었다는 점이다. 우리는 앞으로 어떤 방향으로 나아갈지에 대해 함께 토론할 수 있는 성숙한 사람들이 필요하다. 또한 이 어려운 토론을 변방에서 주류로 이끌어낼 사람도 수백만 명은

---

7　Robert Kennedy. 존 F. 케네디의 동생으로 법무부 장관과 대통령 고문을 지냈으나, 1968년 대통령 출마 선언 후 암살되었다.

필요하다. 의도적으로 미성숙한 소비자를 양산하는 세계는 우리가 지향해야 할 곳으로 안내하지 못한다.

신화에 대해 그 누구보다 잘 알고 있는 조지프 캠벨은 지금이야말로 사회적인 영웅이 여정을 시작해야 할 때라고 말할 것이다. 실제로도 그는 이와 유사한 취지의 말을 했다. "현재와 가까운 미래에 고려할 가치가 있는 유일한 신화는 도시가 아닌 지구에 대한 신화이며, 우리 국민이 아닌 지구상의 모든 사람에 대한 신화여야 한다. 미래의 신화에 대한 나의 기본적인 생각은 바로 이러하다. (……) 그 신화가 시작되기 전에는 어떤 신화도 있을 수 없다."\*

우리 마케터들은 신화창조자로서 사회의 스토리 창출에 막대한 영향력을 가진다. 한때 우리의 선배들은 청교도 가치 위에 세워진 나라를 소비의 기쁨에 좌우되는 나라로 바꾸기도 했다. 하지만 우리는 지금껏 얻은 교훈을 바탕으로 이 시대에 적합한 새로운 변화를 창조할 수 있으며, 그렇게 하면서도 번영을 지속할 수 있다. 한때 브랜드는 무한정 늘어나는 소비와 폐기에 철저하게 의존하며 이익 추구만을 목표로 삼았다. 그러나 이제 모든 분야의 기업들은 '집카'[8]나 '크레이그리스트'[9]처럼 집합적 소비에서 해법을 찾는 서비스를 제공하는 것부터, 인간에게 필요한 제품 생산 시 자원 사용량을 줄이는 혁신적이고 에너지 효율적인 기술을 늘리는 것까지, 훨씬 다양한 방식으로 수익을 창출할 수 있다. 어떤 비즈니스나 단체도 더 나은 미래를 창조하기 위한 논의에서 열외일 수는 없다.

하지만 당신도 반드시 나처럼 소비가 환경과 사회적 위기를 가져왔다는

---

8 ZipCar. 미국의 시간제 카쉐어링 서비스.
9 Craigslist. 부동산 거래, 구인구직, 상품 매매 등을 할 수 있는 온라인 벼룩시장.

믿음을 동기로 삼아야 하는 것은 아니다. 낡아빠진 가치, 걷잡을 수 없는 빈부 격차, 정치적 무례, 그 밖의 오늘날의 시급한 문제를 우리의 당면 과제로 볼 수도 있다. 어떤 관점으로 보든, 당신은 시대가 급속히 변화하고, 문제들이 늘어나며, 지적이고 서로를 존중하는 대화가 절실히 필요하다는 점을 인식할 것이다. 편리함과 안전, 지위에만 관심이 있는 사람들은 절대 이러한 문제점을 해결할 수 없다. 이는 과학적으로 입증되기도 했다. TV 광고에 노출되는 빈도와 '외적(外的)' 가치에 대한 비중 사이에는 상관관계가 있다는 연구 결과가 있다. 외적 가치란 타인이 어떻게 인식하는가 하는 문제에 큰 비중을 두는 것을 말한다. 사회적 지위와 물질적 풍요, 존경과 권력을 추구하는 가치관이다. 그리고 이러한 가치관은 시민의 의무를 감당하려는 사람들의 의지에 영향을 주는 것으로 나타났다. 외적 가치를 강조하는 사람들은 많은 편견에 빠져 있으며, 인권에 관심이 없고, 환경을 보호하려는 노력을 하지 않으며, 우울증 비율도 높았다.*

흑기술 스토리가 이러한 사고방식을 부추기는 세상은 자취를 감추고 있다. 타흐리르 광장에서 발생한 일은 앞으로도 계속 일어날 것이다.

이제 우리는 무너진 세계를 관통하는 여행을 완수하였다. 스토리 전쟁의 남은 여정 동안 우리는 흑기술을 물리치고 이를 뛰어넘는 단계별 전략을 제시하여, 스토리 전쟁에 경이로운 승리를 가져온 마케터들의 업적을 조명한다. 그들이 창조한 새로운 스토리 전략은 당신을 스토리 전쟁의 승리자로 이끌 것이다.

제2부

# 미래 설계하기

## 막간
# 마케터들을 위한 창조 신화

마케터의 세계도, 청중의 세계도 무너졌다. 그러나 여전히 우리의 역량으로 우리 자신을 미래로 인도해 줄 새 신화로 무장한 새로운 경로를 개척할 수 있다. 다음 이야기와 함께 여정을 시작하자.

―

1875년 필라델피아. 존 파워스(John Powers)는 잠시 멈추었다.* 놋쇠 손잡이를 잡은 그의 손이 마구 떨렸다. 그는 마음속 분노가 가라앉을 때까지 걸음을 옮기지 않겠다고 다짐하면서 떨리는 손을 진정시키려 했다. 하지만 시간이 흘러도 감정이 정리될 조짐이 보이지 않자, 그는 거대한 유리문을 열어젖히고 옛 펜실베니아 역으로 뛰어들었다.

최근에 쇼핑센터로 새롭게 단장한 철도역은 이제 품격 있고 활기차며, 다가오는 새 세기를 향한 희망으로 가득 찬 놀라운 모습으로 변모했다. 불룩한 서류 가방을 손에 들고 안경 쓴 눈 위로 땀방울을 흘리면서 맹렬한 속도로 걸어가는 파워스는 행복하게 쇼핑에 몰두하는 사람들과는 전혀 다른 모습이었다.

"워너메이커 백화점(Wanamaker's)에 오신 걸 환영합니다." 한 젊은이가 파워스의 앞을 가로막고는 그가 무엇을 찾는지 묻지도 않고 문 안쪽을 들여다보도록 유도했다.

"그는 어디 있소?" 거대한 백화점 안 수백 개의 진열대를 훑어보면서 파워스는 거친 숨을 몰아쉬었다. 바지며 드레스, 전등, 넥타이 등이 진열되어 있었다. 그는 이 모든 상품을 어떻게 판매하는지 알고 있었다.

"누구 말씀이시죠?"

"워너메이커 말이오. 당장 가서 파워스가 왔다고 전하시오."

젊은이는 그가 미심쩍었지만 이 정신 나간 사람이 쏘아보는 눈길에 다른 도리가 없음을 깨달았다. 젊은이는 당장 달려가 존 워너메이커가 자리에 있는지 확인하고는, 그에게 파워스라는 사람을 아는지 물었다.

파워스는 넥타이 진열대 위의 상품을 옆으로 쓸어 내고 서류를 놓을 공간을 만들었다. 파워스는 20여 장의 종이를 펼쳐 놓았다. 각 종이마다 정교한 광고 시안이 그려져 있었다. 머지않아 등 뒤에서 발자국 소리가 들렸다.

"파워스 씨 아니오!" 워너메이커가 파워스에게 손을 내밀자, 파워스는 악수를 하고는 오랫동안 그 손을 꼭 잡고 있었다. "오늘 약속이 있었던가요?"

물론 워너메이커는 광고대행사에서 그를 찾아온 이유를 잘 알고 있었고, 만남을 피하면 얼굴 붉힐 일만 생길 뿐이라고 생각했다. 필라델피아 아니, 전국에서 워너메이커란 이름을 유일하게 믿고 맡길 수 있는 광고사와 함께 일하는 대가였다. 파워스가 만든 광고 덕분에 상상도 못한 방법으로 백화점에 고객을 끌어올 수 있었다. 그들이 함께 일하기 시작한 이후로 워너메이커의 연간 매출은 몇 년 만에 4백만 달러에서 8백만 달러로 늘었다. 그러나 워너메이커는 단지 그 수치 때문에 파워스의 독단적인 성격에 비위를 맞추고 있는 것이 아니었다. 신앙심이 깊은 워너메이커의 요구대로, 진실을 말하면서도 큰 효과가 있는 광고를 만들 수 있는 전문가는 파워스가 유일했기 때문이다. 워너메이커는 양심적인 인물로 유명했다. 그는 가격표라는 개념을 처음 도입한 사람으로 하느님 앞에서 모든 사람이 평등하다면 그들이 물건을 살 때 지불하는 가격도 평등해야 한다는 입장이었다. 워너메이커에게 진실이란 사업에 있어서 최고의 가치이자 절대 타협할 수 없는 원칙이었다.

하지만 이번에 파워스는 워너메이커의 취향에 맞추다 보니 도가 넘치게 진실해졌고, 그 때문에 오늘 험한 말이 오가게 되었다.

"워너메이커 씨, 나는 당신네 광고를 스무 개나 준비해 왔소. 이 광고들 모두 여기서 판매하는 상품을 완벽하게 보여 주고 있소." 파워스는 이를 악문 채 얘기를 계속했다. "전에 만든 광고들처럼 이것들 모두 고객을 끌어와 당신 상품을 구매하게 만들 짧은 스토리를 전달하고 있소. 그런데 당신은 왜 그 중 하나도 승인하지 못하겠다는 거요!"

워너메이커는 앞에 놓인 종이 한 장을 집어 큰 소리로 읽었다.

"'너무 비싼 가격이긴 하지만 (물건이 좋기 때문에) 어쩔 수 없다', 아니면 이건 어떻소? 우리 넥타이를 두고 '겉보기만큼 좋은 물건은 아니지만 25센트 치고는 괜찮다'라고 하다니 말이 됩니까?"

"분명 효과가 있을 것이오." 워너메이커의 손에서 광고지를 낚아채며 파워스가 말했다.

"당신은 진실하기로 한 우리 사이의 합의를 웃음거리로 만들고 있지 않소! 당신이 광고대행사라는 사실을 잊었단 말이오? 고객을 백화점에 끌어들이려고 광고를 하는 것이지, 쫓아내려고 당신에게 돈을 주고 광고를 하는 것이 아니란 말이오!"

워너메이커의 말을 들은 파워스는 발끈했다. 그는 '광고대행사'라는 말을 좋아하지 않았고, 워너메이커도 그 사실을 알고 있었다. 광고대행사란 광고주와 신문사, 양쪽 고객 모두를 등치는 데 혈안이 된 뻔뻔한 사람들을 의미했다. 광고주에게는 신문 광고료를 엄청나게 부풀리고, 신문사 쪽에는 기사 내용이 입맛에 맞지 않으면 돈을 빼 가겠다고 으름장을 놓아 못살게 군다. 광고 카피를 쓰는 일은 뒷전이다. 그러니 워너메이커 같은 사람들은 모든 광고대행사에 대해 아무리 욕을 먹어도 부족한, 저속한 족속들이라 여겼다. 파워스 자신은 그들보다는 훨씬 품격 있는 '카피라이터'로 불리길 원했다. 이 용어는 그가 맨 처음 고안했지만 이제는 아무나 사용하고 있었다. 그렇다 해도 워너메이커는 말을 좀 더 가렸어야 했다. 파워스는 서류를 챙기기 시작했다.

"당신네 넥타이는 실제로도 겉보기에만 그럴듯한 형편없는 물건이오. 좋은 물건을 팔아 보시오. 그러면 광고를 다시 쓰겠소. 아마도 핀캠(Pinkham) 스타일 같은 걸 좋아하시나 본데, 그거라면 워너메이커 백화점은 당신이 바라는 걸 얻을 수 있을 거요."

리디아 핀캠(Lydia Pinkham)의 식물 복합제(Vegetable Compound) 광고는 모르는 사람이 없었다. 모두들 그 광고를 모방했지만, 사실은 매우 부도덕한 광고였다. 그 시대에 가장 널리 홍보된 고(故) 리디아 핀캠의 얼굴은 다음과 같은 홍보 문구와 함께 전국의 주요 출판물에 실렸다. "자궁탈출증을 비롯하여 대하증, 월경통, 자궁염증, 산후 출혈 같은 모든 여성 질환과

남녀의 모든 생식기 질환에 대한 확실한 치료법" 여성 질환으로 고민하는 독자들은 그녀에게 도움을 요청하는 편지를 썼다.

알코올 도수 40도에 이르는 이 혼합물은 취하게 하는 것 외에는 거의 아무런 효과가 없었다. 효능에 관한 주장들은 모두 허풍이나 과장, 거짓말이었다. 그런데도 특허 의약품들은 병에 대한 두려움과 치료에 대한 헛된 희망을 퍼뜨리며 광고계를 지배하였다. 다른 산업계도 마찬가지였다. 그러니 파워스의 광고는 누구나 진실로 받아들일 수 있는 유일한 광고였다. 그는 이들과 정반대의 접근법을 사용하여 워너메이커 백화점의 상품에 대해 차분하고 현실적인 어조로 홍보했다. 그는 독자들에게 장면을 제시한 다음, 유머가 가미된 예상 밖의 반전을 보여 주는 형식으로 광고를 만들었다. 그는 그 방법을 '빗나간 스토리 들려주기'라고 불렀으며, 실제로 매우 효과가 있었다. 그러니 워너메이커가 싫다면, 떠나 버리면 그만이었다. 워너메이커라면 이제 지긋지긋했다.

워너메이커는 파워스의 팔에 가만히 손을 올렸다.

"좋소, 파워스. 그 광고를 쓰도록 합시다. 넥타이가 잘 팔리면 나머지 광고도 내기로 하겠소. 하지만 오늘은 하나만 승인하는 겁니다."

파워스는 미소를 지으며 서류를 가방에 밀어 넣었다. 그러곤 더 이상 아무 말 없이 백화점을 성큼성큼 걸어 나갔다. 다음 주까지 넥타이가 다 팔려 나갈 게 분명했다. 그 후 백화점 판매원들은 고객들이 정직한 광고에 대해 호감을 표하는 것을 보고 놀라움을 금치 못했다. 파워스가 광고 역사상 최초의 거물로 떠오르는 순간이었다. 리디아 핀캠까지 치면 두 번째라고 해야겠지만 말이다.

하지만 20년 뒤에도 파워스는 여전히 화가 나 있었다. 그날 넥타이 판매

전쟁에서는 승리했지만 그 이후 진실을 놓고 싸우는 전쟁에서는 계속 패배했던 것이다. 워너메이커는 그의 고집불통에 넌더리가 나서 마침내 그를 해고하고 말았다. 파워스는 그 후로도 매번 과장하는 것보다는 스토리를 이용하여 상징적인 브랜드를 창조했지만, 사람들이 진실을 고수하게 하는 데는 실패했다. 그는 광고계가 오래전부터 무책임하다는 평판을 들어 온 것이 당연하다고 생각했다. 사람들은 '정직한 파워스'의 성공 비결을 알고 싶어 했지만, 일단 그 비밀을 듣고 나면 기억하고 싶지 않은 것 같았다.

그래서 신생 광고 업계 전문지 『프린터스 잉크(Printer's Ink)』의 기자가 사무실 문을 두드렸을 때 파워스는 인터뷰를 거절하면서 쾌감을 느꼈다. 그러나 막상 젊은 기자가 전설적인 거장의 사무실을 떠나려고 발걸음을 뗐을 때 파워스는 마음을 돌렸다. 그는 이번이 사람들에게 진실을 전달할 수 있는 최고의 기회이자 광고인들을 구원할 마지막 기회일지도 모른다고 생각했다. 결국 그가 한 말은 파워스의 '3계명'이 되었다.

"성공적인 광고를 위해서는 우선 독자의 주의를 끌어야 한다. 즉 광고는 흥미를 유발해야 한다. 다음으로는 진실해야 한다. 자신의 비즈니스에 잘못된 점이 있다면 바로잡아야 한다는 의미다. 진실을 말하기가 어렵다면 진실할 수 있도록 바꿔야 한다. 그 세 가지면 족하다."*

―――

이게 전부다. 기자가 수첩에 휘갈겨 쓴 이 글은 지금으로부터 1백 년도 더 전에 소규모 광고 업계 잡지에 실린다. 존 파워스는 우리가 알아야 할 모든 것을 가르쳐 주었다.

흥미를 유발하라.
진실을 말하라.
만약 진실을 말할 수 없다면, 하고 있는 일을 바꾸어 진실할 수 있도록 하라. 즉, 진실을 실천하라.

한 세기가 지난 후에도 이 간단한 문장은 스토리 전쟁을 승리로 이끄는 최고의 길잡이가 되고 있다. 특히 디지토럴 시대에는 그 어느 때보다 더욱 적절해 보인다. 이 문장은 5대 죄악에 대한 해독제이며, 궁극적으로 흑기술 마케팅을 원래 속한 곳인 변방으로 추방시킨다.

이 책의 후반부에서는 이 3계명을 분석하고, 모든 커뮤니케이션에 실제로 적용하는 연습을 해 볼 것이다. 또한 스토리 전쟁에서 승리하기 위해서 반드시 거쳐야 할 기초 훈련 코너에서 이 3계명을 익힐 것이다.

성공의 기초를 다지는 과정은 다음과 같다.

먼저 제5장과 제6장에서는 자신만의 스토리 전략을 만들기 위해 진실을 말하는 방법에 대해 다룰 것이다. 여기서 스토리를 신화의 수준으로 끌어올리는 데 도움이 될 원칙들을 배워 보자. 앞에서 살펴보았듯이 사람들은 이러한 스토리를 중심으로 삶의 의미를 찾고 정체성을 형성하기 때문이다. 스토리 전쟁에 참가하여 경쟁하려면 먼저 신화를 장악한 일류 마케터의 대열에 합류해야 한다.

또한 이 부분에서는 모든 커뮤니케이션에서 스토리의 강력한 교훈을 표현하고 지지하여 브랜드 전체가 스토리텔링을 지향하게 하는 법을 배울 것이다. 진실을 말하는 법을 배우고 나면, 진실한 교훈과 그렇지 못한 교훈을 구분할 수 있게 된다. 결함 마케팅을 기반으로 고객의 사고방식에 영향을 주려는 브랜드는 자연선택이 이루어지는 환경에서는 살아남을 수 없다. 주요 신화들이 모두 그러했듯, 진실을 말하는(우리를 성숙하게 하고 고매한 본질로 향하게 하는) 스토리는 옛날과 마찬가지로 오늘날에도 스토리 전쟁에서 승리를 거두고 있다.

제7장에서는 자신의 전략을 실제 스토리로 구체화하는 기술을 배울 것이다. 여기서 10만년 동안 사람들의 주의를 끌고 관심을 유지하도록 진화하면서 그 가치를 검증받은 스토리텔링의 장치 세 가지를 알아보려 한다. 모든 스토리텔링에 적용 가능한 별종, 범법자, 동족이라는 이 세 가지 장치는 디지토털 시대의 모든 성공적인 마케팅의 배후에 존재한다. 나는 이 세 가지 장치의 비밀을 밝힐 것이다.

제8장에서는 '진실을 실천하라'는 세 번째 계명을 살펴본다. 이 문장에는 마케터가 회사나 조직을 스토리의 교훈에 걸맞도록 이끌어야 한다는 속뜻이 담겨 있다. 여기서 우리는 스토리가 훌륭하다면 그 스토리에 대한 기대 또한 크다는 사실을 엿볼 수 있다. 극도의 투명성을 특징으로 하는 디지토털의 시대에 우리가 이 기대를 충족시키지 못하면 그 무게에 무너져 내린다. 진실을 실천하는 마케터는 기업이나 조직의 운영 방식마저 바꿀 수 있는 영웅이 된다.

## 제5장
# 진실을 말하라
### 1편: 임파워먼트 마케팅의 기술

나는 10대 시절의 절반은 어머니의 집에서, 절반은 아버지와 함께 야구를 하면서 보냈다. 아버지와 나는 자연스레 야구에 빠졌다. 미식축구는 전혀 득점을 하지 못해 좌절하며 한 시즌을 보낸 뒤 그만두었다. 농구는 첫 경기의 1라운드 동안 전혀 골을 넣지 못한 뒤론 다시는 하지 않았다. 나는 키가 작고 재빠르지도 못해, 외아들에 대해 비현실적인 기대를 품고 있던 아버지에게 엄청난 실망을 안겨 주었다. 하지만 그 후 아버지는 누구나 연습만 충분히 한다면 야구공을 제대로 던질 수 있다는 사실을 알게 되었다. 그래서 우리는 만날 때마다 뒷마당으로 나가 상상 속의 타자를 향해 끝없이 공을 던졌다.

열세 살 무렵 나는 뛰어난 제구력을 습득하여 타자의 머리 쪽으로 전속력으로 날아가다가 마지막에 방향을 바꾸어 바로 스트라이크 존에 떨어지는 무시무시한 커브 볼을 던질 수 있게 되었다. 키 180센티미터의 사춘기 소년들을 무릎 꿇게 하는 일은 무척이나 통쾌했다. 심판이 삼진을 선언하는 모습을 지켜보며 우월감을 느끼기도 했다. 투수에게 필요한 것은 단한 가지, 좋은 야구공뿐이었다. 가죽의 질감과 재봉선의 돌출된 정도가 모든 것을 결정했다. 나는 손에 쥔 공의 품질에 매우 민감하여, 손가락 끝으로 공의 감촉을 느낄 때마다 이번에는 공을 얼마나 멋지게 던질 수 있을지 미리 알아차릴 정도였다. 나는 야구공에 관한 한 모르는 것이 없다고 자만하기에 이르렀다.

그러던 어느 날, 우리 개가 공을 물어뜯고 있는 장면을 목격하였다. 개의 입에서 공을 낚아챈 순간, 나는 눈에 익은 공의 가죽 커버 안쪽에 실 뭉치가 단단히 감겨 있는 것을 보고 깜짝 놀랐다. 공 안쪽에 뭔가 다른 것이 있으리라 기대했기 때문이 아니라 그렇게도 친숙한 물건의 표면 아래에 무엇이 있을지 한 번도 생각해 보지 않았다는 데 놀랐기 때문에 그때의 기억이 아직도 충격적으로 남아 있다.

나는 풀 죽은 개 옆에 앉아 감긴 실을 풀기 시작했다. 마침내 빨간 고무로 싸인 탱탱한 코르크 구가 모습을 드러내자 기쁨과 놀라움을 동시에 느꼈다. 실을 푸는 내내, 아무리 배트에 제대로 맞는다고 해도 이 실 덩어리가 어떻게 그렇게 탄력 있게 튀어오를 수 있는지 의문이 들었기 때문이다. 숨겨진 빨간 구가 그 해답이었다. 우주의 비밀이 밝혀지는 순간이었다.

---

오랜 세월이 흐른 뒤에 나는 훌륭한 스토리는 야구공 같은 구조를 갖는다는 사실을 깨달았다. 표면에는 배경, 등장인물, 그들의 행위 등 눈에 보이는 요소가 있다. 바로 어릴 때부터 익숙하게 보아 온 스토리의 구성 요소이다. 우리는 표면에 보이는 것들이 전부라고 생각하지만, 사실은 그 이면에

훨씬 많은 것이 숨어 있다.

표면 바로 아래에는 스토리의 교훈이 있다. 스토리텔러는 등장인물과 그들의 행위를 결코 아무렇게나 만들어 내지 않는다. 눈에 보이는 요소들은 세계가 돌아가는 방식에 대한 공공연한 진실을 설명하기 위해 존재한다. 커버 아래의 보이지 않는 실 뭉치가 야구공의 크기, 모양, 무게를 결정하듯 교훈은 스토리의 구조와 형태, 적합성을 결정한다. 우화의 경우 그 교훈은 분명하거나 노골적으로 드러나 있다. 좀 더 복잡한 스토리일 경우 거기서 어떤 교훈을 얻을지는 청자나 독자에게 달려 있다. 그러나 숨겨져 있건 드러나 있건, 교훈이라는 구조가 없다면 청중은 그것을 스토리가 아닌 사건의 단순한 집합체라 여긴다. 우리는 교훈이 없는 스토리는 완성도가 떨어진다고 느껴 본능적으로 거부하게 된다.

그 안쪽에는 스토리의 핵심이 있다. 이 층은 중심에 깊이 숨겨져 있다. 스토리텔러 자신도 핵심을 알지 못하는 경우가 있다. 여기에서는 교훈이 암시하는 '가치'를 발견할 수 있다. "나중에 후회하는 것보다 미리 조심하는 편이 낫다"라는 교훈을 주는 스토리를 들었다면, 우리는 스토리텔러가 안전과 예측 가능성을 중시한다는 사실을 알 수 있다. "망설이는 자는 기회를 놓친다"라는 교훈을 내포한 이야기를 들으면, 우리는 화자가 도전과 모험에 가치를 둔다는 것을 알 수 있다. 신화의 중심에 있는 가치는 '의미'를 부여하지만, 우리가 굳이 찾아 내려 하지 않으면 가치는 무의식으로 숨어 버리는 경우가 많다.

나는 야구공을 통해 깨달은 이러한 통찰이 대단히 유용하다고 생각하여, 인간 본성에 대한 진실이 핵심에서부터 내포되어 있는 성공적인 스토리를 탐구하는 데 이용하려 한다. 결함 스토리들은 이러한 진실을 무시하거

**임파워먼트 마케팅** 결함 마케팅에 반대되는 개념이다. 사람에게 진실, 정의, 아름다움 등 고차원적인 가치를 추구하려는 욕구가 있다는 에이브러햄 매슬로의 욕구단계이론과, 모든 신화는 의존적이던 어린아이가 성숙하고 현명한 성인으로 성장하여 공동체에 기여하는 형식을 갖는다는 조지프 캠벨의 '영웅의 여정'에 근거한 마케팅이다. 사람들이 자아를 성취할 수 있게 돕고, 더 나아가 세상을 개선하도록 요구한다.

나 부인하는 경우가 많다. 우리는 내가 임파워먼트 마케팅(Empowerment Marketing)이라고 부르는, 대중을 성숙한 시민으로 거듭나게 하는 스토리를 통해 신화의 형식을 탐구할 것이다. 임파워먼트 마케팅은 인간의 성장과 성숙의 분야에서 가장 영향력 있는 두 가지 이론인 에이브러햄 매슬로(Abraham Maslow)의 '욕구단계이론'과 조지프 캠벨의 '영웅의 여정'에 근거한 마케팅이다. 욕구단계이론은 탐욕, 허영, 두려움, 사리사욕을 뛰어넘어 대중의 마음을 끄는 다양한 보편적 가치를 제시한다. 매슬로의 통찰을 이용한다면 당신의 메시지와 브랜드, 대중에 적합한 고차원적 가치를 선택할 수 있다. 그런 다음 조지프 캠벨에게서 배운 내용을 활용하여 그 가치를 의미 있는 교훈으로 바꾸고, 대중의 내면에 잠재된 영웅심을 일깨우는 스토리의 개요를 만든다. 이들 모델은 인간의 본성을 음험하고 한정적으로 보는 프로이트식 인간관과 이를 시장에 적용한 에드워드 버네이스와 같은 사람의 견해에 대해 대안을 제시한다. 이러한 임파워먼트 마케팅 스토리는 듣는 사람을 성장시키는 고전 신화들과 같은 방식으로 기능하기 때문에, 이 모델에 기반을 둔 캠페인은 우리의 새로운 구전 전통을 확실하게 지배하고 있다.

이제 무너진 세계를 치유하기 위한 여정을 함께 시작해 보자.

## 임파워먼트 마케팅: 흑기술에 대한 도전

약 한 세기 전, 결함 마케팅은 스토리 전쟁을 유리하게 이끌 만한 무기를 도입했다. 그루폰과 케네스 콜의 이야기(제4장 참조)에서 우리는 디지토럴 시대가 어떻게 결함 마케팅의 갑옷에 틈을 만드는지 살펴보았지만 사실 결함 접근법은 여전히 건재하다. 생선 카레를 팔든 사회적 행동을 촉구하든 우리 모두는 이 접근법을 출발점으로 삼을 수밖에 없다.

하지만 그게 전부는 아니다. 거의 같은 기간 동안 스토리 전쟁에 역기류가 형성되었다. 바로 임파워먼트 마케팅이 등장하여 결함 접근법의 모든 전제를 탈피하게 된 것이다. 수천 년 동안 신화가 사용해 온 방법대로 임파워먼트 마케팅은 인간의 성장과 초월의 가능성을 보여 주는 스토리를 만든다. 임파워먼트 스토리는 그 동안 흔히 볼 수 있었던 흑기술의 불안감을 조성하는 공략법을 조롱하여 대중을 즐겁게 한다. 불완전한 세계를 그리지만 이 세계는 영웅적 행위를 통해 치유될 수 있다는 깨달음을 준다. 가장 중요한 것은 인간이 지위나 섹스, 안락, 편리만 추구하는 이기적인 기계만은 아니라는 사실을 깨우쳐 관심을 유도한다는 점이다.

아리아나 허핑턴(Arianna Huffington)은 자신이 직접 성장시킨 인기 뉴스 사이트를 아메리카 온라인(AOL)에 3억1천5백만 달러에 매각한 미디어 거물이다. 그녀는 디지토럴 시대에는 어떤 전략이 효과가 있는지 잘 알고 있다. 그녀는 최근 마케팅계에 나타난 가장 중요한 경향을 다음과 같이 표현했다. "산업계는 소비자의 고차원적 본능에 호소해야 하고, 인간을 물질주의, 섹스, 돈, 자기 이익보다는 더 나은 가치를 추구하는 존재로 보아야 한다는 사실을 깨달았습니다."

그녀는 이렇게 덧붙였다. "마케팅과 사회 운동 분야에서 모두 소셜 미디어가 선두로 떠오르면서 이러한 추세가 확대되었다는 것은 결코 우연이 아닙니다."*

허핑턴이 옳다. 분명 소셜 미디어라는 플랫폼이 고차원의 본능에 호소하는 스토리에 힘을 실어 주고 있다. 하지만 이 현상을 단지 유행이라고만 볼 수는 없다. 이러한 스토리들은 지금까지 언제나 우리와 함께하면서 큰 감명을 주었기 때문이다.

임파워먼트 마케팅의 중요성을 그 이용 빈도로만 판단하는 것은 적절하지 않다. 매일 우리의 주의를 끌기 위해 경쟁하는 수천 개의 마케팅 신화 중 극히 일부만이 이런 종류의 스토리에 해당하기 때문이다. 그러나 임파워먼트 마케팅을 쉽게 잊히지 않을 아이코닉 광고 캠페인을 창조하는 능력으로 평가한다면, 곧 그것이 스토리 전쟁의 승리를 가져올 최강의 비밀 무기임이 밝혀질 것이다. 사실 임파워먼트 마케팅이 상대적으로 드물다는 점은 큰 호소력으로 작용할 수 있다. 수많은 마케팅에 시달리던 대중에게는 임파워먼트 마케팅이 신선한 바람으로 느껴지기 때문이다.

> **아이코닉** 우상, 상징, 대표성을 의미하는 단어로 소비자의 우상이 될 수 있는 제품, 브랜드의 가치를 형상화한 광고, 회사의 상징적인 브랜드나 제품 등에 사용한다.

인간의 본성이 가장 기본적인 욕구에서 벗어나 고차원적 잠재력을 추구한다는 진실을 말하라. 그러면 당신은 앞으로의 성공적인 커뮤니케이션을 위한 스토리텔링 전략의 기본을 갖춘 셈이다. 또한 그것은 제 기능을 못하는 부정적인 미디어 환경을 개선할 혁명에 참가하는 것이나 다름없다. 물론 마케팅을 새롭고 긍정적으로 윤색하는 것 자체가 목적은 아니다. 그러나 미성숙하고 무기력한 소비자의 사고방식에서 성숙하고 용기 있는 시민의 세계관으로 신화의 방향을 전환하는 것은 더 나은 사회를 만들기 위한 힘찬 첫걸음이 된다.

임파워먼트 마케팅의 관점에서 유명한 마케팅 성공 사례들을 살펴보기 전에 한 가지 유념할 점이 있다. 즉 성공적인 임파워먼트 스토리는 관련 제품이나 조직의 전유물이 아니라는 사실이다. 효과적인 스토리와 책임감 있는 행동 사이의 관계는 진실을 실천하라는 존 파워스의 세 번째 계명을 탐구한 다음에야 이해할 수 있다. 그러니 지금은 다음에 검토할 상품이나 조직, 정치적 대의에 대한 판단을 보류하기 바란다. 따라서 지금 소개하는 일부 광고 캠페인에는 위선적이 측면이 있다. 현 시점에서는 그저 상징적인 스토리를 소개하고 이들이 주는 감동에 대해 설명하는 데 중점을 두려고 한다.

## 전략 1: 결함 마케팅의 거짓말을 폭로한다

임파워먼트 마케팅의 전략 중 가장 강력한 첫 번째 전략은 다음과 같다. 널리 퍼진 거짓말에 맞서서 공감할 수 있는 진실을 더 많이 들려준다.

### 작게 생각하세요(Think small)

1950년대 후반 자동차 업계는 그 어떤 분야보다 앞다투어 흑기술 전략을 구사했다. 미국의 자동차 제조업체들은 어떤 차를 타느냐에 따라 높은 지위, 고상한 취향, 사회적 수용을 마법같이 획득하고 표현할 수 있다고 주장했다.

## 캐딜락, 폭스바겐 광고

1959년의 캐딜락 광고(좌)는 고급스러운 외양의 자동차와 화려한 생활방식을 보여 줌으로써 대중의 욕구를 자극하는 결함 마케팅 방식을 사용하였다. 반면 폭스바겐은 "작게 생각하세요"라는 슬로건을 내걸고 단순하고 작은 자동차의 실용적인 장점을 부각시키는 광고(우)로 대형차 선호도가 높은 미국 시장에 성공적으로 진출하였다.

그 정점에는 캐딜락(Cadillac)이 있었다. 캐딜락의 광고는 5천 달러라는 어마어마한 돈을 지불하고 차를 살 수 있는 계층뿐 아니라 그런 이들을 동경하는 사람들도 대상으로 삼았다. 이 광고가 판매하고자 한 것은 비단 자동차만이 아니라 행복과 정체성, 바람직한 삶 등을 포함한 모든 가치였다. 이 교묘한 광고의 영향으로 미국인들은 쉐보레(Chevrolet)에서 뷰익(Buick)으로, 그다음 올즈모빌(Oldsmobile)로, 그러다 큰 이변이 없으면 언젠가는 꿈의 자동차인 캐딜락으로 향하는 사다리를 오르기 위해 더 오래 일하고 많은 것을 희생해야 했다.

다음은 1959년에 나온 '보기만 해도 압니다(A single glance tells the story)'라는 제목의 캐딜락 광고 문구다.

> 1959년형 캐딜락은 운전석에 앉은 사람을 여러 가지 방법으로 훌륭하게 대변합니다. 그저 캐딜락을 탄다는 사실만으로 말이죠. (……) 캐딜락은 그가 크게 성공한 인물이라고 말해 줍니다. 캐딜락의 아름답고 장대한 모습은 그의 품격 있는 취향을 알려 줍니다. 내일 당장 딜러를 방문하여 신형 캐딜락으로 당신의 이야기를 훌륭하게 표현하십시오.*

자동차의 사다리를 오르는 것은 고된 일이었고, 그 꼭대기를 지키기는 더욱 힘들었다. 사람들에게 유행에 뒤처진다는 느낌을 주기 위해 쉐보레는 매년 완전히 새롭고 조금 더 커진 모델을 출시했다. 어제 한창 유행하던 차가 내일은 너무 작고 촌스럽고 낡게 보이면서 운전자들은 간절히 듣고 싶어 하던 이야기와 다시 멀어졌다. 예상대로 이러한 상황은 최상류층부터 최빈층에 이르는 모든 미국인의 불안감을 조성하였다.

그러다 1959년에 느닷없이 '작게 생각하세요'라는 제목으로, 폭스바겐 비틀(Volkswagen Beetle)의 소박한 이미지를 담은 전면 신문 광고가 등장했다. 이 광고에는 현대적이고 효율적인 차의 특성 외에는 별다른 언급이 없었고 심지어 비틀을 지금은 싸구려 차에 대한 속어로 쓰이는 '플리버(flivver)'라 칭하기도 했다. 사람들은 이 광고가 굉장히 정직하고 흥미롭다고 생각하면서, 마케터들이 수년간 주입했던 정체 모를 불안감을 공개적으로 표출하기 시작했다. '내가 사다리의 꼭대기에 오를 수 있을까? 오를 수 없다 한들 그게 대수랴?'

이 광고의 예상치 못한 성공에 힘입어 폭스바겐의 광고대행사 DDB는 자동차 업계의 결함 접근법에 대한 공격을 강화했다.

'능력 이하의 소비를 하세요.' 한 획기적인 광고에서는 이런 충고를 하기도 했다. 이 광고는 비틀의 투박한 디자인이 히틀러가 처음 비틀 생산을 의뢰했던 20년 전과 거의 달라지지 않았다는 점을 자축하였다.

이 광고는 끝없이 화제가 되었고, 50년이 지난 뒤에도 『애드에이지』 순위의 1위에 올라 20세기 최고의 광고로 널리 인식되고 있다. 모양도 괴상하고 잘 팔리지도 않던 비틀이 이 광고로 인해 반문화 혁명의 상징으로 거듭났다. 또한 모든 세대가 탁 트인 도로와 자유에 대한 새로운 해설과 의미를 발견하고, 새 스토리를 새 운전 의식으로 실천하게 되자, 꿈꾸던 교외 생활이 기대만큼 만족스럽지 못한 데서 생긴 신화 격차를 메울 수 있었다.

'작게 생각하세요'는 1960년대에 광고를 필두로 일어난 창조성 혁명의 주역이기도 하다. 그러나 광고가 성공한 원인은 색다른 창조성이나 여백의 미를 강조하는 광고 디자인 때문이 아니다. 폭스바겐이 들려준 새 스토리의 힘은 그 핵심 가치에서 나온다. 캐딜락이 지위와 부에 대한 욕구를 끝없이 부추길 때, 폭스바겐은 물질적 욕구를 절제하는 기쁨을 깨닫게 하는 한편 가식의 면전에서 진실을 이야기했기 때문이다.*

### 리얼뷰티(Real Beuty)

'작게 생각하세요' 광고가 획기적인 성공을 거두고 수십 년이 지난 뒤에, 유니레버(Unilever)의 브랜드 도브(Dove)는 다시 한 번 결합 마케팅에 전면 공격을 가했다. 도브가 2004년에 내놓은 새 광고는 자신의 외모에 만족하는 여성은 12퍼센트, 자신이 아름답다고 생각하는 여성은 2퍼센트에 불과하다는 한 연구 결과를 근거로 한다. 그 연구에 따르면 놀랍게도 15세에서 64세 사이의 모든 여성 중 2/3는 "외모에 자신이 없어 삶의 방향에 영향을 주는 중요한 활동을 하지 못한 적이 있다"고 응답했다. '삶의 방향에 영향을 주는 중요한 활동'에는 의견을 표시하는 것, 학교에 다니는 것, 심지어 병원에 가는 것 등이 포함된다. 과연 누구의 잘못일까? 응답자의 대다수는 실현 불가능한 이상적인 미를 찬미하는 메시지를 만들고 선전하는 미디어에 어느 정도 책임이 있다고 생각했다. 실제로 그런 생각을 조장하는 데 매년 수억 달러가 소비된다.

도브의 '리얼뷰티' 광고는 이러한 불안감을 양지로 끌고 나오면서 시작 초기부터 온라인에서 큰 반향을 일으켰다. '진화'라는 제목을 단 75초짜리 비디오는 평범하다 못해 초췌한 얼굴의 모델이 포토샵을 거친 후 완벽한 잡지 모델로 다시 태어나는 과정을 아무런 설명 없이 자세히 보여 준다. 이 광고는 그녀의 아름다움이 세안제나 수분 크림, 그 밖에 여성들이 지속적으로 사용해야 한다고 권고 받아 온 한 꾸러미나 될 미용 제품으로 인한 것이 아님을 밝힌다. 사람들은 이 아름다움이 디지털의 마법일 뿐이라는

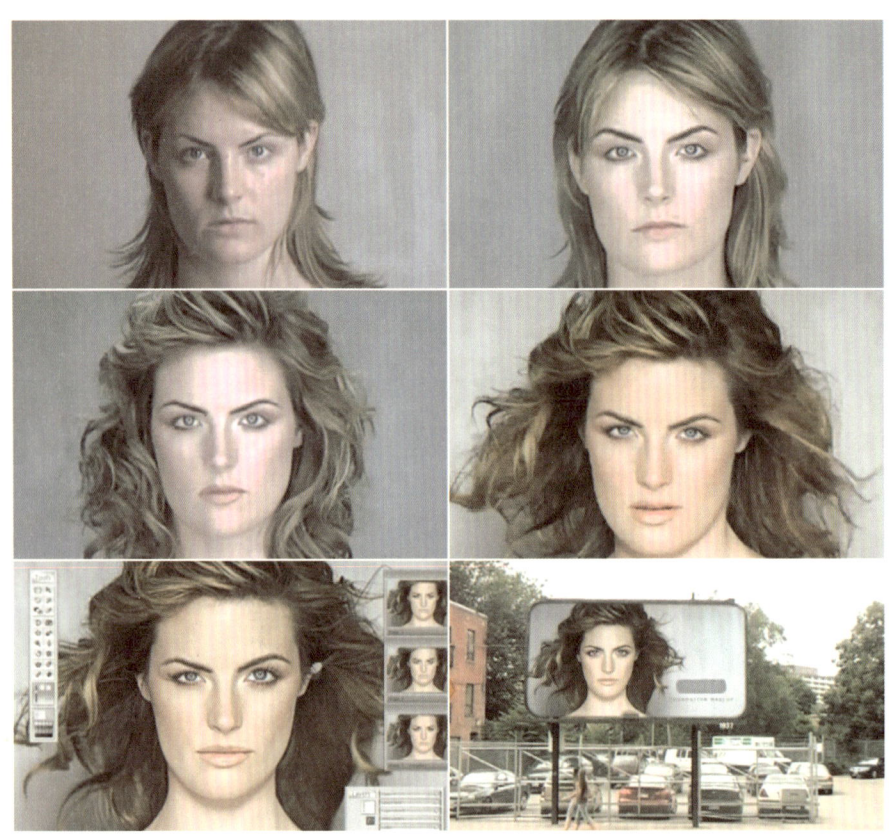

### 도브의 '진화' 광고

도브는 '리얼뷰티' 캠페인을 통해 사람들에게 '평범한 아름다움'이라는 가치를 전달하였다. 이 캠페인의 일환으로 제작된 '진화' 광고는 평범한 여성이 화장과 포토샵 작업을 통해 미인으로 변신하는 과정을 보여 주고, 동영상 말미에 "우리가 아름다움이라고 여기는 것은 왜곡된 것"이라는 문구를 넣음으로써 일반적인 미의식에 의문을 제기하였다.

사실을 알게 되었다. 불과 1분 남짓한 시간 동안 흑기술의 비밀이 밝혀지자 전 세계의 수백만 여성은 환호하면서 이 광고를 여러 친구에게 전송했다. 동영상은 낮 시간대에 TV에서 광고가 아닌 여러 정규 프로그램에서 방송되었다. 사람들에게 용기를 주는 스토리와 고차원적인 이상을 전달하면서 미디어계의 가장 막강한 거물로 떠오른 오프라 윈프리(Oprah Winfrey)도 한 주 동안 매일 '리얼뷰티' 광고를 방송했다. 비디오 제작자는 무료 미디어 채널을 통해 수천만 달러를 벌었다.

'작게 생각하세요'와 마찬가지로 '리얼뷰티' 캠페인은 표면적으로도 분명 흥미를 끌 만하다. 미용 광고에 평범한 외모의 여성들이 출연하여 완벽하지 않은 자신의 몸에 대해 아름답다고 느끼는 설정이 흔치 않기 때문이다. 한층 더 나아가 이상화된 아름다움은 거짓이며 참된 아름다움은 진실에서 온다는 스토리의 교훈과, 많은 여성이 결함 마케팅에 반대한다는 그 핵심 가치는 수많은 시청자의 공감을 얻은 동시에 그들에게 감동을 주었다. 도브는 이미 광고에서 이 교훈을 함축적으로 밝히고 있지만, 광고에 등장하는 모델들에게 도브 스토리의 가치와 핵심에 대해 명확히 이야기하게 함으로써 더욱 확실히 전하고 싶었던 것 같다. 모델 샤넬 루는 "이 광고에 출연하게 되어 기뻤어요. 자기만의 개성과 있는 그대로의 피부만으로도 누구나 아름답다는 걸 많은 젊은 여성들에게 깨닫게 해 주니까요"라고 말했다. 시그리드 서터라는 모델은 키츠(Keats)의 시를 인용하며 핵심에 더욱 접근했다. "진실한 것은 아름답다."

## 전략 2: 어린아이가 아닌 영웅에게 말한다

임파워먼트 마케팅의 두 번째 전략은 대중의 힘을 중시하는 것이다. 대중은 영웅으로, 브랜드나 조직은 영웅을 돕는 조력자로 설정한다.

### 용기(courage)

2008년 나이키의 '용기' 캠페인의 중심에는 순전히 의지와 인내만으로 커다란 역경을 극복한 여러 운동선수들의 웹사이트 갤러리가 있다. 그리고 이 갤러리의 중심에는 결함 마케팅의 모든 주장을 부인하는 60초 길이의 영상이 있다. 이 영상은 다음의 표제와 함께 시작된다. '모든 것을 가능케 하는 힘, 그것은 이미 네 안에 있다.' 이어서 킬러스(Killers)의 노래 「내가 저지른 이 모든 일들(All These Things That I Have Done)」의 후렴구 "내게도 영혼이 있지만 난 싸울 수 없어요(I got soul, but I'm not a soldier)"의 리듬에 따라 아름다운 자연과 천진난만한 아이들, 세계의 다양한 문화, 그리고 운동선수들의 힘겨운 도전과 성취 장면들이 스쳐 지나간다. 물론 마지막에는 '일단 도전해 봐(Just Do It)'라는 슬로건이 나타난다. 누구나 아는 이 짧은 문장은 시청자들에게 이 모든 성취에 대해 감탄만 할 것이 아니라 자신의 분야가 무엇이든 성취를 위해 노력하도록 권한다. '일단 도전해 봐'라는 문장은 의도적으로 무엇에 도전하라는 건지 밝히지 않아서 사람들은 여기에 개인적인 의미를 부여할 수 있다.

지난 20년간 출시된 수백 개의 '일단 도전해 봐' 광고는 나이키를 스포츠 용품 분야에서 상징적인 위치에 올려놓았다. '용기'는 그중 하나일 뿐이지만 내가 특히 이 광고를 강조하는 이유는 의미심장한 나이키 신화의 교

나이키의 '용기' 광고

나이키는 여러 운동선수의 모습을 역동적으로 담은 광고를 통해 사람들에게 실패를 두려워하지 않고, 자신만의 경기를 해 나간다면 성공할 수 있다는 메시지를 전달하여 큰 성공을 거두었다.

훈을 가장 명확히 밝히고 있기 때문이다. 이솝 우화 한 편을 연상시키는 '용기'의 교훈은 '모든 것을 가능케 하는 힘, 그것은 이미 네 안에 있다'라는 분명한 언어로 대중에게 전달된다. 이는 결함 마케팅과는 정반대의 감정을 불러일으키는 접근법이다.

임파워먼트 마케팅과 결함 마케팅이 어떻게 다른지는 머리로 이해하기보다는 가슴으로 느낄 수 있어야 한다. 소비자들도 그것을 몸소 느끼기 때문이다. 다음 방법을 써 보자. '용기' 광고를 본 다음, 욕망에 초점을 맞춘 전형적인 결함 광고인 킴 카다시안 출연의 2010년 스케처스(Skechers) 슈퍼볼 광고를 보라. 모든 것을 도와주는 신발 한 켤레 때문에 스타 선수가 자신의 트레이너를 버린다는 내용으로 다수의 선정적인 메시지가 뒤죽박죽 섞여 있다. 대중은 이 광고를 형편없는 실패작으로 평가했다. 이 두 가지 접근 방법이 당신에게 서로 반대 방향의 본능을 어떻게 직감적으로 유발하는지 느껴 보라. 하나는 잠재력을 깨우는 쪽으로, 하나는 그 반대 방향으로 이끈다.

또한 '용기'의 메시지는 희망 이상의 것을 선사한다. 전통적인 마케팅은 우리에게 대중이 쉽고 간편한 것만 높이 평가하고 어떤 경우에도 희생은 피하고 싶어 한다는 인식을 깊이 심어 주었다. 신발 한 켤레만 있으면 운동할 필요조차 없다는 광고가 그 적절한 예다. 심지어 기후 변화 활동가들의 최근 전략 보고서에서도 어려운 선택의 필요성과 그 선택을 위해 치러야 할 대가를 부각시키지 말라고 경고한다. 오히려 공익 마케터들에게 기후 변화 방지 활동이 개인에게 가져다 줄 이익과 손쉬운 실천 방안을 강조하라고 권고한다.

그러나 이는 위험하고 그릇된 가정이다. 사람들은 영웅다운 행동을 신뢰하기 마련이며, 크리스토퍼 보글러(Christopher Vogler)가 영화 속의 신화 구조에 대한 고전『신화, 영웅 그리고 시나리오 쓰기』에서 밝혔듯, "희생이란 영웅이 소중히 여기는 것을 내놓는 행위, 심지어 이상이나 공동체를 위해 자신의 목숨까지도 자발적으로 포기하는 행위를 의미한다".* 포스트모던 결함 접근법은 힘겹기만 한 영웅적인 행동에 대해 사람들이 흥미를 잃었다고 주장한다. 하지만 '일단 도전해 봐'는 성공으로 이어지는 고통과 실패를 끈질기게 조명하면서 이 주장에 반대한다.

우리의 마케팅 선배들이 '일단 도전해 봐' 광고에 대해 얼마나 납득할 수 있었을지 상상해 보라. 모든 것을 가능케 하는 힘이 우리 안에 있다면, 과연 브랜드가 끼어들 여지가 있겠는가? 1950년대였다면 광고 제작 감독이 '용기' 광고 시안을 가져온 신임 카피라이터를 비웃으며 그것을 곧장 휴지통에 던져 버렸을 것이다.

### 애플의 '1984'

이 광고의 세부 내용에 대해서는 이미 살펴보았지만, 임파워먼트 마케팅의 한 가지 사례로 다시 언급하려 한다. 우선 '1984'는 '일단 도전해 봐'와 마찬가지로 기업이 우리를 보살피고 우리에게 필요한 것을 줄 수 있다는 아이디어를 조롱한다. 거대한 스크린에 나타난 독재자의 웅얼대는 목소리는 IBM만을 상징한 것은 아니다. 당시에는 컴퓨터를 개인용이라 보기 어려웠으므로 대부분의 청중은 유일한 컴퓨터 제조업체인 IBM에 저항해야 할 필요성을 크게 인식하지 못했다. 이 스토리는 대중이 진정으로 맞서야 할 접근법을 구사하는 악당, 즉 소비 위주의 광고를 보여 주었기에 큰 공명을 일으킨 것이다. 조지 오웰은『1984년』에서 겉으로는 자유 국가인 것 같지

애플의 '1984' 광고. 망치를 든 여성이 나타나 독재자가 등장한 화면을 파괴한다는 내용의 광고는 단 한 번의 방송으로 사람들에게 큰 반향을 불러일으켰고, 애플이라는 브랜드를 확실하게 인식시켰다.

만 사회의 통제 수준은 갈수록 높아지는 세계에 대한 자신의 생각을 담았다. 애플은 IBM이 누리던 빅 브라더의 지위를 광고를 통해 쟁취하려고 한 것이 아니다. 오히려 애플은 자신을 반란자의 창조적인 도구로 제공한다.

표면적으로 이 광고는 디스토피아와 반란에 대한 익숙한 이야기를 잘 꾸민 것이다. 1950년대가 약속했던 기술 낙원의 미래가 환상에 불과하다는 깨달음에서 신화 격차가 생겨나던 시기였기에 매우 시의적절했다. 좀 더 깊이 들어가면, '창조적인 이단자가 세계를 지배한다'라는 흑기술과 크게 상반되는 교훈을 발견할 수 있다. 그 핵심에서는 자아실현과 창조성의 가치를 찾을 수 있다.

스티브 잡스가 사망 전에 전기 작가에게 말했듯, "[애플 제품을] 사는 사람들은 다르게 생각한다. 그들은 창조적인 영혼이며, 세상을 바꾸려 애쓰는 주역들이다. 우리는 이런 사람들을 위한 도구를 개발한다."*

## 전략 3: 소비자가 아닌 시민에게 호소한다

임파워먼트 마케팅의 마지막 전략은 이렇게 요약할 수 있다. '무기력한 소비자보다는 영감을 받은 시민이 훌륭한 브랜드 전도사가 된다.'

### 우리는 할 수 있습니다(Yes We Can)

이메일 수신함을 가득 채운 수백 개의 메시지에 눈물 자국이 보이는 듯했다.* 친구, 동료, 할아버지 등 거의 잊고 있던 사람들이 내게 이메일을 보냈다. 잠시 동안 나는 같은 사람이 스팸 메일을 쏘아 보낸 것이 아닌지 의심했다. 그러나 자신만의 진심어린 고백을 담은 메일은 조금씩 내용은 다르지만, 모두 '당신에게도 이 이야기를 들려주고 싶어요'라는 동일한 주제를 담고 있었다. 링크를 클릭하자 바로 유튜브에 연결되었다.

> "그것은 국가의 운명을 선포한 독립선언문에 쓰여 있던 신념이었습니다. 우리는 할 수 있습니다."

블랙 아이드 피스(Black Eyed Peas)의 리더 윌아이엠(will.i.am)은 비록 얼마 전 뉴햄프셔 예비 선거에서 패배했지만 세상을 놀라게 한 대통령 후보의 전설적인 연설을 노래로 표현했다.

> "우리는 할 수 있습니다. 정의와 평등을 위해. 우리는 할 수 있습니다. 기회와 번영을 위해. 우리는 이 나라를 치유할 수 있습니다. 우리는 세계를 개선할 수 있습니다. 우리는 할 수 있습니다. 우리는 할 수 있습니다."

**윌아이엠의 「Yes, We can」**

오바마의 연설을 바탕으로 한 뮤직 비디오는 유튜브에서 수천만 건의 조회 수를 기록하며 오바마의 대통령 당선에 큰 공헌을 했다.

스칼릿 조핸슨(Scarlett Johansson), 카림 압둘 자바(Kareem Abdul-Jabar), 존 레전드(John Legend)는 모두 오바마의 승복 연설을 따라 노래하고 소리쳤다. 소비자에게 하는 연설이 아니라 시민이 되기 위해 우리가 함께 할 수 있는 것들을 알려 주는, 희망을 약속하는 연설이었다.

"우리 앞에 험난한 전투가 기다리고 있지만, 언제나 명심해야 합니다. 어떤 장애물이 가로막더라도 변화를 요구하는 수백만 명의 힘을 막아설 수는 없습니다."

'우리는 할 수 있습니다' 캠페인은 디지털 시대와 가장 어울리는 표현법이다. 그 가사의 내용을 연설한 후보자에 대해서는 알지도 못한 채 탄생한 합작품이다. 이는 한 나라를 움직일 만큼 강력한 힘을 지닌 스토리의 재해석이자 새로운 표현이었다. 하지만 온라인에서 수천만 명이 시청하지 않았다면 선거에서 패배한 지 하루 만에 완전히 잊혔을지도 모른다. 그것은 TV 광고 영상이라 하기엔 너무 길고 파격적이었으며, 공식적인 선거 운동 영상이라 하기엔 너무 대담했지만, 매우 흥미로웠기 때문에 널리 퍼져 나갈 수 있었다. 윌아이엠은 디지털 시대의 첫 번째 정치적 걸작을 만든 인물로 기억되었다.

"우리는 결코 해낼 수 없다는 냉소적인 합창을 들어 왔습니다. 그 목소리는 더 커지고 더 귀에 거슬릴 것입니다. 우리는 현실을 깨닫고 그만 멈추라는 요구를 받아 왔습니다. 우리는 사람들에게 헛된 희망을 주지 말라는 경고를 받아 왔습니다. 그러나 미국이라는 불가능해 보이던 이야기

속에, 헛된 희망이란 없었습니다. (……) 우리는 미국 역사의 위대한 다음 장을 시작할 것입니다. 태평양에서 대서양까지, 동해안에서 서해안까지 울려 퍼질 이 한마디와 함께 — 우리는 할 수 있습니다."

이 광고로 윌아이엠은 에미 상[1]을 수상했고, 인터넷이 음악 산업에 가져온 거대한 변화를 적극 이용한 인물로 명성을 떨쳤다. 물론 윌아이엠이 디지토럴을 잘 이해하고 있었다는 사실만으로 모든 것을 설명할 수는 없다. 진정한 마법은 '우리는 할 수 있습니다'가 창출한 스토리에서 시작되었고, 그 스토리는 진실을 말한 후보자 버락 오바마와 함께 시작되었다. 여기서 말하는 진실은 정치적 영역에 속하는 표면적 진실이 아니다. 버락 오바마는 진실된 인간의 본질에 대해 말했고, 스토리 전쟁의 승리로 인해 선거에서도 승리할 수 있었다.

오바마는 흑기술 정치에 지친 미국에 진실의 무대를 세웠다. 9/11 사건은 그 시대 가장 강력한 내러티브를 창출했고, 이 내러티브는 오바마 이전의 대통령이 들려준 스토리와 완전히 맞아떨어졌다. 이 비극적인 테러 사건이 일어나기 전에 조지 W. 부시는 이렇게 경고했다. "지금 우리는 테러와 미치광이, 미사일이 활개 치는 세상에 살고 있습니다." 이는 불길한 목소리였고, 한동안은 나라를 움직이는 충분한 설명과 구실로 작용하기도 했다. 하지만 오래 갈 수는 없었다.

경제 붕괴의 그림자는 사라질 줄 몰랐고, 두 차례의 전쟁마저 발발하자 곳곳에 불안감이 만연했다. 하지만 오바마는 여기에 '우리는 할 수 있습니

---

[1] Emmy. 미국에서 매년 장르별 우수 TV 프로그램에 수여하는 상.

다'로 답했다.

이 한마디에는 결함 마케팅을 완전히 전복시키는 캠페인이 숨어 있다. 오바마는 연설에서 두려움을 이길 찬란한 낙관주의와 이기적인 탐욕을 극복할 사회적 희생, 기존의 편의주의식 해결 방식을 뛰어넘을 시민 참여를 언급했다. 만약 오바마가 국민을 야단치고 지도해야 할 수동적인 어린아이로 취급했다면, 내 소셜 네트워크에 속한 이들이 감동의 눈물을 흘리는 일은 절대 없었을 것이다. 오바마는 성숙한 사회와 역경 극복을 위한 우리의 무한한 능력을 강조하는 메시지로 감성을 자극했다.

오바마의 스토리는 디지토럴 환경에서 널리 퍼져 나갈 수 있었다. 사람들은 우리가 할 수 있다는 것을 믿고, 기꺼이 메시지의 전도사가 되었다. 오바마는 이 캠페인으로 온라인에서 5억 달러 이상을 모금하더니, 모든 예상을 뒤엎고 미국의 대통령으로 당선되었다.\*

일반적으로 오바마의 선거 운동은 브랜드 자체보다는 최신 온라인 도구를 성공적으로 활용했다는 점에서 가장 높이 평가받았다. 그러나 이 둘은 서로 별개가 아니다. 오바마는 선거 운동에서 페이스북 신동 크리스 휴스(Chris Hughes)를 채용하여 온라인 분야를 담당하게 했고, 위젯(widget)[2]과 링톤(ringtone)[3]의 마법을 그 누구보다 일찍 간파했다. 그러나 도구만으로는 감명을 줄 수 없다. 그것은 '진정성'만이 할 수 있는 일이다.

오바마의 선거 운동과 선거 운동에서 소셜 미디어가 어떻게 이용되는지에 대해 연구한 제프 굴라티(Jeff Gulati) 교수는 다음과 같이 말했다. "온

---

[2] 컴퓨터나 모바일에서 웹브라우저 없이 독립적으로 구동되는 소형 어플리케이션.
[3] 음원을 벨소리로 변환한 파일. 오바마는 선거 운동을 하면서 자신의 농담이나 연설의 일부, 자신이 직접 부른 노래 등을 링톤으로 제작하여 배포하였다.

라인의 세계에서는 진정성이 없다는 사실을 밝혀 내기가 훨씬 쉽습니다. 오프라인 세계에서 감명을 주지 못하면, 온라인의 세계에서도 마찬가지입니다."*

메시지를 널리 퍼뜨리는 데는 도구들이 큰 역할을 했지만, 온라인에서 오바마에게 승리를 안겨 준 것은 메시지 그 자체였다. 그의 메시지는 매우 간단했다. 그는 슈퍼화요일4에 지지자들에게 연설했다. "남이 바꾸길 기다리면 절대 바뀌지 않습니다. 다음번을 기다려도 마찬가지입니다. (……) 미래의 희망은 바로 우리 자신입니다." 성실과 성숙, 공동체에의 헌신을 독려하는 강력한 메시지였다. 결함 마케팅에 대한 정면 공격이기도 했다.

그렇다면 오바마의 메시지에 대한 대중의 반응은 어땠을까? 윌아이엠의 뮤직 비디오처럼 전문가가 만든 걸작부터 개인이나 소규모 집단의 작품, 또는 팬사이트에 이르기까지 매우 다양한 표현물이 만들어졌다. 이 모두를 최신 기술에 대한 오바마의 지식 덕분이라 설명해야 할까, 아니면 시민에게 힘을 주는 긍정적인 메시지의 힘으로 보아야 할까? 오바마의 디지토럴 방식의 승리는 임파워먼트 마케팅이라는 더 큰 패턴의 일부이다. 임파워먼트를 목적으로 하는 브랜드는 대중의 힘과 견해에 대해 존중을 표시하기 위한 새로운 채널을 찾고 이에 투자하려는 경향이 있다. 대중들도 물론 이에 적극적으로 반응한다.

오바마의 선거 캠페인은 지지자들의 성숙함과 현명함을 믿고 그들에게 캠페인의 지배권을 넘겼다. 선거 운동 사이트인 마이버락오바마닷컴(Mybarackobama.com)에서는 열정적인 시민들이 누구든 의견을 남길 수 있

---

4 미국 대통령 선거 과정에서 대의원을 가장 많이 선출하여 대통령 후보자를 실제로 결정짓는 날.

도록 문을 열어 놓고, 모두가 볼 수 있도록 정책 과제를 게시하였으며, 바람직한 방식으로 기금을 모금하면서 놀라운 성공을 거두었다. 결국 영감을 얻은 시민들은 훌륭한 소비자일 뿐 아니라 훌륭한 파트너도 될 수 있음이 증명되었다.

### 물건 이야기

애니 레너드의 유명한 온라인 캠페인에 대해서는 제1장에서 자세히 살펴보았지만, 임파워먼트 마케팅의 특성을 이해하기 위해 이 캠페인에서 주목해야 할 사실이 한 가지 더 있다. 이 역시 어린아이가 아닌 시민에게 말하는 전략과 관련이 있다.

레너드가 자신의 프로젝트를 갖고 우리 스튜디오를 찾은 후, 첫 번째 아이디어 회의 때 우리는 결함 마케팅식의 몇 가지 의견을 내놓았다. 우리는 한 시간이나 되는 그녀의 프리젠테이션을 즐겁게 감상했지만 자신의 이야기를 20분짜리의 인터넷용으로 압축하겠다는 그녀의 계획을 들었을 때 한편으론 조금 회의적인 생각이 들었다. "사람들은 그렇게 오래 생각하려 하지 않아요. 기껏해야 5분 정도밖에 듣지 않을 거예요."

그 작품의 대상에 대한 얘기가 나오자 루이스는 세상 모든 사람들이 그 메시지에 귀를 기울일 거라고 생각했지만, 그를 제외한 나머지 모두는 그다지 멀리 전달되지 못할 거라고 예상했다. 그렇다, 레너드는 이야기가 비전문가에게도 전달되려면 단순하게 말해야 한다는 사실을 이미 터득했다. 그녀의 발표가 훌륭했던 이유는 그 때문이었다. 하지만 그녀는 프리젠테이션이 바보도 이해할 정도로 깊이가 없어서는 안 된다는 입장을 고수했다. 물건의 생산과 소비 시스템이 복잡한 다층 구조를 이루고 있기 때문에, 설사 시청자의 범위가 좁아진다 해도 애니메이션을 지나치게 단순화할 수는 없었다. 물건 위기는 쉽게 극복할 수 있는 문제가 아니기 때문에 '우리가 실천할 수 있는 10가지' 같은 간단한 해결 방법도 제시할 수 없다. 우리는 복잡한 문제를 이해하는 데 있어서는 시청자가 일반 성인 수준의 주의 지속 시간과 관심을 갖는다고 가정하고, 그에 맞게 대우하기로 했다. 우리는 문제가 마우스 클릭 한 번으로는 해결할 수 없는 심각한 상태라는 점을 조명했다. 그렇다면 여러 사람의 지속적인 실천만이 유일한 해결책이 될 수 있다는 뜻이다.

처음에 우리는 이런 프로젝트에 관심을 가질 만큼 성숙한 시민이 과연 인터넷에 얼마나 있을지에 대해 깊은 의구심을 가졌다. 그게 2007년의 일이다. 그 후 1천5백만 명이 이 영상을 시청한 이후에야 나는 생각을 바꾸었다. 무미건조한 사실만을 성실히 열거하고 재미를 무시하는 캠페인을 만들어야 한다는 뜻은 아니다. 하지만 메시지를 바보들의 지적 수준에 맞출 필요는 없다. 앞으로 살펴보겠지만 임파워먼트 마케팅은 깊이와 뉘앙스를 손상하지 않고도 사람들에게 다가갈 수 있는 방법들을 충분히 제시한다.

우리가 앞서 살펴본 두 캠페인은 모두 스토리 전쟁의 초기부터 마케터들이 해 온 것처럼 새로운 신화를 창조하였다. 이들 캠페인은 지위, 아름다움, 정치적 참여, 재산 등 모든 대상에 대한 낡은 해설이 더 이상 통하지 않는 지점을 찾아냈다. 격차가 생긴 곳에 새로운 해설과 의미의 가능성을 제시했고, 이러한 새 스토리를 실행할 새 의식을 제공했다. 인터넷을 통한 상호 작용, 적극적인 캠페인 참여, 값진 성취를 위한 힘겨운 도전이 바로 그 의식이다. 이러한 캠페인을 만든다면 흑기술을 쓰는 동료들보다 한걸음 앞으로 나아갈 수 있다. 고차원적 가치에 호소하는 한편, 진실을 찾고 도전을 받아들이며 복잡함을 이해하려는 대중의 열망을 신뢰함으로써 이러한 임파워먼트 마케팅 스토리는 상징적인 지위를 획득하는 동시에 역사상 가장 성공적인 캠페인을 창조했다.

## 프로이트에 대한 매슬로의 대답: 임파워먼트 마케팅의 기반

이 시점에서 우리의 여정은 새로운 국면에 접어들었다. 우리는 결함 마케팅이 프로이트의 이론을 근거로 한다는 사실을 알게 되었다. 스토리 전쟁에 참가한 우리는 적을 잘 이해하게 된 것이다.

우리는 또한 작지만 성공적인 저항의 움직임도 발견할 수 있었다. 흑기술의 여러 가정과 상반되는 아이코닉 캠페인들이 눈에 띄게 나타났다. 디지털 시대와 우리의 양심은 이 정도로는 부족하다고 말하지만, 이러한 캠페인을 더 많이 산출하기 위해 어떻게 해야 할지 정확히 알 수 없다.

이전의 임파워먼트 마케팅에서 효과를 발휘했던 요소를 단순히 베끼기만 해도 충분할까? 아니면 우리의 본능을 믿고 우리가 생래적으로 숭고한 가치라고 느끼는 가치들로 결함 마케팅을 대체해야 할까? 만약 우리가 사람들을 성숙하게 하는 신화를 창조해야 한다는 캠벨의 소명을 받아들이고 싶다면 '성장하는 것'과 그렇지 못하는 것을 어떻게 판단하고, '성숙'을 어떻게 정의할 것인가? 이에 대한 논리적인 이론 없이는 고리타분하고 도덕만을 강요하며 지나치게 안이한 마케팅 캠페인, 즉 전형적인 사회적 의식(意識)에 집착하는 마케팅을 만들 위험이 있다.

나도 한때 이와 같은 난관에 봉착한 적이 있다. 나는 지금까지 살면서 만난 사람들이 공통적으로 지닌 숭고한 가치를 내 스토리에 담으려 애썼다. "인간 사이의 애정과 사랑의 저변에는 모두 증오라는 감정이 깔려 있다"는 프로이트의 말은 나의 경험에 부합하지 않았고, 나는 사람들이 왜 숭고한 가치에 더 이끌리는지를 설명하기 위한 모델이 필요했다. 나이키, 애플, 오바마, 레너드의 성공이 요행이 아님을 증명해야 했기 때문이다.

그러던 차에 에이브러햄 매슬로의 글을 접하게 되었다. 한때 그는 심리학계의 불경스런 이단아였으나 미국 심리학회(American Psychological Association) 회장이 되면서 마침내 최고의 권위자로 부상하였다. 1940년대에 매슬로는 프로이트처럼 인간의 본성을 이해하여, 사람들이 전쟁의 재발에 대한 공포를 극복할 수 있도록 도움을 주고 싶었다. 그러나 연구와 현장 조사를 진행할수록 그는 엄격한 프로이트식 세계관의 한계를 깊이 인식하게 되었다.

프로이트에 대한 믿음이 흔들리기 시작한 것은 캐나다 앨버타에서 원주민 블랙풋(Blackfoot)족과 함께 생활할 때였다. 매슬로는 자신이 연구하던 8백 명 규모의 집단에서 지난 15년 동안 공개적인 주먹다짐은 다섯 번밖에 없었다고 보고했다. 블랙풋족과 생활하는 동안 매슬로는 단 한 순간도 그들의 적개심을 느낀 적이 없으며, 그들이 백인 사회에서 흔히 볼 수 있는 공격성을 크게 두려워한다는 사실을 발견했다. 인간의 타고난 본성이라고 인식되었던 어둡고 폭력적인 성향이 이 소규모 부족에서는 나타나지 않았던 것이다. 이 경험을 통해 매슬로는 백인 사회의 문제가 인간의 도덕적 결함에서 오는 것이 아니라, 그와 정반대 방향에서 발생한다는 생각을 하게 되었다. 그는 이렇게 적고 있다. "나는 인간이 전쟁과 편견, 증오보다는 훨씬 위대한 일을 할 수 있음을 증명하고 싶었다."*

　매슬로는 단순하지만 지금껏 간과되어 온 사실을 지적하면서 심리학계의 통설을 공격하기 시작했다. 프로이트는 기본적으로 자신의 환자를 관찰하여 이론을 정립했으며, 그의 환자들은 모두 정신적으로 건강하지 못했다는 것이다. "정신 이상, 신경증, 사이코패스, 범죄 성향, 반사회성, 정신박약 증세를 가진 사람은 인간에 대한 희망이 점점 줄어들 수밖에 없다. 정신 불구자, 발달장애자, 미성숙한 사람 등 불건전한 표본만을 연구하면 타인에 대한 기대가 줄어들어 기형적 심리학과 기형적 철학을 낳게 되는 것은 당연하다."*

　모두가 이상 심리 소유자를 연구할 때 매슬로는 누구도 시도하지 않았던 건강하고 성숙하며 삶의 만족을 찾고 잠재 능력을 발휘하고자 하는 자아실현형 인간에 대한 연구를 시작했다. 매슬로는 당시에 살아 있거나 이미 사망한 인물들의 심리를 분석하여 패턴을 찾고자 했다. 그들 중에는 그의 스승과 학생들을 포함하여 존 키츠,[5] 랠프 왈도 에머슨,[6] 아이다 타벨,[7] 프레더릭 더글라스,[8] 해리엇 터브먼,[9] 조지 워싱턴, 존 뮤어[10] 등 수천 명의 인물이 포함된다.

　그의 동시대 학자들이 다양한 신경증에 대한 매우 구체적인 증상을 찾아낸 것처럼, 매슬로는 건전한 성숙의 일반적인 특성을 밝혔다. 매슬로와 그의 동료들이 자아실현에 대하여 지나치게 높은 기준을 설정하는 바람

---

[5] John Keats. 18세기 영국의 낭만주의 시인.
[6] Ralph Waldo Emerson. 미국의 사상가 겸 시인.
[7] Ida Tarbell. 미국의 교사이자 저널리스트.
[8] Frederick Douglass. 미국의 흑인 노예해방 운동가.
[9] Harriet Tubman. 미국의 흑인 노예해방 운동가.
[10] John Muir. 미국의 작가이자 자연주의자로 미국의 가장 영향력 있는 자연보호 단체인 시에라 클럽(Sierra Club)의 설립자.

에 이 최후의 목표에 도달한 사람을 찾아내기가 쉽지 않아 초기 연구는 어려움을 겪기도 했다. 하지만 그러한 특별한 인물을 찾아내는 것보다 훨씬 유용한 발견은 대부분의 사람이 보편적으로 자아실현이라는 목표로 나아가려는 욕구를 지니고 있다는 사실이었다. 그는 자아실현에 대해 '모든 인간이 추구하는 원대한 목표'라고 정의했다.*

매슬로의 세계에 따르면, 인간의 욕구는 생존에 필수적인 음식, 주거지, 섹스라는 요소에 한정되지 않는다. 이러한 욕구가 충족되는 순간, (추가 연구에 따르면 충족되지 못하는 경우에도) '고차원적' 욕구가 모습을 드러낸다. 굶어 죽어가는 사람은 음식에 대한 욕구만을 느끼지만 일단 배를 채우고 나면, 안전과 거주에 대한 욕구를 느끼기 시작한다. 또한 안전에 대한 욕구가 충족된 후에는 집단에 소속되고 동료들로부터 존경을 받으려는 욕구에 따라 행동하게 된다는 식이다. 매슬로의 견해에 따르면 신경증은 프로이트의 가정대로 이드(id)의 공격적인 충동을 억압하는 데서 생기는 것이 아니다. 자아실현에 대한 욕구를 억압할 경우에도 신경증은 쉽게 발생한다. 그는 우리 모두가 일생동안 성숙으로 향하는 여정에 있다고 가르쳤다. 결국 성숙에 이르지 못하는 경우도 있겠지만, 적어도 우리 안에는 성숙에 도달하기 위해 노력하지 않고는 못 배기는 성향이 존재한다.

매슬로는 자신이 발견한 보편적인 욕구를 단계로 정리했다. 이 이론은 오랜 세월에 걸쳐 크게 발전했고, 그 해석 방법도 수십 가지에 이르지만 본질적으로는 다음에 소개하는 '에이브러햄 매슬로의 욕구의 단계'에 제시된 도식에서 크게 벗어나지 않는다. '단계'라는 말은 어떤 가치가 다른 가치보다 우위에 있거나 중요하다는 인상을 줄 수 있지만, 사실은 그렇지 않다는 점에 유념할 필요가 있다. 매슬로는 이들 욕구가 모두 인간의 성취에 필

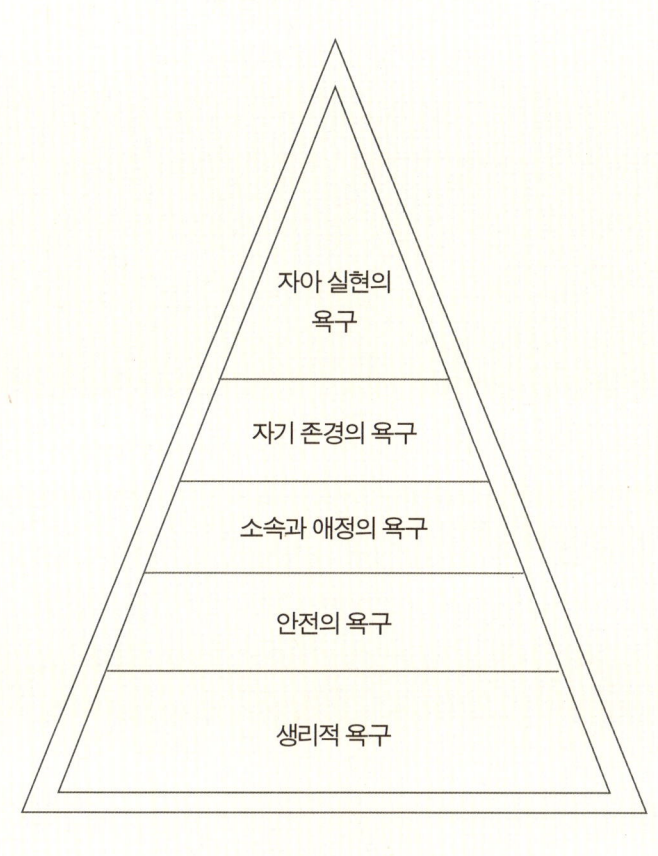

에이브러햄 매슬로의 욕구의 단계

수적이라 생각했다.

　피라미드의 가장 아래에는 '기본 욕구'가 있다. 인간의 신체에서 시작되는 욕구이므로 이를 거부하면 생존할 수 없다. '하위' 욕구 그룹의 가장 위에는 자기 존경의 욕구가 있다. 매슬로는 낮은 단계의 네 가지 욕구를 '결핍 욕구(deficiency needs)'라고 불렀다. 이 욕구들이 충족되지 않으면, 인간은 불안감과 결함을 느끼기 때문이다. 바로 결함 마케터들이 즐겨 공략하는 욕구들이다.

　결핍 욕구가 거의 충족되면 우리는 심리적 성숙을 추구하기 위한 기반을 얻은 셈이다. 이제는 매슬로가 '성장 욕구'라고 이름 붙인 고차원적인 욕구를 추구할 수 있다. 사람들이 어리석은 편견에 의문을 품고 사회 문제에 관심을 갖는 단계이다. 이기적인 소비자가 성숙한 시민이 되는 단계이기도 하다. 매슬로는 이러한 욕구의 목적은 무언가를 소유하는 것이 아닌 이상을 실현하는 데 있다는 점을 강조하기 위해 이들을 '존재 욕구(beeing needs)'라고 불렀다. 이런 측면에서 존재의 욕구는 개인적인 목적과 소유에 국한되는 결핍 욕구와 크게 다르다.

　우리가 마케팅 신화의 근거로 삼아야 할 다양하고 흥미진진한 보편적 가치가 모두 이 피라미드 안에 있다. 사람들이 고차원적인 욕구를 실현하려고 노력한다는 사실을 이해했다면, 지금까지 살펴본 임파워먼트 마케팅의 성공 이유도 여기서 찾을 수 있다.

　매슬로는 성장 욕구를 몇 가지 단어로 요약했다. 임파워먼트 마케팅 캠페인을 이해하고 형성하는 데 유용하게 활용하기 위해 그중 가장 의미 있는 단어 몇 가지를 설명하고자 한다. 사람들은 성욕, 사회적 지위, 안락을 뛰어넘어 정의, 진실, 완전, 아름다움, 재미 등의 욕구에도 이끌린다.

　매슬로의 단계 이론을 이해하게 된 순간, 나는 결함 마케팅을 대체할 만한 강력한 이론적 기초를 찾아냈다고 생각했다. 매슬로가 그랬듯이 이러한 욕구를 '가치'로 본다면, 우리는 힘돋우기 스토리텔링 전략의 핵심 가치를 선택하는 새로운 방법을 얻게 된 셈이다.

## 전설적인 캠페인의 핵심 가치들

위에서 소개한 다양한 가치를 이용하여, 지금까지 살펴본 마케팅 신화 중 몇 가지의 구조를 분석하고 중심에 숨어 있는 가치를 파헤쳐 보자. 〈표 5-1〉에서 우리가 알아 낸 사실을 정리하였다. 이 분석이 캠페인의 외적인 결과물로부터 핵심에 깊이 새겨진 가치를 추정하는 반대 방향의 분석이라는 점을 유념하자. 각 캠페인에 대해 당신이 생각하는 가치는 이 표와 다를 수 있겠지만, 일단 이 표에서 정리된 대로 각 캠페인의 가치를 매슬로의 욕구의 단계 표에 배치해 보자. 여기서 무엇을 알 수 있는가? 첫째로 임파워먼트 마케팅 스토리들이 피라미드의 꼭대기에 집중되는 경향을 보인 반면, 결함 마케팅 스토리들은 피라미드 아래쪽의 결핍 욕구 쪽으로 모인 것을 볼 수 있다. 두 전략이 어떤 식으로 작용하는지 되새겨 보면 충분히 납득할 수 있는 일이다.

알다시피 결함 마케팅은 불안감 조성으로 시작한다. 그러다가 불안감이 충족되지 못하면 마치 막아야 할 구멍이 생긴 것처럼 위험하고 안전하지 못하다고 느끼게 만드는 욕구를 자극하면서 끝난다. 매슬로의 설명대로, 이러한 불안감은 낮은 수준의 결핍 욕구가 위협을 받을 때 생긴다. 이미 준비된, 소모적인 해결책이 확실히 제시되는 곳도 바로 이 부분이다. 마케터는 심리적 욕구를 실제로 충족시킬 수 있고(일시적이지만 리스테린은 확실

〈표 5-1〉

| 캠페인 | 스토리의 교훈 | 핵심 욕구나 가치 |
|---|---|---|
| 리스테린 | 구취가 있으면 환영받지 못한다. | 안전, 성욕, 자긍심 |
| 캐딜락 | 차가 당신을 말한다. 그러니 최고의 차를 타야 한다. | 타인의 존경 |
| 데이지(존슨) | 존슨에게 투표하지 않으면 당신과 자녀들은 안전하지 못할 것이다. | 안전 |
| 와퍼 공황 상태, 그루폰, 케네스 콜 | 세상에 우리 상품보다 중요한 것은 없다. | 소비를 제외한 모든 가치를 부인 |
| 눈물 흘리는 인디언 | 쓰레기를 휴지통에 버리면 과거의 잘못을 바로잡을 수 있다 | 통합, 정의 |
| 리얼뷰티(도브) | 진실은 아름다우며, 모든 사람이 아름답다는 것이 진실이다. | 진실, 아름다움 |
| 용기(나이키) | 필요한 모든 것은 당신 안에 있다. 노력하면 이룰 수 있다. | 통합, 완전 |
| 1984(애플) | 창조적인 이단자가 세상을 지배한다. | 독특성 |
| 오바마의 2008년 선거 운동 | 모두 힘을 합쳐 노력하면 우리에게 닥친 문제를 해결할 수 있다. | 통합, 완전 |
| 물건 이야기 | 복잡하지만 제 기능을 하지 못하는 시스템을 이해해야 하며, 당신의 노력을 통해 그것을 바로잡을 수 있다. | 풍요, 명확성, 통합 |

히 입냄새를 치료할 수 있다), 안전과 사랑, 존중을 마법처럼 가져다 주겠다고 약속할 수도 있다. 신화의 렌즈가 결함 스토리에 적용되면, 메시지 이면의 브랜드나 회사는 소비자들에게 상품이든 지지해야 할 대의든 필요한 치료약을 제공하면서 영웅이 되곤 한다. 반면 대중은 불안의 고통에 몸부림치게 된다.

매슬로는 쇼핑을 통해 타고난 공격성을 해소하면 사회에 훌륭하게 적응한 것으로 인식하는 이 방식과 시민을 소비자로만 취급하는 개념에 대해 개탄했다. 사실 매슬로는 많은 사람들이 고차원적인 목적에 헌신하는 대신 기본적 욕구에만 집중하는 이유는 사회가 끊임없이 낮은 차원의 불안을 자극하기 때문이라고 믿었다. "두려움과 불안을 고조시키면 퇴행과 성장 사이의 역동적인 균형이 무너져, 성장으로 나아가지 못하고 다시 퇴행하게 된다."*

사실 프로이드가 전적으로 틀린 것은 아니다. 두려움과 불안은 강력한 감정이며, 흑기술이 그렇게도 성행하는 근거가 되기도 했다. 하지만 결핍의 상태에 처한 사람에게도 자아실현에 대한 욕구가 있다.

반면 임파워먼트 마케팅 캠페인은 많은 사람들이 실제로 이르지는 못해도 성장하기 위해 노력한다고 여기고, 그에 따른 '성장(존재) 욕구'의 힘을 믿는다. 마케터는 대중들을 스토리의 떠오르는 영웅으로 인식하도록 도와야 한다. 모든 것을 가능케 하는 힘은 이미 당신 안에 있다는 이야기는 브랜드가 당신의 잠재 능력을 발현하는 여정을 도울 수 있다는 의미다. 물론 나이키가 아무런 이득을 취할 생각도 없이 완전히 순수한 목적으로 '운동화가 당신을 영웅으로 만들 수 있다'고 주장한다는 뜻은 아니다. 하지만 임파워먼트 마케팅의 핵심 전략은 마법 같은 성취가 아닌, 가치와 영감에 중점을 둔다. 임파워먼트 마케터들은 결핍 욕구를 충족시켜 주겠다고 제안하는 대신 무작정 소비만 강조하는 미디어 환경에서는 매우 드문 성장 가치 중심의 스토리를 만든다. 임파워먼트 마케터들은 대부분의 사람이 이러한 고차원적인 이상 중 최소 한 가지를 추구한다는 점을 잘 알고 있으므로, 대중들이 이상을 새롭게 추구하거나 강화하도록 자극하여 다음의 가치를 표현한다. '거짓을 간파하라. 자신의 능력을 깨달아라. 과거의 잘못은 극복하라. 복잡성의 바다로 뛰어들어라.'

기본적인 욕구를 충족하는 것 말고도 인생에서 추구해야 할 것이 얼마든지 있다는 사실을 상기시켜 대중에게 자극을 주는 전략은 분명 효과가 있다. 케네스 콜의 경우를 생각해 보자. 마케터가 심오한 진실을 이야기하고 자신과 심원한 가치를 공유한다고 믿으면, 메시지 수신자는 행복을 느끼게 된다. 수신자는 메시지를 다시 퍼뜨리게 되고 메시지는 그 과정에서 힘과 견인력을 얻는다. 마케터의 친구가 된 수신자들은 메시지를 불필요한 간섭으로 여기지 않는다. 오히려 마케터가 숭고한 목적을 일깨워 준 것에 대해 감사한다. 또한 메시지 전달 과정에 속한 모든 사람들은 메시지가 제안하는 의식에 마음을 열게 된다. 반문화 히피들이 폭스바겐의 열렬한 지지자가 되며, 운동선수들은 나이키에 열광하게 된다. 유권자들은 오바마를 진심으로 사랑하게 되며, 교사들은 해고의 위협에도 굴하지 않고 수천 개의 교실에서 「물건 이야기」를 방영한다. 또한 이 모든 사람들은 브랜드를 널리 전파하여 더 많은 사람을 동참하게 했다.

다음으로 나아가기 전에, 지금 당신이 마케터라면 누구나 그러하듯 위험한 영역에 발을 들였음을 인식하자. 임파워먼트 마케팅이라고 해도 완전히 긍정적인 목적만 가진 것은 아니며, 흑기술과 힘돋우기 요소를 동시에 갖고 있는 캠페인을 어떻게 보아야 할지도 쉬운 문제가 아니다.

에드워드 버네이스의 '자유의 횃불' 광고를 생각해 보자. 흡연이라는 의식을 여성의 참정권 확보라는 숭고한 목적에 결합한 점을 못마땅하게 여길 수 있다. 또한 버네이스가 여성들에게 남성들이 소유한 무언가가 결핍되었음을 상기시키려 한 점에서 광고가 결함 마케팅에 기반하고 있다는 사실도 떠올릴 수 있다. 그러나 이 광고가 정의와 완전 같은 성장의 가치를 부각시켰다는 점도 부인할 수 없는 사실이다. 분명 숭고한 언어와 기만적인 의도 사이에서 아슬아슬한 줄타기를 하는 광고도 있다. 이러한 경우 고차원적 가치의 존재는 대중에게 선물이라기보다 올가미에 가깝다. 임파워먼트 마케팅의 원칙도 스토리 전쟁에서 남용될 수 있는가? 분명히 그러하다. 앞에서 강조한 브랜드 중에도 이를 남용한 사례가 있는가? 물론이다. 그러나 앞으로 살펴보겠지만 그 어느 때보다 투명한 디지토럴 환경에서는 거짓을 가리기 위해 진실의 판자를 덧붙이는 마케터들에게는 편안한 미래가 보장되지 않는다. 이 주제에 대해서는 제8장에서 자세하게 살펴보겠다.

우리는 매슬로의 피라미드에서 임파워먼트 마케팅 스토리 전략의 기반을 발견하였다.* 거짓보다 진실을 중시하는 인간의 보편적인 가치와, 소비자가 아닌 시민이 되고자 하는 대중의 영웅적 성향을 선택하는 것이 바로 그것이다. 제6장에서는 영웅의 여정에 관한 시대를 초월하는 캠벨의 통찰을 이용하여, 핵심을 둘러싸는 스토리의 구조를 만드는 법에 대해 알아볼 것이다.

다음 단계로 나아가기 전에, 당신의 대의나 광고에서 매슬로의 이론을 실천하기 위한 기초 훈련을 시작해 보자. 다음의 기초 훈련은 대중을 당신의 심오한 진실에 연결시킬 핵심 가치를 선택하는 데 필요한 구체적인 단계별 지침을 제시한다.

## 기초 훈련

## 자신의 가치 확인

스토리 전쟁에서 얻은 교훈을 당신의 브랜드나 대의에 적용해 보는 세 가지 기초 훈련 중 첫 번째 훈련을 시작해 보자. 시간이 흘러도 그 가치를 유지하는 위대한 브랜드는 그 브랜드를 대신하여 커뮤니케이션을 하는 이라면 누구든 이용할 수 있는 명확한 브랜드 전략을 갖고 있다. 그러한 전략은 일반적으로 브랜드의 가장 중요한 대외 비밀이자 가장 귀중한 도구이다.

스토리의 내부 구조를 만드는 두 가지 훈련을 거친 뒤에, 세 번째 훈련에서는 효과적인 스토리를 실제로 써 보기로 한다. 시간을 들여 이런 연습을 해 본다면, 강력하고 감명을 주는 스토리를 중심으로 브랜드 전략에 새로운 방향을 제시하는 법(또는 처음으로 브랜드를 창조하는 법)을 배울 수 있다. 자, 이제 스토리텔러로서의 역량을 한껏 끌어올려 미디어 환경을 바꿀 임파워먼트 마케터의 반열에 오를 준비를 해 보자. 매우 만족스럽고 소중한 과정이 될 것이다. 고객들을 스토리 전쟁의 성공으로 이끌기 위해 내가 사용한 가장 강력한 도구이기 때문이다.

위대한 스토리는 세계가 어떻게 돌아가는지에 대한 진실을 가르치는 한편, 특정 가치를 상징한다. 임파워먼트 마케팅 환경에 대해 조사한 결과 우리는 어떻게 모든 브랜드가 고차원적인 가치를 홍보하고 대중들이 그것을 추구하도록 인도하는지 알게 되었다. 당신은 먼저 그 가치를 정하고 거기에 헌신하는 데서 출발해야 한다. 이는 스스로 사회적 책임을 다한다고 주장하는 사회적 기업이나 비영리 사업만이 갖추어야 할 조건만은 아니다. 디지토털 시대에는 자신들이 말하는 가치를 실천하는 것이야말로 그 가치를 지지하는 브랜드가 성공할 수 있는 가장 확실한 방법이다.

## 가치를 품고 탄생한 브랜드

몇몇 브랜드의 경우 브랜드가 형성된 때부터 고차원적인 가치를 내포하고 있어 가치를 선택하기가 어렵지 않다. 예를 들어 파타고니아(Patagonia)는 아웃도어 활동을 즐기는 사람들과 지속가능성 분야의 선지자들 사이에서는 전설적인 브랜드이다. 열정적인 등반가가 자신의 산행으로 깨끗한 암석 표면이 손상되지 않을까 우려하다가 설립한 회사이기 때문에 회사가 추구하는 여러 가치들이 브랜드 자체에 녹아 있다. 1970년대에 이본 취나드(Yvon Chouinard)는 자연을 즐기는 것과 자연을 진정으로 아끼는 것 사이에는 큰 차이가 있음을 깨달았다. 이 불편한 현실에 기꺼이 직면하기로 한 그는 암벽 표면을 손상시키지 않고 끼웠다가 빼낼 수 있는 알루미늄 등반 웨지를 발명했다. 이 발명품의 성공을 시작으로 계속 아웃도어 제품을 개발하여 회사를 신장시켰다. 모든 제품은 다음 슬로건이 제시하는 하나의 가치를 따른다. "환경에 불필요한 해를 가하지 않으면서도 최고의 품질을 갖춘 제품을 만들자." 파타고니아는 '불필요한'이라는 단어를 강조했는데, 등산과 마찬가지로 아웃도어 장비의 제조도 언제나 환경에 부정적인 영향을 줄 수 있기 때문이다. 이를 완벽하게 피할 수 있는 방법은 없었기 때문에 회사는 고객들이 그저 진실을 받아들이기를 바랐다. 창업한 지 30년이 지난 지금, 이 회사의 가장 유명한 이니셔티브는 온라인 도구 '생태발자국 연대기(Footprint Chronicles)'이다. 여기서 파타고니아는 제품의 전체 유통 과정을 공개하여 자사 제품의 '좋은 점과 나쁜 점'을 정직하게 보여 준다. 이것은 소비자의 비위를 맞추는 그린 마케팅과는 거리가 멀다. 파타고니아는 웨이페러(Wayfarer) 웨이크보드 반바지에 대해 "섬유에는 재활

> **그린 마케팅(Green Marketing)** 환경 보전, 생태계 균형, 지속가능성 등의 이념을 바탕으로 환경 파괴를 최소화하는 동시에 소비자의 욕구와 수요에 부합되는 제품을 개발하여 기업의 이익을 얻는 마케팅을 말한다. 그러나 최근에는 환경 보전 문제가 대중의 관심을 끌면서, 실제로 환경에 악영향을 끼치거나 환경 보호에 큰 노력을 기울이지 않는데도 친환경적 이미지만 내세우는 그린 워시(green wash) 행위가 늘고 있어 비판의 대상이 되기도 한다.

용 소재가 포함되지 않았습니다. 공급자와 함께 재활용 나일론 섬유 개발을 위해 노력하여 이에 성공하였으나, 경제성이 없었습니다(반바지 한 벌에 75달러를 매길 수밖에 없습니다)"라는 홍보 문구를 쓰기도 했다. 자연을 관념적인 대상으로 여기는 것이 아니라 실제로 삶을 사는 장소로 여기는 핵심 고객들은 파타고니아의 투명한 마케팅 캠페인에 구현된 '진실'의 가치를 매우 높이 평가한다. 파타고니아 환경 이니셔티브의 부책임자이자 미국 최초의 K2 등반 대원이었던 릭 리지웨이(Rick Ridgeway)가 내게 말하기를, 자신은 브랜드 커뮤니케이션을 마케팅이 아닌 '고객들과 핵심 가치를 공유하는 행위'로 본다고 했다.\* 브랜드가 만들어지는 순간부터 가치를 담았던 파타고니아 같은 브랜드에게 마케팅이란 그러한 가치를 밝히고 훌륭한 스토리를 이용해 지속적으로 전달하는 행위일 뿐이다.

## 가치를 구현하는 브랜드

회사가 제공하는 제품이나 서비스에 브랜드 가치가 직접 표현되기 때문에 별다른 노력 없이 가치를 찾게 된 브랜드도 있다. 예를 들어 국제사면위원회(Amnesty International)는 활동가들에게 인권 보호 활동에 사용하도록 펜과 키보드를 제공하는 방법으로 아이코닉 브랜드를 형성하였다. 이 전략은 기부를 유도하기 위한 마케팅 수법은 아니지만, 실제로 큰 효과를 발휘했다. 은밀히 자행되는 인권 침해에 대중이 관심을 갖게 함으로써, 국제사면위원회는 사람들의 목숨을 구하고 수많은 위협을 중단시켰다. 그러나 이 기관은 보호 대상인 수감자들에게만 귀중한 선물을 제공하는 것은 아니다. 그 회원들에게도 숭고한 정의를 실현할 기회를 주어 세상의 도덕적 질서에 공헌할 수 있게 한다. 수많은 활동가들이 국제사면위원회를 방문하여 각국 정부에 죄수들을 변호하는 편지를 보낸다. 이 편지는 어려움에 처한 양심수들뿐만 아니라 활동가들 자신에게도 고차원적인 목적의 달성을 돕는 선물이 된다.

제품이나 서비스가 바로 고차원적인 가치로 연결되는 브랜드의 경우, 이 가치를 발견하고 이름을 붙인 다음, 지속적으로 모든 커뮤니케이션의 핵심에 포함시키는 것만으로도 강력한 스토리텔링 전략이 시작된다.

## 가치를 찾아야 할 브랜드

인상적인 스토리를 전하고 싶지만, 명확한 가치를 근거로 하지 못하거나 그 가치를 직접 표현하지 못하는 상품을 제공하는 브랜드들도 있다. 가치를 지향하는 마케팅을 통해 무(無)에서 시작하여 아이스크림 대제국을 건설한 벤앤제리(Ben & Jerry)가 대표적이다.*

창립자 벤 코헨(Ben Cohen)은 처음부터 인도적이고 지속가능하며 건강한 방식으로 아이스크림을 만들겠다고 생각한 것은 아니었다. 그와 친구 제리 그린필드(Jerry Greenfield)는 그저 돈을 좀 벌고 싶었고, 달콤한 음식을 좋아했을 뿐이다. 하지만 코헨은 평화에 대해 열정적이었고, 국방 예산이 사회적 사업에 사용되기를 바랐다. 단순히 개인적 동기로 시작한 일이긴 했지만, 사업이 자리를 잡자 그는 이 사업이 인식 제고를 위한 최고의 수단이 될 수 있다고 생각했다. 수백만 개의 아이스크림 용기와 아이스 바 포장지에 가치를 표현할 수 있기 때문이었다.

미국의 고급 아이스크림 브랜드가 하겐다즈(Häagen Dazs), 글라스 드 파리스(Glace de Paris), 프루센 글래드제(Frusen Glädjé) 같은 유럽식 이름을 붙이면서 앞다투어 이국적이고 자유분방한 이미지를 홍보하려 애쓰고 있을 때, 코헨과 그린필드는 포장에 전혀 이국적이지 않은 디자인을 채용하고 새로운 방법으로 자신들이 가장 중요하게 생각하는 가치를 표현하기 시작했다.

벤 코헨은 아이스크림을 먹는 사람들은 대개 국방비 감축에 동의하지 않으리라는 것을 알았지만 신경 쓰지 않았다. 그는 내게 "새로운 시도를 하려면 화제를 불러일으킬 만한 마케팅을 해야 하죠. 그래서 광고에 섹시한 젊은 여성을 쓰는 대신 핵무기에 반대하는 입장을 명시하는 겁니다"라고 말하였다.

벤앤제리는 창립자의 열정으로 혁신적인 브랜드를 만들었다. 하지만 코헨의 주장에 따르면 그 가치가 없었다면 브랜드는 그다지 성공하지 못했을 것이라고 한다. 사실 이런 열정은 아이스크림과는 아무 관련이 없지만 대중은 그것이 너무나 개인적인 가치라고 생각하기 때문에 오히려 진실이라고 여긴다. 사실 코헨은 개인적 가치를 '집단의 가치'로 확대하는 과정에서 감수해야 했던 위험에 대해 들려주었다. 회사가 거대 기업으로 성장하는 동안 코헨은 전 직원이 무엇을 가장 가치 있게 여기는지 조사했고 그 결과는 매우 뜻밖이었다. 사실 직원들이 유일하게 뜻을 같이 하는 포괄적이고 논란의 여지가 없는 주제는 '어린이와 가족'밖에 없었다. 코헨은 이런 주제로 가치를 실천하기는 어렵다고 생각했고, 회사는 머지않아 창립자들이 중요하게 여기는 가치를 실현하는 방향으로 되돌아갔다.

"고객이 공감하는 가치를 기초로 한다면 그들과 가장 강력한 유대를 형성할 수 있겠지요. 그러나 공통된 가치를 찾으려면 먼저 당신 자신이 추구하는 가치가 있어야 합니다. 그 가치는 너무 하찮거나, 절충적이고 감상적이어서는 안 됩니다. 당신이 어떤 가치를 지지한다면, 같은 생각을 가진 고객들은 당신의 브랜드로 몰리게 됩니다."

아이스크림 포장에는 국방부 예산의 1퍼센트를 평화 운동으로 돌리자는 주장이 인쇄되어 있다. 그들은 열대우림의 원주민 생산자들에게서 '열대우림 크런치(Rainforest Crunch)' 아이스크림에 쓰일 브라질 호두를 조달받았다. 숲을 그대로 보전해도 충분히 경제성이 있다는 사실을 증명하여 생태계를 보호하려는 의도가 깔려 있었다. 이렇게 그들은 중요하게 생각하는 문제에 대해 끊임없이 언급했다. 하지만 가장 중요한 것은 고객에게 아이스크림을 사는 행위를 통해 높은 차원의 가치를 표현할 수 있다는 희망을 주었다는 점이다. 이런 식의 가치 표현은 1960년대와 함께 종적을 감춘 평화 운동처럼 다른 곳에서는 찾아볼 수 없었다. 다른 아이스크림 브랜드가 공허한 럭셔리를 지향할 때 이 브랜드는 수백만 아이스크림 소비자에게 고차원적인 가치의 상징으로 남게 되었다.

높은 차원의 가치를 근거로 설립되지도 않았고 본질적으로 가치를 표현하는 상품을 제공하지도 않는 벤앤제리 같은 브랜드의 경우, 리더가 추구하고 전 직원이 동참할 수 있는 가치를 선택하는 일이 임파워먼트 마케팅의 가장 큰 도전이다.

가치를 품고 탄생한 브랜드, 가치를 구현하는 브랜드, 가치를 찾아야 할 브랜드라는 세 가지 유형을 살펴본 당신은 이제 당신 자신의 스토리에 대해 생각해 볼 차례이다. 자신이 어느 부류에 해당하는지 알아야겠지만, 어디에 속하든 당신의 스토리 전략의 기반이 되는 핵심 가치를 확인할 필요가 있다. 이들 가치는 대중과 공유하여 그들을 감화할 수 있는 가치여야 한다는 점을 잊지 말자. 자신이 중요하게 생각하는 문제를 단순히 대중들에게 제시하는 것이 목표가 아니라, 그들 또한 고차원적인 자신의 잠재력을 찾도록 독려하는 것이 목표이다.

다음에 소개한 방법으로 시작해 보자.

**제1단계**

먼저 '당신이 실천하려는 가치'에 포함된 높은 차원의 가치들을 검토해 보자. 그중 당신이 생각하는 브랜드의 이상에 들어맞는 가치를 찾아보자. 즉 이 가치들은 당신의 현재 모습이 아니라 궁극적으로 도달하고자 하는 경지를 나타내야 한다. 각 가치를 다음의 카테고리에 대입해 보자.

창업 스토리에 포함된 가치
제품이나 서비스로 표현되는 가치
리더십이 보유한 가치
대중들과 가장 깊이 공감할 수 있으리라 생각되는 가치

이 선택은 당신의 미래에 지대한 영향을 가져올 수 있다. 스토리 전략의 기초가 될 뿐만 아니라 미래의 브랜드 자체가 될 수도 있기 때문이다. 그리고 제8장에서 살펴보겠지만 당신은 실제로 이러한 가치에 따라 행동해야 한다. 그러나 여기에 구속될 필요는 없다. 이는 반복적이고 진화하는 과정이기 때문이다. 다른 모든 브랜드처럼 당신의 브랜드도 시험을 통해 검증받는 과정을 거치게 된다. 다음 장들에서 당신이 적합하다고 생각하는 가치가 어떻게 발전하면서 당신의 전략에 어떤 영향을 주는지 살펴보자. 최종 결과가 당신이 원하는 방향과 다르다면 필요에 따라 조정하면서 절차를 다시 반복해 보자.

### 당신이 실천하려는 가치

매슬로의 단계 이론 중 '존재 욕구' 단계에서 유래된 가치로, 브랜드 정의에 이용할 수 있는 9가지의 가치를 아래에 제시하였다. 이들 가치가 중요한 순서대로 제시된 것은 아니다.

**통합(wholeness)**: 자신을 한사람의 완전한 인간으로 느끼며, 개인적인 이익을 넘어 보다 큰 공동체의 일원으로 타인과 관계를 맺으려는 욕구

**완전(perfection)**: 열심히 노력하여 기술을 습득하고 직업적인 성공을 추구하려는 욕구

**정의(justice)**: 도덕적 가치에 따라 살며, 폭압을 타파하고 도덕이 규율하는 세상을 만들려는 욕구

**풍요(richness)**: 새로운 경험을 얻고 편견을 극복하기 위해 인생의 복잡

하고 다양한 면을 탐구하려는 욕구

**명확성(simplicity)**: 사물의 이면에 놓인 본질을 이해하려는 욕구

**아름다움(beauty)**: 미적인 즐거움을 경험하고 창조하려는 욕구

**진실(truth)**: 거짓을 타파하고 왜곡 없는 진실을 경험하고 표현하려는 욕구

**독특성(uniqueness)**: 개인의 재능과 창의성을 표현하고 순응에 거부하려는 욕구

**재미(playfulness)**: 즐거운 경험에 대한 욕구

### 제2단계

위의 가치 중 세 가지만 골라 보자. 한두 가지로 압축할 수 있다면 더욱 좋다. 브랜드를 결정할 때는 보통 의미를 단순화하는 편이 장기적으로 유리하다. 하지만 물론 진정성을 훼손하면서까지 폭을 좁힐 필요는 없다. 네 가지 카테고리(창업 스토리, 브랜드 제품, 리더십, 청중)에 모두 해당되는 가치를 선택할 수 있다면 더할 나위 없지만 그런 가치를 찾기는 쉽지 않다. 파타고니아의 리지웨이가 말한 대로 "지뢰를 만드는 사업을 하고 있다면 방법이 없다. 하지만 아이스크림을 만들고 있다면 가치를 표현할 수단은 얼마든지 있다. 물론 자신의 가치를 반영하는 상품을 만든다면 그 수단을 더 쉽게 찾을 수 있다".

리지웨이는 대부분의 브랜드는 가치 지향적인 성장을 할 수 있다는 중요한 진실을 지적하고 있다. 바깥 출입을 못하는 이웃에게 음식을 가져다주는 자원봉사자를 지원하는 비영리 회사의 경우, 가치 지향적 성장을 추진하는 것은 분명 매우 쉬운 일이다. 그 회사는 사람들이 자신만의 굴레에서

벗어나 공동체에 참여할 수 있도록 도우면서 세상의 통합에 기여한다. 이 회사는 그저 통합의 가치를 추구하는 이들에게 도움의 손길을 뻗고, 이들을 통합으로 끌어들이기만 하면 된다.

그렇다면 결함 가치를 기반으로 탄생하고 성공한 브랜드인 리스테린은 어떠한가? 이 브랜드도 통합이라는 가치를 지지하는 마케팅을 할 수 있을까? 다음을 생각해 보면 답을 알 수 있다. 리스테린은 결함 때문에 남들에게 다가갈 수 없는 슬픈 에드나라는 여성의 스토리를 기반으로 한다. 그러나 오늘날 이 브랜드는 전략을 바꾸어 슬픈 에드나와 반대되는 긍정적인 이미지로 전향하였다. 이제 리스테린은 사람들 사이의 '친밀감'을 상징하며, 좋은 일을 하기 위해 함께 모이는 사람들을 의미한다. 브랜드는 제품이 뿌린 영감의 씨앗을 통해 통합을 핵심 가치로 삼게 되었다. 리스테린의 마케팅은 통합의 강화에 초점을 맞춘 스토리를 들려줄 것이며, 위에서 언급한 비영리 기업의 '고령자 돌봄 서비스'와 파트너십을 형성할 수도 있다. 슬픈 에드나는 시민 에드나로 탈바꿈하여 디지토럴 시대에 걸맞은 새로운 브랜드로 재탄생할지도 모른다. 리스테린이 해낸 일이라면 당신도 할 수 있다.

이 책의 부록에는 스토리 전략표를 그려 넣는 공간이 있다. 이제 이 표의 '가치'란에 당신이 선택한 가치를 써넣어 보자. 가치가 정해진 다음에는 스토리 전략의 중심에서 시작으로 바깥 방향으로 진행할 예정이다. 다음 기초 훈련에서는 스토리 전략의 교훈을 정하고 주요 등장인물을 창조하는 방법을 연습한다.

# 제6장
## 진실을 말하라
### 2편: 영웅의 여정

기원전 7세기경. 그는 아내의 눈가에 생긴 주름을 보고 고향을 떠올렸다. 정말로 40년 동안이나 고향을 떠나 있었단 말인가? 어린 아내가 어머니가 되고, 머지않아 할머니가 될 기나긴 세월이었다. 무한히 반복되는 계절의 순환을 거치며 완만한 구릉지가 펼쳐진 풍경을 따라 무리를 이끈 지 40년이 지났다. 다시는 볼 수 없을 그 땅에서 그가 태어난 지 80년이란 세월이 지났다. 그는 조용히 침소에서 빠져 나와 세수를 하러 밖으로 나갔다.\*

"목자 모세라니." 고아로서, 이집트의 왕자로서, 살인 혐의로 수배된 도망자로서 파란만장한 삶을 살아온 한 남자의 스토리에서 목자로서의 삶은 적절하지 않은 결말인 것 같았다. 하지만 나일 강과 잃어버린 왕국, 비참한 노예 생활을 하는 백성들에 대한 생각이 이따금씩 불현듯 떠오르지만 않았다면 행복한 결말을 맞이할 수도 있었을 것이다. 그는 이 기억들을 저주했다. 성실한 삶에 대한 정당한 보상으로서 두 아들과 넉넉한 재산을 가진 목자라면 당연히 누릴 만한 평화로운 여생이 짓밟혔기 때문이었.

양떼를 황야로 이끌면서 모세는 이집트에 대한 이 근심들이 늙은이의 무기력하고 소용없는 분노일 뿐이라 생각하려 애썼다. 40년 전 남의 일에 끼어드는 바람에 그는 왕족의 신분과 편안한 인생마저 포기해야 했다. 누구도 감히 함부로 대할 수 없는 고귀한 왕자의 신분으로 노예 구역을 거닐던 모세는 감독관에게 심하게 얻어맞고 있는 히브리 노예를 목격하였다. 그는 난데없이 정의로운 분노에 휩싸여 그 감독관을 죽여 버렸다. 모세는 노예에게 감사 인사를 받았을까? 그렇지 않다. 그가 구해 준 노예는 모세를 친자식처럼 키워 준 파라오에게 그 일을 당장 고해 바쳤다. 모세는 뼈아픈 교훈을 얻었다. 히브리 노예들은 마치 양떼처럼 자유에 대한 무모한 도전보다 속박이 주는 질서를 사랑하도록 길들여진 것이었다. 결국 모세는 이집트 왕자에서, 다시는 집에 돌아갈 수 없는 도망자의 신세로 전락하고 말았다.

"내 힘으로 바꿀 수 있는 것은 바꾸겠지만, 바꿀 수 없는 것은 그냥 내버려두자." 늙은 모세는 마음속으로 되뇌었다. 스스로를 위로하는 주문이었다.

그의 앞에 호렙 산이 서 있었다. 바위투성이의 험난한 경사를 오르면 인간의 손길이 닿지 않은 초원이 펼쳐져 있었다. 그는 산기슭을 돌아가는 쉬운 길을 택할까도 생각해 보았으나 늙은 육체에 아직 머물러 있는 생명력을 시험해 보고 싶어서 앞으로 곧장 나아가는 쪽을 선택했다.

―

영웅 모세의 여정은 이렇게 시작된다. 세계의 3대 종교에 속하는 한 종교의 창립 스토리는 예수에서 마틴 루터 킹 주니어, 타흐리르 광장에 모인 이슬람 학생들 등에 이르기까지 많은 영웅들의 삶에 큰 영향을 주었다. '영웅의 여정'이라는 보편적인 스토리 유형을 밝혀 낸 인물은 조지프 캠벨이지만, 그것을 발견하기까지의 과정은 콜럼버스가 아메리카 대륙을 무심결에 '발견'한 것과 다르지 않았다. 수천 년 동안 전 세계 주술사와 이야기꾼의 직관 속에 살아남아 전해내려 오던 형식에 불과하기 때문이다. "주술사나 예언자가 꺼내 놓는 스토리는 모든 사람이 말하고 싶어 하는 스토리다." 캠벨은 이러한 스토리의 힘에 대해 이렇게 설명했다. "그래서 예언자의 스토리를 들은 사람은 '아! 바로 내 스토리야'라고 반응하게 된다. 자신이 항상 말하고 싶었지만 어떻게 표현해야 할지를 몰랐던 이야기이기 때문이다."*

사람들로 하여금 내면의 진실에 다가가 이를 표현하게 하는 스토리야말로 탈방송 시대의 세상에서 메시지의 전도사를 양성하는 최고의 수단이 아니겠는가? 우리가 처한 상황이 외견상 모세의 상황과 비슷해 보이지 않더라도 우리는 여전히 그의 스토리에 공감한다. 평화와 안락을 누려야 할 시간이 심오하고 불편한 사실 때문에 방해를 받는 경험은 누구에게나 있지 않겠는가? 오랫동안 가까이 갈 수 없던 고향에 돌아가고 싶은 열망 또한 마찬가지가 아닐까? 영웅의 여정은 『오디세이』나 『바가바드 기타』, 또는 「오즈의 마법사」부터 역사상 최고의 흥행작 「아바타」에 이르기까지 수천 년 동안 만들어진 스토리와 전설의 성공 이유를 설명하면서 그 의의를 증명했다. 조지 루카스는 현재까지 2백억 달러 이상을 벌어들인 브랜드 「스타워즈」에서 이 형식을 철저히 활용하여 우주를 창조했다.

루카스처럼 완벽한 서사가 펼쳐지는 여섯 편의 시리즈 영화를 만들지는 않는다 해도, 캠벨의 통찰을 이용한다면 분명 모든 커뮤니케이션과 마케팅에서 감명을 줄 수 있다. 나의 경험상 이러한 통찰을 더욱 많이 이용할수록 대중이 '아! 바로 내 스토리야'라고 느낄 가능성이 높아진다.

이번 장에서는 당신이 브랜드 영웅, 멘토, 악당 등 스토리의 등장인물과

## 조지프 캠벨의 영웅의 여정표

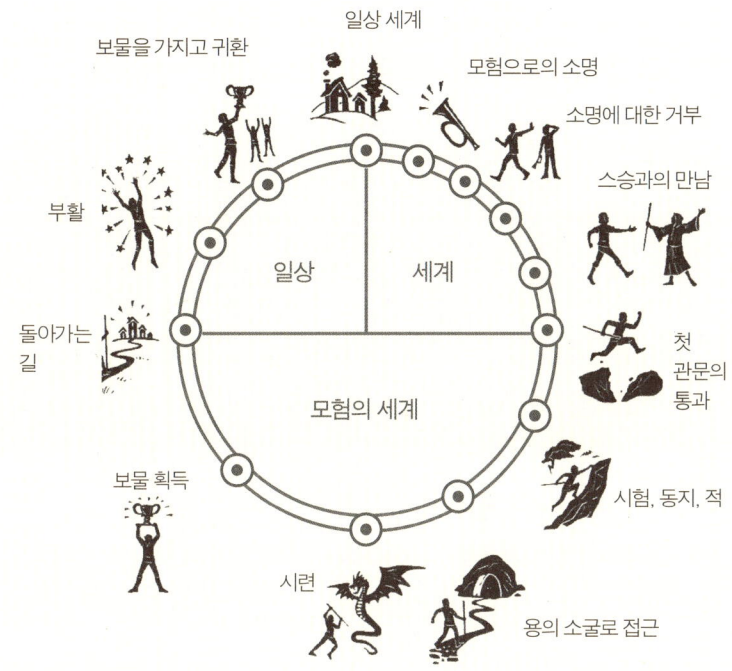

그들이 활동하게 될 배경을 정하는 데 참고할 수 있도록 영웅의 여정의 패턴을 살펴본다. 이 여정을 통해 당신은 브랜드나 조직의 스토리의 교훈도 찾을 수 있을 것이다. 우리가 이 장에서 배울 내용은 다음과 같다.

모세라는 영웅의 여정을 축약하여 다시 듣는 과정을 통해 캠벨의 스토리 패턴을 익힌다. 캠벨은 그 여정을 복잡한 다단계 모험으로 보았지만, 나는 이를 단순화하여 몇몇 단계를 합친 다음 이름을 바꾸었고 일부 단계는 아예 생략하기도 했다('조지프 캠벨의 영웅의 여정표' 참조). 각 단계가 끝날 때마다 우리는 영웅의 여정에서 얻은 지혜를 마케팅 용어로 옮겨 본다. 이 과정은 각 개념을 숙지하기 위한 것이다. 그리고 다음번 기초 훈련에서 여기서 배운 개념을 자신만의 임파워먼트 마케팅 전략에 적용해 본다.

## 제1단계: 일상 세계와 모험으로의 소명

영웅이 내면의 동요를 겪지만 자신의 앞날에 어떤 파란만장한 운명이 기다리고 있는지 아직 인식하지 못한 단계이다.

### 스타 같지 않은 스타: 대중이 바로 영웅이다

영웅의 여정은 균형을 잃은 세계에 살고 있는 장차 영웅이 될 인물의 등장과 함께 시작된다. 처음에 주인공의 모습은 전혀 영웅처럼 보이지 않는다. 도로시는 어린 소녀였고, 모세는 노인이었으며, 프로도는 귀여운 호빗족일 뿐이었다. 영웅은 대개 영웅적 면모가 처음부터 밖으로 드러나는 법이 없으며, 지극히 평범하다.

당신이 마케팅에서 스토리텔링 전략을 구상하는 동안 말을 걸어야 할 상상 속의 인물은 바로 브랜드 영웅이다. 앞으로 살펴보겠지만, 브랜드 영웅의 구체적인 모습을 그리는 일은 매우 중요하다. 이 영웅은 스토리 속에서 자신의 실제 모습을 직접 인식할 수 있어야 하기 때문이다. 보통은 영웅이 쉽게 동일시할 수 있는 인물을 스토리에 출현시켜 자아 인식을 돕는다.

브랜드 영웅의 평범함을 이해했다면 당신은 성공적인 스토리 전략 형성의 중요한 첫발을 내디던 셈이다. 대중들은 단순히 '당신은 세계를 구할 수 있습니다' 같은 메시지에는 반응을 보이지 않는다. 온라인 사회 운동이 등장한 초창기에는 노골적인 영웅 메시지가 판을 쳤다. 이 시절에는 '클릭 한 번으로 북극곰의 멸종을 막을 수 있습니다!' 같은 제목의 이메일이 난무했다. 한동안은 사람들이 그것을 믿기도 했다. 나도 마찬가지였다. 그러나 클릭을 수만 번은 했을 지금, 북극곰의 삶은 10년 전 보다 훨씬 더 나빠졌다. 마우스 클릭 한 번으로 세상을 바꿀 수 있다는 개념인 '클릭티비즘(clicktivism)'[1]는 대중을 한없이 순진한 존재로 본다. 당신의 브랜드 영웅도 모세처럼 혼자의 힘으로 세상을 바꾸려다가 실망할 수 있다. 하지만 당신은 그 자신이 이미 영웅이라는 말만 해서는 안 되며, 그에게 앞으로 어떻게 영웅이 될 수 있는지 가르쳐 주어야 한다. 여정은 그저 내면에 존재하는 영웅을 일깨우는 과정일 뿐이다.

내가 말하는 영웅은 망토를 두른 십자군이나 불타는 건물로 뛰어드는 소방관이 아니라는 점을 분명히 하고 싶다. 영웅은 창의력, 자기실현, 진실, 그 밖에 매슬로가 말한 고차원적인 가치를 과감하게 추구하면서, 이상을 위해, 그리고 타인들을 위해 희생을 두려워하지 않는 사람일 뿐이다. 다른 한편으로 영웅은 수동적인 소비자의 신분을 벗어나 적극적인 시민으로 거듭나는 사람들이다. 이러한 변모를 촉진하는 것이 임파워먼트 마케터의 임무이다.

---

1 'click'과 'activism'의 합성어로 소셜 네트워크 서비스(SNS)를 기반으로 하는 사회 운동을 말한다. '아랍의 봄'과 월가 시위의 동력원이 되었지만 한편으로는 클릭 한 번으로는 근본적인 사회 변화가 불가능하다는 비난도 거세지고 있다.

### 현상 유지 전략 선택: 브랜드가 영웅의 선택권을 인정한다

브랜드 영웅은 균형을 상실한 자신의 세계 때문에 동요하지만, 그러한 상황을 무시할 수 있다는 점도 알고 있다. 영웅은 이렇게 생각한다. "위험은 저 멀리 있다. 그리고 내가 상황을 인식하는 방식만 바꾼다면 위험은 계속 먼 곳에 머무를 것이다." 모세 이야기에서는 망명 생활을 받아들이면서 목자로 평온하게 사는 삶을 현상 유지 전략으로 볼 수 있다.

이러한 장치는 신화에서 영웅이 모험을 떠날지 말지를 스스로 결정할 수 있는 '선택권'을 부여하는 역할을 한다. 그 설정은 대중의 경험과 일치하기 때문에 마케팅에서 효과가 있다. 언제나 생사의 기로에 처해 있는 액션 영화의 주인공처럼 아무런 선택의 여지가 없는 사람은 거의 없다. 누구든 쇼핑할 때는 그 상품이 어떤 의미를 지니든 가장 싼 상품을 선택할 수 있다. 투표자는 자신의 즉각적인 이익을 위해 투표할 수도 있다.

물론 마케터 또한 이미 효과가 검증된 접근법을 고수할 수도 있다. 영웅의 자유 의지를 인정하는 것은 결함 마케팅과는 현저히 대비되는 전략이다. 결함 마케터는 대중에게 결핍의 감정을 불어넣는 손쉬운 방법을 사용함으로써, 브랜드를 결코 실패하는 법이 없는 영웅으로 만든다. 그러나 브랜드가 아닌 대중이 영웅이라는 사실을 깨닫는다면 훨씬 매력적인 스토리를 창조할 수 있다. 또한 진정한 영웅은 보통 불가항력이 아닌 내면의 소리에 의해 모험에 참가하게 된다.*

### 모험으로의 소명: 영웅이 위대한 가치에 대한 열망을 느낀다

그렇다. 영웅은 현상 유지 전략을 선택할 수도 있었지만, 깊은 내면에서 그보다 위대한 가능성을 발견한다. 매슬로의 말대로 우리가 고차원적인 욕구를 추구하려는 열망을 무시한다 해도 그 열망은 결코 사라지지 않는다.

모세는 목자로 조용히 살면서 안전과 평안, 사랑에 대한 욕구를 실현하고 있었다. 그러나 조국에서 자행되는 불의에 대한 생각이 끊임없이 떠올라 그의 마음을 심란하게 했다. 그 생각만 떨쳐 버릴 수 있었다면 그의 삶은 더없이 만족스러웠을 텐데 말이다. 이러한 생각들이 바로 캠벨이 말한 '모험으로의 소명'으로, 안락하고 친숙한 테두리를 벗어나 성장과 성숙에 이르는 가치들을 추구하라는 부름이다. 스토리에서 소명은 꿈이나 비극적인 상황(어린 영웅이 갑자기 고아가 되는 사건 등), 아니면 환상이나 전령(이상한 나라의 앨리스에 등장하는 흰 토끼) 또는 영웅의 양심이라는 형태로 나타난다. 오늘날의 삶 속에서 우리는 매슬로의 성장 욕구에 대한 열망의 형태로 소명을 경험한다. 단조로운 일상에서 벗어나, 우리 자신을 충분히 표현하고 우리가 믿는 가치를 추구하려는 열망이 나타난다.

## 제2단계: 스승과의 만남, 소명에 대한 거부

> 우리의 영웅이 흥미로운 낯선 인물을 만나고 그와 신뢰 관계를 형성하면서 영웅의 삶에 변화가 일어나는 단계이다.

모세가 양떼를 이끌고 산 정상에 거의 도달했을 무렵, 무언가가 모세의 눈길을 사로잡았다. 길옆에서 불길이 맹렬하게 타오르고 있었다. 사막에서는 마른 덤불에 불이 붙는 일이 흔했지만, 그 불은 이상하게도 하나의 떨기나무에서만 타올랐고 주위로 퍼지지 않았다. 사실 떨기나무 자체도 화염에 타들어가는 것처럼 보이지 않았다.

모세가 조심스럽게 그 신기한 불 가까이 다가가자 덤불 속에서 어떤 목소리가 들려왔다.

"모세야" 덤불이 말했다.

자신의 이름을 들은 모세는 마치 모든 과거가 스쳐 지나가는 듯한 느낌을 받았다. 순간 그는 자신에게 주어진 운명이 무엇이든 그 운명에서 벗어나지 못할 것임을 깨달았다.

"예, 여기 있습니다." 늙은 목자 모세가 대답했다.

"나는 네 아버지의 하느님이다." 그 이상한 떨기나무가 말했다. 이어서 하느님은 모세에게 자신의 계획을 말씀하셨다. 그 내용은 대충 이러했다. '늙은 파라오가 죽고 왕위가 새 파라오에게 넘어간 지금이야말로 행동을 개시할 적기다. 너는 이집트로 돌아가 새 파라오에 맞서 이스라엘 자손들을 자유로 이끌어야 한다.'

모세가 듣기에 그다지 좋은 계획인 것 같지 않았다.

"제가 누구라고 그런 일을 하겠습니까?" 그는 못 믿겠다는 듯 물었다. "저는 말솜씨가 없습니다." 그것은 사실이었다. "저는 이집트에서 아무것도 아닙니다." 이 말도 사실이었다. "노예들도 제가 미쳤다고 생각할 게 뻔합니다." 틀린 말이 아니었다.

"그리고 제가 '하느님께서 나를 보내셨다'고 하면 그들은 '오 그래? 네 하느님의 이름은 무엇이냐?'라고 물을 터인데 그러면 저는 무엇이라 대답해야 하겠습니까?"

"나는 스스로 있는 자이니라." 덤불은 이렇게 시적이고 아리송한 대답을 했다.

이것은 길고 긴 대화의 시작에 불과했다. 랍비의 구전에 따르면, 모세와 하느님은 이레 동안이나 계획에 대해 서로 의논했다. 모세가 까다로운 질문을 던지면, 하느님이 그를 안심시키고 용기를 북돋워주었다. 그 계획이 완전히 미친 짓이라고 생각한 모세는 사리에 맞지 않는 점들을 지적했다. 덤불도 인정했다. 하지만 하느님은 모세가 이집트에 도착할 때를 대비해 많은 전략을 준비해 놓았다고 하셨다. 사실 모세는 그다지 납득할 수 없었다.

그러나 모세의 내면 깊은 곳에서는 여전히 확신을 얻길 바랐다. 하느님의 부름은 결국 그가 언제나 마음속에 간직하고 있던 소명과 같았기 때문이다. 드디어 그가 품고 있던 가치를 실천할 수 있는 기회가 찾아온 건지도 몰랐다.

대화를 마치기 전 하느님은 모세가 손에 든 목자의 지팡이를 보셨다.

"네 손에 있는 것이 무엇이냐?" 하느님은 마치 그것이 무엇인지 모른다는 듯 물으셨다(온 우주와 그 안의 모든 것을 창조하신 분이 아닌가).

"지팡이입니다." 모세가 조금 놀라며 대답했다.

하느님은 그것을 땅에 놓으라고 말씀하셨다. 모세가 지팡이를 놓자 그것은 꿈틀거리는 뱀으로 변했다. 모세는 잔뜩 겁에 질렸다. 하느님이 강하게 채근하시자 목자는 간신히 손을 내밀어 그것을 잡았다. 그가 붙잡으니 뱀은 다시 지팡이로 변했다.

"그것을 항상 지니거라." 모세가 지팡이를 땅에서 조심스레 집어 들자 하느님이 말씀하셨다.

모세는 집으로 갔다. 그는 아내와 아이들과 함께 짐을 싼 다음, 안전한 세계를 떠나 예측할 수 없는 위험과 비할 데 없는 보상이 기다리는 세계로 들어갔다.

**스승의 가르침으로 변화하는 영웅: 브랜드가 멘토가 되다**

여정의 이번 단계에서 우리는 스토리텔링 전략의 두 번째 주요인물인 스승을 만난다. 바로 당신의 브랜드가 맡아야 할 역할이다. 스승의 역할은 지옥 같은 세계에서 주인공을 끌어내어 운명에 맞서기 위해 반드시 거쳐야 할 길로 인도하는 것이다. 스승이 없다면 모험으로의 소명은 마음을 동요시킬 뿐이고 영웅의 잠재력은 실현되지 못한다. 스승(멘토)이라는 단어가 의지, 목적, 힘을 뜻하는 그리스어 'menos'에서 왔다는 사실은 결코 우연이 아니다.

"스토리 속의 스승은 영웅의 마음에 영향을 주어 의식을 변화시키고 그의 의지를 올바른 방향으로 이끈다. 스승은 영웅이 자신감을 갖고 시련과 마주할 수 있도록 그를 단련시킨다. 'menos'에는 용기라는 의미도 있다."* 영화 시나리오계의 현자(賢者)로 『신화, 영웅, 그리고 시나리오 쓰기』를 집필한 크리스토퍼 보글러는 이렇게 썼다.

모세 이야기에서 스승은 하느님이지만, 당신의 스토리텔링 전략에서는 브랜드가 멘토 역할을 할 것이다. 브랜드가 조물주와 같은 역할을 한다는 말이 조금 이상하게 들리겠지만, 이 오래된 스토리에서 하느님이 어떻게 모세의 멘토 역할을 수행했는지 잘 살펴본다면 마케터들은 중요한 교훈을 얻을 수 있다.*

먼저 하느님 자신도 모세에게 여정을 떠나라고 명령하지 못했다는 점에 주목하자. 전지전능한 하느님조차도 모세가 임무를 수행하기 위해 필요한 힘과 영감을 충분히 불어넣는 데 7일이나 걸렸다. 명령을 내린다고 될 일이 아니라 용기를 갖추어야만 가능한 일이기 때문이다. 여기서 우리는 캠벨의 '소명에 대한 거부' 개념이 어떤 기능을 하는지 알 수 있고, 인간의 사고와 행동 방식을 바꾸는 일이 결코 쉽지 않음을 상기할 수 있다. 스승의 역할은 강압적이지 않으면서도 거절하기 어려운 방법으로 영웅을 변화시키는 것이다. 하느님은 잘못된 세상을 바로잡으려는 모세의 깊은 내면의 욕구를 자극하였다. 영웅의 여정 속 스승은 이런 역할을 반드시 수행해야 한다.

스승은 매우 다양한 형태로 나타난다. 전형적인 스승으로는 『신데렐라』의 요정, 「오즈의 마법사」의 착한 마녀, 「매트릭스」의 모피어스, 『아서왕과 원탁의 기사들』의 마법사 멀린 등을 들 수 있지만, 사실 당신의 브랜드를 위해 선택할 수 있는 멘토의 유형은 상당히 다양하다. 이 여정의 다음 단계는 당신의 브랜드 멘토를 하나의 세련된 인물로 표현하는 법을 배우는 중요한 과정이다.

브랜드 멘토가 완전히 형태를 갖추고 나면 당신은 스토리 뒤에 숨어 있는 스토리텔러의 목소리를 이해할 수 있다. 멘토가 우리의 브랜드 영웅에게 말을 걸 때, 다정한 격려의 말로 모험으로 유도하는가? 미래에 대한 낙관적인 비전을 제공하는가? 신비주의 전략을 구사하는가? 색다른 유머를 쓰는가? 브랜드 멘토를 살아 숨 쉬는 인물로 이해한다면 이들 질문에 답할 수 있으며, 스토리텔링 전략의 필요한 부분에 브랜드를 배치하여 일관성 있게 의사를 전달할 수 있다.

### 스승은 자신의 이름을 밝혀야 한다: WWJD의 지혜 이해하기

실현 불가능해 보이는 하느님의 계획에 대해 모세는 많은 우려를 표시하였다. 하지만 그중 가장 유명하고 인상적인 것은 단연 "당신의 이름을 알아야겠습니다"라는 모세의 청원이다. 이 질문에 대해 하느님은 "나는 스스로 있는 자이니라"라는 대답을 하였다.

이 대화는 영웅과 스승 사이의 중요한 역학 관계를 보여 준다. 당신과 브랜드 영웅 사이의 관계도 이와 마찬가지일 것이다. 영웅은 이름 모를 지혜와 권위의 출처가 아닌, 한 '개인'으로서의 스승과 관계 맺기를 열망한다. 효과적인 스토리텔링의 열쇠는 멘토의 개념을 하나의 인격체에 연결시키는 것이다. 'WWJD'가 놀랍도록 강력한 스토리 전쟁 밑으로 떠올라 예상치 못한 큰 감명을 준 이유도 이 법칙으로 설명할 수 있다.

모든 사람이 랜스 암스트롱(Lance Armstrong)의 노란색 '리브스트롱(LiveStrong)' 팔찌를 착용하기 훨씬 전인 1996년에, 미시간의 목사 댄 시본(Dan Seaborn)은 WWJD라는 약자가 새겨진 팔찌 몇 개를 주문했다. WWJD는 어떤 행동을 취하거나 인생의 중대한 결정을 내리기 전, 자기 자신에게 '예수라면 어떻게 하실까?(What Would Jesus Do?)'라는 질문을 던지라는 의미를 담고 있다. '성경에서는 어떻게 하라고 가르치는가?'가 아닌 '성경에 영감을 불어넣은 그분이라면 어떻게 하실까?'를 생각하라는 뜻이다. 이 네 글자는 짧아서 쉽게 기억할 수 있었고, 마치 암호문과 같아서 캠페인에 아직 참여하지 않는 외부인들의 호기심을 끌었다. 시본은 팔찌를 착용하는 모든 이에게, 누가 그 약자의 뜻을 물으면 차고 있던 팔찌를 건네주고 새로운 팔찌를 착용하라고 가르쳤다.

1천5백만 개(5천만 개에 달한다고 추정한 사람도 있다)가 넘는 팔찌가 퍼져 나갈 정도로 이 메시지가 강력한 힘을 얻게 된 이유는 예수의 생애 중에서 율법과 강령이 아닌 인간적인 성품을 강조하는 스토리를 부각시켰기 때문이다.* 젊은이들은 성경 구절을 인용하는 전통적인 방식보다 이렇게 예수와 직접 멘토 관계를 맺는 방식에 훨씬 더 마음이 이끌렸다. WWJD이 획기적인 성공을 거두자, 교회는 청년들이 그리스도교에 매력을 느낄 만한 스토리텔링의 요소를 차용하기 시작했다. 그리하여 복음주의 청년 운동이 크게 활성화되었고, 새로운 세대의 신도를 교회로 끌어들일 수 있었다.

WWJD의 성공에서 우리는 스토리텔링 전략에 대한 중대한 교훈을 얻을 수 있다. 대중들과 인간적인 관계를 형성하고자 한다면 우리의 브랜드를 조직이나 법적 실체, 종업원 집단이 아닌 하나의 인격체로 인식해야 한다. 우리 자신의 진정한 대변자인 브랜드 멘토와 친밀해지는 한편, 자기 자신에게 '우리의 브랜드 멘토라면 어떻게 할까?'라는 질문을 던지고, 이 질문에 자신 있게 한결같은 대답을 할 수 있어야 한다. 사실 브랜드에 어떻게 일관성을 부여할지 막막하다면, 그저 WWJD만 떠올리면 된다.

등장인물에 대해 완전히 파악해야만 대중을 위해 그들에게 생명을 불어넣을 수 있다. 그러니 브랜드 전략의 다음 단계에서는 브랜드 멘토에 대한 철저한 이해가 필요하다. 카를 융의 '원형(archetype)' 개념은 이러한 자기 이해에 도움이 된다.

융은 우리가 백지 상태로 세상에 태어난 것이 아니라 처음부터 모든 경험과 행동에 정보를 제공하는 '원형'이라는 선험적 개념을 갖고 태어난다고 믿었다. 원형은 무의식 속에 존재하며 완벽하게 말로 설명할 수는 없기 때문에, 융은 이를 '원시적 이미지(primordial image)'라고 표현했다. 인간은 세상에서 얻는 경험을 통해 의식적인 원형적 이미지를 이 개념에 연결시키기 시작한다. 예를 들어 우리는 갑옷 입은 기사나 이집트의 민주 항쟁자에 대해서는 전혀 모르는 상태로 태어나지만, 이러한 구체적인 인물을 접하거나 경험하게 되면 이들을 기존의 영웅 원형의 개념에 합치시킨다. 인물이나 이미지가 무의식 속 원형과 유사할수록 우리의 감정에 더욱 강하게 연결된다.

신화 속에는 원형에 가까운 인물이 많이 등장한다. 나는 다섯 살의 나이에 「스타워즈」에 매혹되어 영화의 매력적인 캐릭터 인형을 수집하기 시작했다. 「스타워즈」에는 다스 베이더(악당), 오비완 케노비(스승), 요다(신탁), 한 솔로(반란자) 등 강력한 원형이 가득하다. 심지어 「스타워즈」를 직접 본 적도 없고 나한테 얘기를 들은 적도 없는 세 살짜리 내 딸도 자신을 레이아(Leia) 공주라고 부르고 이웃에 사는 친한 친구를 루크(Luke)라고 부르면서 이 인물들을 마치 문화적 삼투압처럼 빨아들인다.

원형은 외부의 독립된 인물을 표현하는 듯해도 사실은 우리 자신의 심리 구조의 다양한 측면을 묘사하기 때문에 인간의 마음을 사로잡는다. 원형을 가장 자주 만나는 곳은 우리의 꿈속이다. 여기서 우리는 무서운 악당, 아름다운 유혹자, 이상한 괴물을 만난다. 꿈을 해석해 본 적이 있다면 이 등장인물 각각이 꿈을 꾸는 사람의 일부라는 사실을 알 것이다. 우리 모두는 원형의 화신이기 때문에 명확한 원형이라면 모두 자신과 동일시할 수 있고 이를 통해 자기를 인식할 수 있다.

원형이 사람들을 자극하고 주목을 끌고 감정적으로 연결시키는 역할을 한다면, 당연히 마케터들에게도 필수적인 도구가 될 것이다. 마거릿 마크(Margaret Mark)와 캐럴 피어슨(Carol Pearson)은 공동 저서 『영웅과 무법자(The Hero and the Outlaw)』에서 사람들의 마음속에 명확히 자리 잡은 원형을 효과적으로 이용하는 브랜드에 대해 심도 있게 조사했다. 그들은 이런 접근법이 엄청난 재정적 성과로 이어진다는 놀라운 증거를 제시했다.*

임파워먼트 마케팅의 세계에서 원형은 원래 무형이던 가치에 구체적 형태를 부여하는 최고의 수단이라는 점에서 특히 중요하다. 예를 들어 당신이 가장 중요하게 생각하는 브랜드 가치가 '재미'라면, 자연적 한계를 넘어 불가능을 가능하게 만드는 '마법사' 같은 원형에 끌릴 것이다. 또한 당신이 '독특성'이라는 가치를 최고로 꼽는다면, '반란자' 같은 원형을 더욱 선호할 것이다.

이 장의 마지막에 소개된 기초 훈련에서는 임파워먼트 마케팅 브랜드를 만드는 데 특히 도움이 되는 일곱 가지 원형을 제시한다. 이 원형들을 통해 자신의 브랜드 멘토를 더욱 깊이 이해하는 한편, 스토리를 만들 때 '우리의 브랜드라면 어떻게 할까?'라는 질문에 자신 있게 대답할 수 있을 것이다.

## 제3단계: 용의 소굴로 들어가 보물을 획득한다

마법의 세계의 중심으로 향하는 여정 중에 우리의 영웅이 무시무시한 적과 마주치고, 스승이 준 마법의 선물의 도움을 받는 단계이다.

그는 대도시의 분주한 광경과 떠들썩한 소음에 대해 어떻게 느꼈을까? 40년 동안이나 양과 산들바람, 몇몇 온화한 벗들 외에는 아무것도 몰랐던 그가 말이다. 어둠 속에 갇혀 있다가 빛 속으로 나오자 눈이 멀게 된 죄수처럼, 모세는 시끌시끌하고 활기찬 옛 고향을 보고 깜짝 놀랐다. 길 잃은 양을 찾으러 다니던 지난 40년에 비하면 너무 자극적이었다. 상인들은 금방이라도 무너질 듯한 가판대에서 소리를 질러댔다. 거리의 마법사는 들어

본 적도 없는 이상한 언어로 그를 부르며 손짓했다. 건물 위 창문에서는 매춘부들이 달콤한 목소리로 유혹했다. 노예들은 고개를 숙인 채 터덜터덜 걸어가다가 그를 올려다보았다. 그러나 한때 이집트의 왕자였던 그를 알아보는 사람은 아무도 없었다.

그의 형 아론은 도시 밖에서 모세를 만나라는 하느님의 말씀에 따라, 당연한 듯 모세를 이끌고 미로 같은 거리를 빠져나와 탁 트인 광장으로 데려갔다. 그곳에서 모세는 그가 살인을 저지른 그 악몽 같은 날 이후 처음으로 왕궁과 옛집을 둘러보았다.

"가서 파라오에게 말하라"는 하느님의 명령을 이행하기는 결코 쉬워 보이지 않았지만 황량한 산꼭대기에서 그 말을 들었을 때는 적어도 불가능한 일처럼 느껴지지는 않았다. 그러나 왕궁 앞에 서자 모세는 자신이 하려던 일이 수천에서 수만 명의 병사들이 지키는 4백 개의 문을 통과해야만 가능한 일이었음을 알게 되었다. 바깥문을 향해 다가가던 형제는 이런 바보짓을 하면 어떤 결과가 생길지 생각해 보았다. 죽음을 당할 게 뻔했지만 다른 도리가 없었다. 그런데 신기한 일이 일어났다. 병사들에게 다가가던 형제는 그들의 눈에 자신들이 보이지 않는다는 사실을 알게 되었다. 거대한 사자 두 마리가 지키는 왕궁 입구에 가까이 다가가도, 사자들은 겁에 질린 형제 바로 앞에서 그들의 주위를 돌며 킁킁거리며 땅 냄새를 맡을 뿐이었다.

"생각보다 순조로운걸." 모세가 왕궁 안으로 들어서며 속삭였다. 모세의 긴 생애에서 다시는 이런 말을 할 수 없을 것이었다.

파라오의 알현실은 그를 만나러 온 이들에게 마치 신 앞에 선 듯한 위압감을 주도록 설계되었다. 파라오는 세상에 있는 나머지를 모두 합친 것보다 더 많은 황금과 권력, 무기를 가진 신이나 마찬가지였다. 손짓 한번으로 모든 사람의 심장을 찢어버릴 수 있는 신이기도 했다.

두 노인이 다가오는 모습이 경비병들의 눈에는 보이지 않았다 해도 파라오와 신하들에게는 보였을 것이다. 하지만 이 불청객들을 내려다보며 조소하는 모습을 보니 이들에게서 큰 인상은 받지 못한 것 같았다.

모세는 몇 미터 위에 앉아 있는 왕에게 이야기하기 위해 고개를 조심스럽게 뒤로 젖히고는 곧장 본론을 꺼냈다. "이스라엘의 하느님 야훼께서 말씀하셨습니다. '내 백성을 내보내어 그들이 광야에서 나를 위해 축제를 지내게 하라.'" 침묵이 이어졌다. 하느님이 모세를 위해 마련한 계획은 그리 현명하지 못했던 것 같다. 만약 당신이 사막에서 3일간의 휴가를 갖겠다고 청하는데 아무도 신경 쓰지 않는다면 당장 그만두는 게 좋을 것이다.

파라오의 반응은 예상대로였다. 그는 단박에 거절했다. 모세가 대변하는 신의 말도 들으려 하지 않았다. 심지어 한술 더 떠서, 그날부터 이스라엘 노예들에게 벽돌을 만드는 데 필요한 짚을 직접 모아오라는 명령을 내렸다. 노동량을 사실상 두 배로 늘리겠다는 뜻이었다. 모세가 상황을 더 악화시킨 것이다.

그리하여 약자 모세와 전능한 파라오 사이에 지혜와 마법을 겨루는 필사적인 싸움이 시작되었다. 하느님의 약속대로 마법의 지팡이가 큰 활약을 했다. 모세는 지팡이를 아론에게 주어 나일 강의 물을 피로 변하게 했다. 그러나 파라오의 요술사들도 그와 똑같이 했다. 그러자 모세는 지팡이를 흔들어 개구리, 각다귀, 파리를 들끓게 하고, 전염병을 돌게 하여 이집트의 가축을 모두 죽였으며, 종기, 우박, 메뚜기, 어둠 등 온갖 재앙을 불러들였다. 재앙의 강도는 갈수록 높아졌지만 파라오의 완강한 마음을 누그러뜨릴 수는 없었다.

그러자 모세는 가장 치명적인 재앙을 예고했다. 파라오가 이스라엘 백성을 놓아주지 않으면 모든 맏아들과 맏배 짐승을 죽이겠다고 경고했다. 그래도 파라오가 말을 듣지 않자 하느님은 이집트에 마지막 재앙을 내렸다.

"모두 떠나라!" 모세의 하느님이 불러온 대학살의 재앙을 보고 왕이 울부짖었다. 비겁하고 이기적인 파라오는 자신 또한 맏아들이었기에 죽음을 피할 수 없게 될까 두려웠던 것이다.

모세는 힘겹게 쟁취한 자유라는 보물을 가슴에 안고 믿음직한 마법의 지팡이를 손에 꼭 쥔 채, 백성들을 이끌고 이집트를 떠났다.

### 마법의 세계로 가는 여행: 새로운 가능성을 창조하는 브랜드

일상 세계의 경계를 넘는 순간 영웅은 두렵고도 흥미로운 땅에 발을 들이게 된다. 미지의 위험이 도사리고 있는 완전히 낯선 곳이기에 두려움을 주며, 오랜 걸림돌과 관습이 더 이상 존재하지 않기에 흥미로운 곳이다. 모세가 느낀 것처럼 갑자기 모든 것이 가능해지는 세계이다. 캠벨은 영웅이 여행하는 이 마법의 세계가 가장 기본적인 법칙도 적용되지 않고, 강력한 상징을 만날 수 있으며, 우리를 깨우치고 이끄는 의미가 가득한 꿈의 세계라고 했다. 마법 세계의 관문에서는 대개 두려움보다 흥미를 더 크게 느낀다. 「스타워즈」에서 루크가 소란을 일으키는 야생 괴물과 마주쳤던 선술집 장면을 떠올려 보라.

훌륭한 스토리텔링 전략은 고루한 옛 법칙들이 더 이상 적용되지 않는 환상적인 마법의 세계를 창조한다. 오바마 후보의 스토리는 인종 갈등이 모두 사라진 낙관적인 세상을 배경으로 시작된다. 폭스바겐의 마법 세계에서 광고주들은 더 이상 거짓말을 하지 않는다. 애니 레너드의 마법 세계에서는 딱딱하고 복잡한 문제도 재미있고 쉽게 이해할 수 있다. 도로시가 살던 캔자스의 흑백 세상과 대조를 이룬 총천연색의 오즈처럼, 브랜드의 마법 세계는 영웅이 지금까지 알던 익숙한 세상보다 훨씬 생동감 있고 흥미진진해야 한다. 제7장에서는 이 모두를 가능하게 하는 스토리 제작의 구체적인 팁을 몇 가지 소개하겠다.

## 강적을 만나다: 악당은 꿈을 이루지 못한 영웅일 뿐이다

사악한 의도를 품은 나쁜 사람은 분명 흥미로운 존재다. 그러나 악당이 영웅의 어두운 면을 대변하는 순간 그는 영웅에게 두려움을 주는 존재가 된다. 파라오가 완벽한 악당이 될 수 있는 이유도 그 때문이다.

이 이야기 속 파라오에게서 우리는 중요한 세 가지 특징을 발견할 수 있다. 이는 모두 모세가 이스라엘 백성을 위해 행동하지 않을 경우 자신에 대해 느끼게 될 가장 큰 두려움들을 대변한다. 첫째로, 파라오는 타인의 고통에 완전히 무감각하다. 오로지 모세를 조롱하기 위해 노예의 일을 두 배로 늘리면서도, 그들이 일하다 죽지나 않을까 하는 걱정은 전혀 하지 않았다. 만일 모세가 미디안에 계속 머물렀다면, 파라오와 마찬가지로 절대 외면해서는 안 될 타인의 고통에 등을 돌리는 셈이었다. 둘째로, 파라오는 하느님에 대한 믿음이 없었다. 그가 모세의 요구에 코웃음을 쳤던 이유는 하느님을 믿지 않았기 때문이다. 모세 또한 만약 모험을 거절했다면, 하느님의 권능에 대한 불신을 선포하는 것이나 마찬가지였다. 마지막으로, 파라오는 겁쟁이였다. 이집트 백성의 목숨이 위태로울 때는 수수방관하다가 자신의 목숨에 위협을 느끼자 즉시 마음을 돌렸다. 모세가 하느님의 소명을 무시했다면 그 역시 겁쟁이라고 불렸을 것이다. 파라오는 모세의 어두운 면을 반영하는 거울상이었기 때문에 그토록 사악한 존재가 되었다.

여기서 얻을 수 있는 교훈은 간단하다. 숭고한 가치를 추구할 때 우리에게 맞서는 이들이 우리의 적인 것처럼 보이지만, 사실 진정한 적은 내면의 두려움과 나약함이다. 그러니 우리의 나약함을 극복하는 법을 배워야만 외부의 적에 맞설 수 있다. 임파워먼트 마케팅에서 이러한 통찰은 브랜드 영웅뿐만 아니라 브랜드 멘토에게도 적용된다. 다음번 기초 훈련 코너에서 다룰 멘토의 원형 중에는 주인공의 어두운 면을 대변하는 원형도 포함된다. 관련 인물의 과오를 민감하게 받아들이는 것도 성공적인 스토리텔링에 큰 도움이 된다.

### 스승의 선물: 무엇이 브랜드를 독특하게 만드는가

「스타워즈」의 선술집처럼 마법의 세계는 재미와 함께 시작된다. 그러나 이 세계에서 영웅이 내딛는 모든 발걸음은 용의 소굴로 향한다. 영웅은 임무를 완수하려면 가장 위험한 장소인 그곳을 반드시 거쳐야 한다.

그러나 영웅은 이미 준비를 갖추었다. 영웅의 여정에는 균형이 존재한다. 위험에 가까이 다가갈수록 영웅의 능력도 점점 향상된다. 용(또는 파라오나 사악한 마녀)을 만날 때쯤에는 영웅답지 않던 모습은 온데간데없다. 게다가 스승의 선물이라는 든든한 무기도 있다. 스승의 주된 역할 중 하나는 영웅이 가장 절박한 시기에 역경을 극복하는 데 사용할 수 있는 선물(마법의 물건이나 도구)을 주는 것이다. 스승은 스토리의 영웅이 아니어서 영웅과 함께 용의 소굴에 들어가지 않지만, 영웅은 마법의 선물을 이용하여 스승의 영혼을 불러낼 수 있다. 영웅을 모험에 응하게 하는 것은 스승의 조언이지만, 불가능해 보이던 모험을 성공하게 하는 것은 멘토의 선물이다.

위대한 스토리에 등장하는 선물은 지팡이나 루비 구두, 광선검, 엑스칼리버 같은 물건이다. 마케팅의 세계에서 선물은 브랜드를 청중의 뇌리에 영원히 각인시킬 인상적인 개념이나 이미지로서, 우리에게 '이것만 갖고 있다면 어려움을 극복할 수 있어. 이것은 특별하니까'라고 느끼게 한다. 앞에서 살펴본 임파워먼트 마케팅의 사례에서는 비록 각 브랜드마다 선물에 접근하는 방식은 달라도, 실제로 선물을 제공하면서 역경에 대처하고 구습을 타파할 수 있다고 약속한다는 점에는 차이가 없었다. 애니 레너드의 선물은 명쾌한 해답을 즉시 보여 주는 마법의 화이트보드이다. 오바마의 선물은 놀라운 온라인 도구들이다. 선거 캠페인에서 이 시대의 기술을 매우 적절히 활용한 덕분에 그는 처음부터 진정한 우승 후보로 떠오를 수 있었다. 애플의 선물은 일률적인 베이지색 사무기기를 뛰어넘는 아름다움을 지니고 있다. WWJD는 그 자체가 마법의 선물이라 할 수 있는 팔찌다.

브랜드 선물을 잘 선택한다고 해서 그것이 말 그대로 브랜드의 메시지 자체가 될 수 있는 것은 아니다. 애플은 반란을 상징하는 주먹을 선택하지 않았다. 애니 레너드 또한 바보도 이해할 수 있을 만큼 간단한 도식을 내세운 것은 아니었다. 모세의 초라한 나무 지팡이도 하느님의 기이한 부적처럼 보인다. 오히려 브랜드 선물은 나머지 스토리텔링 전략이 창조적으로 도약하여 생명을 얻게 하는 와일드카드에 가깝다.

임파워먼트 마케팅의 브랜드 선물은 언뜻 제품을 사용하여 마법처럼 문제를 해결한다는 흑기술 관행을 연상시키기도 한다. 둘 사이에는 분명 공통점도 있지만 중요한 차이가 있다. 결함 마케팅에서는 불안감을 불러일으킨 다음 이를 진정시킬 수단을 제공하는 반면 임파워먼트 마케팅에서는 영웅에게 모든 것이 자신에게 달려 있다고 말한다. 선물은 한때 불가능해 보였던 모험을 실현가능하게 만들어 줄 뿐이므로 영웅이 주인공으로서 모험을 수행해야 한다는 점은 달라지지 않는다. 오바마가 인터넷이라는 수단을 영리하게 활용한다고 해서 최선을 다해 선거 운동에 임하지 않아도 된다는 뜻은 아니다. 오히려 그것은 더욱 열정적으로 활동할 수 있게 도와 준 수단이 되었다. 레너드의 화이트보드도 세계의 문제를 해결하지는 못하지만 당신으로 하여금 이해의 폭을 넓혀 변화에 동참하도록 권고하는 역할을 한다. 애플 또한 당신을 대신해서 '다르게 생각'해 주지 않는다. 당신이 다르게 생각하는 데 도움이 될 아름다운 도구를 만들어 줄 뿐이다.

## 제4단계: 돌아가는 길, 부활, 귀환

우리의 영웅이 위대한 가치를 세상에 실현하고 마침내 교훈을 얻는 단계이다.

모세는 노예의 아들로 태어나 왕자로 성장했으며, 도망자의 신분에서 목자가 되고, 다시 예언자의 삶을 살다 이제는 다시 목자로 돌아왔다. 그러나 이번에 그가 거느린 양은 수십만이나 되는 데다 그 어떤 까다로운 양보다 더 다스리기 어려웠다.

이집트에서의 탈출은 순조로웠다. 모세와 그의 백성들은 노예나 도망자로 이집트를 빠져나온 것이 아니라 압제자에게서 빼앗은 보물과 무기를 손에 들고 당당하게 떠나왔다. 하지만 그들은 여유를 부릴 새 없이 서둘러 광야로 이동했다. 여러 번 약속을 어긴 파라오가 언제 또 변덕을 부릴지 몰랐기 때문이었다.

아니나 다를까 파라오는 마음을 바꿨다. 완고한 왕은 노동력을 모두 상실했다는 생각에 분노가 치밀었다. 갑자기 모든 두려움이 사라지자, 왕은 노예를 되찾기 위해 6백 대의 병거를 이끌고 출발했다.

한 이스라엘 백성이 서쪽에서 다가오는 먼지 구름을 발견했다. 사람들은 공포에 질려 소리를 질렀고, 바다를 등지고 진을 치게 한 모세를 원망하기도 했다.

"그들에 맞서 싸우라!" 모세가 백성들에게 소리쳤다. 그들은 이집트 군사보다 훨씬 수가 많았지만, 모세의 말을 듣지 않고 울부짖으며 달아날 궁리만 했다.

모세는 화가 났다. 이들은 어렵게 쟁취한 자유를 순순히 내놓으려고 이렇게 멀리까지 온 걸까? 하지만 그는 분노하되 체념하지는 않았다. 다른 사람들은 모두 죽음을 기다리고 있었지만 우리의 목자는 더 이상 주저하거나 회피할 구실을 찾아 소명의 불빛을 꺼뜨리려 하는 겁쟁이가 아니었다. 이제 그는 거부할 수 없는 목적 의식으로 충만했다. 그는 다시 한 번 하느님께 의탁했다. 그러자 전지전능한 하느님이 그에게 응답하셨다.

"지팡이를 들고 바다 위로 손을 뻗어 바다를 가르라."

그는 두려움도 의심도 없이 하느님의 명령을 따랐고, 그러자 정말로 바다가 갈라졌다.

그제서야 백성들은 그에게 주목했다. 사람들은 모세에게 경외심을 느끼면서, 죽음을 뒤로 하고 그들을 자유로 이끄는 목자의 뒤를 따랐다. 마지막 백성이 바다를 건너는 순간 물이 다시 되돌아와서 파라오와 군대를 덮쳤다. 모세는 이렇게 소명을 완성했다.

## 보물을 가지고 귀환: 사회에 혜택을 베푼다

역경을 극복하고 보물을 차지한 영웅은 이제 마법의 세계를 떠나, 보물을 이용하여 자신이 속한 무너진 세계를 치유해야 한다.

캠벨은 보물을 '사회에 베푸는 혜택'이라고 부르는데, 이 용어에서 영웅의 여정의 주요 특성을 알 수 있다. 즉 영웅이 마법의 세계에서 얻은 보물은 영웅 혼자 차지하는 것이 아니라 공동체와 나누기 위한 것이다. 영웅의 여정에서 궁극적인 목적은 영웅이 더 나은 세계를 만들기 위해 자신을 희생하고 이타적인 행동을 하는 것이다. 자신의 영웅이 사회에 가지고 돌아오는 선물인 브랜드 혜택이 무엇인지 이해하면, 더욱 의미 있고 흥미로운 스토리를 만들 수 있으므로 스토리텔링 전략의 성공 가능성도 높아진다. 예컨대 도브의 '리얼뷰티' 캠페인의 브랜드 혜택은 여성들이 소셜 네트워크를 열어 열정적으로 메시지를 공유할 수 있도록 도움을 준 것이다. 광고판 속 비쩍 마른 성형 미인이나 포토샵으로 보정된 모델의 모습을 정상적인 몸을 가진 속옷 차림의 현실적인 여성들의 모습으로 대체한 일은 자신의 몸에 대해 안심하게 된 관객들에게 단순한 선물 이상의 의미가 있다. 이는 사회가 왜곡하는 이상적인 미의 기준을 바로잡겠다는 분명한 메시지가 담긴 정치적 발언이기도 하다. 그리하여 그 메시지를 공유하는 행위는 곧 브랜드 혜택을 전파하는 영웅적 행위가 되었다. 나이키 또한 개인적 성취만을 스토리의 결론으로 삼기엔 충분치 않다고 여겼다. '나이키가 만드는 더 나은 세상(Nike Better World)'이라는 최근의 캠페인은 사회에 풍부한 브랜드 혜택을 제공하는 것을 주요 목표로 한다. 이 웹사이트에서는 스포츠가 어떻게 폭력을 종식시키고 노숙 문제를 해결하고, 편견을 타파하는지 설명하고 있다. 나이키 스토리의 교훈은 운동선수의 성취를 누구나 참여할 수 있는 도전이라는 위대한 선에 연결하여, 영웅의 여정의 영역을 확장하였다.

### 진실이 밝혀지다: 스토리의 교훈을 분명히 밝힌다

영웅은 보물을 손에 넣거나 마음속에 간직했다. 영웅은 일상 세계에 거의 도달했지만 아직 이야기는 끝나지 않았다. 난데없이 어둠의 그림자가 다시 밀려온다. 완전히 물리쳤다고 생각했던 적이 최후의 결전을 위해 다시 돌아온다. 그러나 이번에는 승산이 크지 않아 보인다. 사실 이 마지막 단계에서는 보통 영웅이 죽음을 피할 수 없을 것처럼 보인다.

그러나 영웅은 지금까지 만난 모든 시련, 친구, 적들을 통해 배운 것들을 총동원하여 결정적인 공격을 가하고, 결국 적을 완전히 물리친다. 영웅은 자신이 추구하던 숭고한 가치를 실현할 수 있을 만큼 충분히 성장했고, 부활에 가까운 기적도 일어난다.

여정의 이 마지막 단계가 중요한 까닭은 이 단계를 경험하고 나서야 스토리텔러가 무엇을 얘기하려는지 알 수 있기 때문이다. 그 전까지 우리는 스토리의 교훈을 깨닫지 못한 상태였다. 「출애굽기」는 '하느님에 대한 절대적인 믿음으로 자유를 얻을 수 있다'라는 교훈을 주고 있다. 모세는 바다를 등지고 진을 치라는 하느님의 조언을 충실히 따랐다. 전략상 실책을 범한 것처럼 보이지만 그의 깊은 신앙심을 보여 주는 데는 성공한 셈이다. 또한 백성들이 공격을 당했을 때 그는 깊은 신앙심 덕분에 아무런 두려움 없이 하느님의 말씀대로 마법 지팡이로 물을 가를 수 있었다. 신앙의 힘으로 난관을 극복한 것이다.

갑자기 하느님의 섭리를 이해할 수 있게 되었다. 영웅이 되기 전에 가졌던 의혹들은 갈수록 깊어져가는 믿음으로 바뀌고 결국 선한 목자는 신앙의 힘만으로 제멋대로인 양떼를 안전하게 이끌었다. 마지막에 모세가 하느님의 명령을 거역했다면 스토리의 의미가 얼마나 달라졌을지 생각해 보라. 하느님의 말씀을 따르는 대신 자기 자신을 믿어야 한다는 사실을 깨달았다면 어떻게 되었을까? 이집트인들 앞에서 즉흥적으로 감동적인 연설을 하자 파라오의 마음이 누그러졌다면 어땠을까? 그러면 스토리는 '당신이 필요한 모든 것은 이미 당신 안에 있다. 그러니 자신을 믿어라'라는 완전히 다른 의미를 띠게 된다. 아니면 모세가 하느님의 말을 들었으나 아무 일도 일어나지 않았다면? 그리하여 자신을 낮추어 백성들에게 도움을 호소했다면? 모세가 권력을 내려놓는 모습을 보고 공동체가 힘을 모아 이집트 군대를 쳐부수었다면 교훈은 '아무리 하느님의 사람이라도 혼자서는 살 수 없다'로 바뀐다. 이렇게 보면 마지막 시련에서의 영웅의 승리가 스토리의 교훈을 말해 주는 셈이다.

위의 결말이 만족스럽게 여겨지는 이유는 이 스토리가 보편적이면서 공감할 수 있는 삶의 지혜를 가르쳐 주기 때문이다. 반면 교훈이 분명하지 않다면 스토리는 성립하지 않는다. 모세가 지팡이를 앞으로 내민다. 바다가 갈라진다. 이스라엘 백성들이 달아나고 그 뒤를 이집트인이 바짝 뒤쫓는다. 그러다 갑자기 바다가 닫히고 모든 사람이 빠져 죽지만 모세만이 기적적으로 살아남는다. 이런 내용이라면 스토리텔러가 무엇을 가르치려고 하는지 의문만 생길 뿐이다.

불행히도 많은 브랜드 전략이 혼란스러운 스토리 교훈 때문에 실패한다. 원형(그들이 누구인지)에 일관성을 유지하지 못할 뿐더러 스토리의 명확한 교훈(그들이 무슨 말을 하려는지)을 정의하는 데도 실패하는 브랜드가 적지 않다. 모든 커뮤니케이션은 우리에게 그들의 선물에 대해 기뻐하거나, 그 선물을 갖고 싶어 하거나, 아니면 그저 선물이 무엇이지 한 번 보거나 해달라고 호소하는 혼란스러운 시도일 뿐이다. 명확한 교훈을 선택하고 지켜나갈 수 있는 브랜드만이 스토리 전쟁에서 승리할 수 있으므로, 브랜드가 들려주는 모든 스토리의 결론에서는 교훈을 자신 있게 선언하거나 적어도 분명하게 암시해야 한다. 교활한 결함 브랜드들의 경우 인간이 가장 저급한 욕망만을 가진 존재에 불과하다는 교훈을 수십 년 동안 자신 있게 선언해 왔다. 이들의 교훈은 분명하지만, 선택할 수 있는 스토리가 수백만 가지나 존재하는 현재의 상황에서 과연 우리에게 진정으로 영향을 줄 수 있을까? 결함 스토리들도 인생에 대한 보편적인 지혜를 전해 주는가? 아니면 임파워먼트 마케팅만이 우리 내면의 신념과 초월에 대한 희망에 부합하고, 공감을 주는 교훈을 제시하는가? 이 질문에 대한 내 대답은 이미 잘 알고 있을 것이다. 당신 자신의 견해는 스스로 결정하기 바란다.

　이제 모세와 함께하는 우리의 여정은 막바지에 이르렀다. 규모가 큰 영웅의 여정의 패턴을 이해할 수 있는 사례였다. 캠벨이 말했듯, 신화창조자들은 수천 년 동안 심오한 진실을 전달하기 위해 이 형식을 사용하였다. 초월 동기에 대한 매슬로의 통찰과 이 패턴을 함께 사용한다면 대중이 반응하고 공감할 수 있는 방법으로 인간의 본성과 잠재력에 대한 진실을 말하라는 파워스의 계명을 따르는 스토리 전략을 세울 수 있다.

　다음의 기초 훈련을 통해 이러한 통찰을 실제로 활용해 보자.

## 기초 훈련

## 스토리의 핵심 요소 설계하기

이번에는 제품, 대의, 후보, 사상을 위한 스토리에 질서와 일관성을 부여하는 훈련을 해 보자. 시작하기 전에 먼저 스토리 전략의 구성 요소들을 살펴보자.

**브랜드 영웅:** 마케팅의 표적 집단을 구현한다. 이들을 영웅으로 성장 중인 주인공으로 설정하면 결함 마케팅이 아닌 임파워먼트 마케팅에 보다 가까워질 수 있다.

**브랜드 멘토:** 당신의 브랜드를 구현한다. 이 등장인물을 제대로 정의하고 그 특성을 깊이 이해한다면, 일관성 있는 목소리를 내고 브랜드만의 독특한 느낌을 주는 데 도움이 된다. 당신 자신을 영웅이 아닌 영웅을 움직이게 하는 힘으로 인식해야만 대중들이 행동하도록 용기를 줄 수 있다.

**브랜드 선물:** 당신의 브랜드를 특별하게 만들고, 브랜드 영웅에게 브랜드와의 관계를 통해 고차원의 가치를 추구할 수 있다는 믿음을 주는 창조적인 와일드카드이다.

**스토리의 교훈:** 스토리가 전달하는 핵심 메시지로, 은밀히 숨겨져 있는 경우도 있지만 명백히 드러난 경우도 있다. 교훈은 줄거리, 등장인물, 형식이라는 다양한 옷을 입지만 언제나 커뮤니케이션에 의미와 일관성을 부여할 수 있어야 한다.

**브랜드의 혜택:** 브랜드 영웅이 궁극적으로 세상에 기여하는 방식을 말한다.

임파워먼트 마케팅은 영웅들에게 자아 성취에 그치지 말고 세상 전체를 치유하고 개선하도록 요구한다.

## 브랜드 영웅

### 제1단계: 브랜드 영웅에게 생명 불어넣기

대상 대중 속에 반드시 포함되어 있어야 할 브랜드 영웅의 특성을 묘사해 보자. 실제 인물을 모델로 하든 순전히 상상 속 인물이든 충분히 시간을 갖고 가능한 한 구체적으로 그려 보자. 그의 이름은 무엇인가? 그는 자신의 외면과 내면을 어떻게 인식하는가? 1인칭의 관점에서 세부적인 묘사를 해 보자.

일단 대상 집단의 특성이나 성격을 파악했다면 그 정보는 스토리 전략을 만드는 데 귀중한 자료가 된다. 전통적인 조사 방법으로도 이 정보를 얻을 수 있지만, 그렇게 하는 것보다 창의적인 스토리텔링의 영역에 훨씬 더 깊숙이 들어갈 것이다.

브랜드 영웅이 둘 이상 필요하다고 느낄 수도 있다. 다양한 사람들을 위해 다양한 메시지를 창조해야 한다면 당신의 전략적 사고에 둘 이상의 영웅을 초청할 필요도 있다. 하지만 브랜드는 단 하나밖에 가질 수 없고 그 브랜드의 스토리에 집중해야 한다는 점을 유념하자. 브랜드 영웅의 수를 하나씩 늘릴수록 스토리에 대한 창의력의 부담은 기하급수적으로 증가하고 영웅에 대한 당신의 비전은 혼란에 빠지게 된다. 브랜드 영웅을 하나만

선택해야 한다는 것이 내키지 않더라도, 일관성 있는 전략을 만들기 위해서는 어쩔 수 없다. 우리는 영웅을 통해 보편성을 다루기 때문에 하나의 영웅만 제대로 창조하면 인간의 모든 특성을 포괄할 수 있음을 기억하자. 그러니 다른 해결 방법이 없는 경우가 아니라면 이 훈련의 막바지에 이르러 다시 앞으로 돌아가 다른 브랜드 영웅을 추가하는 일은 자제하자.

### 브랜드 영웅의 실제 사례

도브의 '리얼뷰티': 자신의 신체 이미지에 깊은 불만을 느끼는 한 여성. 이러한 불만이 외부 요인에 의해 자극받고 있다는 사실은 알지만, 누가 어떻게 자극하는지는 잘 알지 못한다.

애플: 자기 자신을 천편일률적인 문화에 저항하는 창조적인 영혼으로 인식하는 한 젊은이.

티파티: 미국의 현실에 분노하는 중년 부부. 미국이 잘못된 방향으로 가고 있다고 생각하지만, 문제의 근원이나 해결 방안은 잘 알지 못한다.

### 제2단계: 영웅을 통해 무너진 세계에 대한 편지를 쓴다

당신의 브랜드 영웅을 시켜 친한 친구나 가족에게 편지를 쓰게 하라. 이 편지는 영웅이 살아가는 무너진 세계에 대한 진실을 밝힌다. 편지를 쓰면서 스스로에게 질문을 던져 보자. 오래된 스토리와 해설 중 영웅이 더 이상 납득할 수 없는 것들에는 어떤 것들이 있을까? 영웅은 모험을 통해 세상을 바꿀 수 있다는 소명에 대해 어떻게 느낄까? 영웅은 왜 아직 그 소명을 받아들이지 않을까?

당신이 일상적으로 사용하는 비즈니스 용어에서 탈피하여 스토리 형식으로 이 편지를 써 보자. 매우 개인적인 모험을 시작하는 것처럼 느껴지게끔 말이다. 이 작업은 스토리의 언어를 사용하여 무너진 세계를 바로세우는 내용의 전형적인 텍스트를 읽어 보면 큰 도움이 된다. 쉽고 간단한 예로 「로렉스(The Lorax)」,[2] 『해리포터와 마법사의 돌』, 『오디세이』의 처음 몇 장, 「스타워즈」의 도입부 자막 등이 있다.

### 제3단계: 배운 내용을 기록한다

부록의 표로 돌아가 브랜드 영웅의 이름과 간단한 설명을 적어 보자. 브랜드 영웅을 깊이 이해하는 데 필요하다고 생각되면 무너진 세상에 보내는 편지도 함께 보관하자.*

## 브랜드 멘토

대중 집단이 당신의 영웅이라면, 브랜드는 영웅을 모험으로 안내하는 멘토가 된다. 이 단계에서는 당신의 브랜드가 실제로 어떤 유형의 멘토를 구체화해야 할지 알아본다.

### 제1단계: 브랜드 멘토의 원형을 파악하라

앞에서 브랜드 영웅의 밑그림을 그려 보았듯이, 여기서는 브랜드 멘토의 밑그림을 만들어 본다. 다음에 소개한 인물 설명은 멘토의 원형을 밝히는

---

[2] 2012년에 개봉한 미국의 애니메이션으로, 숲도 나무도 모두 사라져 버린 도시에 사는 소년이 진짜 나무를 찾아 나서는 모험담을 그린 작품이다.

데 참고가 될 것이다. 내가 '선택한다'가 아닌 '밝힌다'라는 단어를 사용한 이유는 브랜드의 현재 모습이 어떠하며 앞으로 어떤 인격을 가지길 원하는지 깊이 관찰하는 과정이기 때문이다. 즉 브랜드의 진정한 핵심에 이름과 얼굴을 부여하는 작업이다. 아래의 원형들을 검토하면서 당신 자신이 스스로를 어떻게 인식하는지 깨닫는 한편, 당신이 최선을 다할 경우 대중이 당신을 어떻게 느끼고 생각할지도 생각해 보자.

각 원형이 어떤 가치를 구현하는지 살펴보자. 당신이 이미 선택한 가치를 구현하는 원형을 찾았다면, 그 원형은 진정한 핵심을 표현할 인물의 모델이 될 수 있다. 반대로 어떤 원형의 특성에 매력을 느꼈다면, 당신의 브랜드 가치를 그 원형에 맞추어 재조정할 수도 있다. 브랜드 가치가 조직 내에서 이미 깊이 각인된 것이 아니라면 말이다.

두 가지 방향으로 모두 밑그림을 그려 보면서 어느 쪽이 더 마음에 드는 결과를 가져오는지 살펴보자. 몇 가지 원형을 결합하거나 하나 이상의 원형을 선택하고 싶다는 생각이 들 수도 있겠지만, 대중이 멘토의 복잡한 측면들을 전부 알고 싶어하지는 않는다는 점을 명심하자. 그들은 당신의 브랜드를 단일한 인물로 이해하기를 원한다. 원형이 브랜드에 대한 모든 것을 표현할 필요는 없다. 대중이 교훈을 얻고 자신과 관련지을 수 있을 만한 몇 가지 특성을 대변하면 족하다.*

### 개척자

미지의 나라로 떠나는 배를 타는 일은 우리의 상상력을 자극한다. 우리 모두는 누구도 가 본 적 없는 미지의 땅과 영혼의 세계에 도달하고 싶은 은밀한 소망이 있다. 하지만 대부분의 사람들은 이러한 모험을 꿈꾸면서도 평온한 일상을 포기하지 못한다. 그러나 당신만은 예외다.

당신은 일반적인 해법을 과감히 뛰어넘는다. 미래지향적인 참신한 아이디어를 먹고 자라는 당신은 아무리 위험한 도전도 두려워하는 법이 없다. 당신은 호기심이 많고 혁신적이며 용감하고 미래에 대해 낙관적이다.

유명한 개척자들: 사카자웨아,[3] 데이비 크로켓,[4] 어니스트 섀클턴,[5] 아멜리아 에어하트, 스티브 잡스

개척자 브랜드: 리바이스(Levi's), 파타고니아, 삼성

주요 가치: 풍요, 독특성, 진실

어두운 면: 독립적인 성향의 개척자가 무작정 모험과 새로움만 추구하다 보면 인내심을 요하는 장기적인 가치 형성에는 실패하는 경우가 있다.

### 반란자

질서가 없는 곳에 혼란이 찾아온다. 그러나 질서가 아무런 도전을 받지 않은 채 오래 지속되면 결국에는 무사안일과 압제로 이어질 뿐이다. 이 사실을 누구보다 잘 아는 당신은 현 상태를 창조적으로 파괴하고자 한다. 당신은 더 나은 세상에 대한 이상적인 비전에 따라 행동한다. 문제를 분석하는 한편 그 해결책도 찾아낸다. 당신은 행동과 표현의 자유를 중시한다. 두

---

[3] Sacajawea. 미국 북서부 인디언 쇼쇼니족(Shoshone) 여인으로 제퍼슨 대통령 시절 서부 개척 목적으로 파견된 루이스와 클라크 원정대의 통역자 겸 가이드로 활약하였다.
[4] Davy Crockett. 1813~1814년 테네시 중부에서 벌어지던 크리크 인디언 전쟁에 참가하여 명성을 얻었으며, 1821년 테네시 주 의회에 진출하였다. 연방 하원의원으로도 수차례 당선되었으며, 1836년 멕시코군과 싸우다 전사하였다.
[5] Ernest Shackleton. 영국의 남극 탐험가로 1907년 탐험에서 남자극을 발견하고 에러버스 화산을 조사하였다.

려워할 줄 모르고, 타협하지 않으며, 창조적이다.

유명한 반란자들: 체 게바라, 존 웨인, 롤링 스톤스, 로자 파크스, 뱅크시,[6] 론 폴[7]

반란자 브랜드: 초창기의 애플, 월가 시위, 할리 데이비슨(Harley-Davidson), 버진[8]

주요 가치: 정의, 독특성, 진실

어두운 면: 창조적인 파괴자가 아닌 허무주의와 무질서를 만드는 문화 파괴자(Vandal)로 오인받기 쉽다.

마법사

우리 모두는 기적을 믿는 성향이 있다. 할 수 있는 일을 다 했다고 생각하는 어린아이는 세상이 바뀌길 바라며 주문을 외우곤 한다. 성인이 되어 마법의 주문은 모두 잊어버려도 여전히 초월적인 현상을 믿는 이들이 많다.

다른 사람들이 불가능한 일이라고 단정하는 말에 얽매일 이유가 없다. 당신은 창조적이고 자신감 넘치며 활기차기 때문이다.

당신은 상상력과 유희로 무슨 일이든 할 수 있다고 믿는다. 또한 주위 사람들에게 놀라움과 기쁨을 주는 일에 보람을 느낀다. 당신은 사람들에게

---

6  Banksy. 영국의 그래피티 아티스트.
7  Ron Paul. 미국의 정치가, 텍사스 주 하원의원.
8  Virgin. 영국의 다국적 기업으로 그 사업 분야는 여행, 엔터테인먼트, 라이프 스타일 등 다방면에 걸쳐 있다.

마법의 선물을 나누어 주지만 선물의 비밀은 혼자 간직한다.

> **유명한 마법사들**: 멀린,[9] 요하네스 구텐베르크(Johannes Gutenberg), 토머스 에디슨, 니콜라 테슬라,[10] 마이클 조던
>
> **마법사 브랜드**: 픽사(Pixar), 소원을 이루어주는 재단(Make a Wish Foundation), 탐스 슈즈(TOMS Shoes)
>
> **주요 가치**: 재미, 완전, 아름다움
>
> **어두운 면**: 마법사들은 신비에 둘러싸여 있다. 그 신비가 속임수가 아닐지 의심하는 이들도 있다.

## 광대

거울을 깊숙이 들여다보면서 우리 자신의 어리석음을 직시하는 일은 고통스러울 수 있다. 그러나 자신의 나약함을 외면하면 우리가 가진 결점들의 포로가 될 수밖에 없다. 당신은 유머라는 안전장치를 이용하여 우리가 인간과 사회의 가면 뒤에 감추어진 진실을 응시할 수 있게 한다.

당신은 유머가 단순히 재미를 주기 위한 것임을 가장하려고 순수의 망토로 자신을 감싸고 있다. 그러나 실제로 당신은 매우 영리하여, 그 누구보다 현실을 정확하게 바라보면서 예상치 못한 방법으로 사람들에게 진실을 보여 준다. 당신은 재미를 주지만 허튼소리는 싫어한다. 또한 당신은 매우 용감하여, 조금의 두려움도 없이 권력자에게 거울을 들이민다.

---

9 Merlin. 아서 왕의 전설에 등장하는 마법사.
10 Nikola Tesla. 유고슬라비아 출신 전기공학자로서 교류유도전동기와 테슬라 변압기 등을 발명했다.

유명한 광대들: 코요테(아메리카 원주민 사기꾼), 벅스 버니(Bugs Bunny), 마크 트웨인(Mark Twain), 존 스튜어트[11]

광대 브랜드: 벤앤제리, 예스맨,[12] 가이코,[13] 머펫[14]

주요 가치: 재미, 정의, 명확성

어두운 면: 광대들은 인생의 아름다움과 가능성을 웃음거리로 만들어 경박함에 빠지는 일이 없도록 항상 주의해야 한다.

## 대장

꿈속에서 어렴풋이 들은 모험의 소명을 순순히 받아들이는 영웅은 흔치 않다. 그러나 용감하고 결단력 있는 리더가 부르는 경우는 다르다. 영웅적 면모를 끌어내어 굳건히 행동하도록 이끄는 것이 대장인 당신의 역할이다.

당신의 가장 큰 힘은 영감을 주는 믿음에서 나오며, 그 믿음은 당신의 확고한 비전과 타인을 설득하는 능력에서 나온다. 당신은 이상적이고 자신감에 넘치며 지칠 줄 모르고 용감하다. 당신에게 승리와 권력을 마음껏 누릴 기회가 찾아와도, 당신은 주위의 사람들 또한 리더가 될 수 있는 역량을 기르게 한다는 진정한 목표를 결코 망각하지 않는다.

유명한 대장들: 오디세우스, 링컨, 마틴 루터 킹, 왕가리 마타이,[15] 오프라 윈프리

---

[11] Jon Stewart. 미국의 코미디언으로 풍자 토크쇼 '더 데일리 쇼(The Daily Show)'의 진행자.
[12] the Yes Men. 각종 매체를 통해 활동하는 사회 비평 단체.
[13] GEICO. 미국의 보험 전문 업체.
[14] the Muppets. 인형들이 펼치는 풍자적인 부조리극으로 다양한 TV 시리즈와 영화로 제작되었다.
[15] Wangari Maathai. 케냐의 환경운동가이자 노벨평화상 수상자.

대장 브랜드: 오바마 포 아메리카(Obama for America), 나이키, 리브스트롱(LiveStrong) 재단, 뉴트2012[16]

주요 가치: 통합, 완전, 진실

어두운 면: 대장은 권력에 대한 집착을 떨쳐야 하며 영감을 주기보다 지시하고 싶은 유혹에 빠지지 말아야 한다. 그러지 않으면 금세 폭군이 되고 만다.

## 수호자

그 무엇도 대신할 수 없는 가장 아름답고 소중한 것들은 지키는 것도 어렵다. 겉으로는 단호하고 결연한 모습의 당신은 이렇게 스스로를 지키지 못하는 사람들과 사물, 원칙에 대한 깊은 사랑에 이끌려 행동한다.

미래를 준비하는 일은 다른 사람들에게 맡긴다. 당신의 임무는 신성하지만 쉽게 잃을 수 있는 대상을 수호하는 일이다. 당신은 강인하고 감성적이며 이타적이고 단호하다. 평소에는 그저 먼 곳을 바라만 보고 있는 것 같지만, 정의가 침해당했다고 느끼면 즉시 행동을 개시하여 온 힘을 다해 그것을 수호한다.

유명한 수호자들: 존 뮤어, 제인 구달(Jane Goodall), 로널드 레이건, 티 파티

수호자 브랜드: 그린피스, 공화당, 보이스카우트·걸스카우트

주요 가치: 정의, 완전, 통합

---

[16] Newt2012. 미국의 정치인 뉴트 깅리치(Newt Gingrich)의 대통령 선거 캠페인.

어두운 면: 수호자는 어느 사회에나 없어서는 안 될 사람들이지만, 반드시 필요한 변화마저 수용하지 않는 경우가 있다. 과거에 대한 집착을 버리지 못하면 당신의 노력은 빛을 잃게 된다.

## 뮤즈

멀리서 바라보면 한 인간의 삶은 그저 반복적이고 정형적이고 고되고 단순한 일상의 연속이다. 그러나 모든 삶에는 일상의 잠에서 영혼을 깨우는 영감의 순간이 찾아온다. 우리의 존재에 의미를 부여하는 것은 바로 이러한 순간들이다. 당신은 아름다움, 창조성, 사랑을 통하여 사람들로부터 영감의 순간을 끌어낸다.

당신은 주위 사람들에 대해 깊은 신뢰를 갖고 있으며, 인간은 본래 탁월한 존재라고 믿는다. 당신의 전략은 조용히 모범을 보이는 것이다. 당신은 겸손하고 상상력이 풍부하며 창의적이고 낙관적이다. 당신은 오직 다른 사람들이 자아실현을 위해 잠재력을 최대한 발휘하는 모습을 보고 싶어 한다.

유명한 뮤즈들: 찰스 다윈, 페데리코 가르시아 로르카,[17] 마사 그레이엄,[18] 마야 안젤루,[19] 밥 로스[20]

뮤즈 브랜드: 레고(Lego), 이케아(IKEA), 엣시,[21] 홈데포,[22] 최근의 애플

---

[17] Federico García Lorca. 스페인의 시인이자 극작가.
[18] Martha Graham. 미국의 현대무용가.
[19] Maya Angelou. 미국의 시인이자 영화배우.
[20] Bob Ross. 미국의 서양화가.
[21] Etsy. 핸드메이드 액세서리 및 잡화 쇼핑몰.
[22] Home Depot. 건축자재 및 집수리용품 전문 체인점.

주요 가치: 아름다움, 풍요, 독특성

어두운 면: 뮤즈의 미덕은 온화함이지만, 너무 온화하다 보면 그 목소리와 영향력은 가장 필요한 시기에도 적극적으로 표현되지 못하는 경우가 있다.

이 중에서 하나를 선택했다면 다시 부록의 표로 돌아가 보자. '멘토 원형'란에 원형의 이름을 써 보자. 당신이 왜 그 원형에 끌렸는지 잊지 않도록 그 아래 빈 공간에 간단한 이유를 적어 보자. 각 원형에 대해 제시된 설명이든 자신의 경험과 관련한 내용이든 관계없다.

빈 칸의 '어두운 면'란에는 이 원형의 어두운 면에 대한 짧은 설명을 써 넣자. 브랜드가 가진 취약성과 관련하여 당신이 특히 공감하는 어두운 측면이라면 더욱 좋다. 이는 당신의 브랜드가 저지를 수 있는 가장 명백한 실수에 대한 경고가 될 것이다. 예컨대 당신이 환경 NGO를 마케팅하고 있고 수호자 원형을 택했다면, 변화를 피할 수 없는 경우마저 환경 보존을 고수한다는 인식을 피하고 싶을 것이다. 그렇다면 당신은 빈 칸에 이렇게 쓸 수 있다. "혁신을 강조하자." 당신의 팀은 이 말을 되새기며 보존 활동에서 인간의 긍정적인 개입을 수용하게 된다. 그리하면 과거에만 집착하는 한심한 브랜드가 아닌 미래지향적인 수호자로 인식될 수 있다.

### 제2단계: 멘토를 영웅에게 소개하라

이제는 멘토를 영웅에게 소개해야 할 때가 되었다. 둘의 만남을 상상해 보자. 그들은 어디서 만날까? 멘토는 영웅을 모험으로 초대하기 위해 어떤 말을 할까? 영웅은 그 초대를 어떻게 거절할까? (모세도 처음에는 영웅이 되라는 소명을 거부했다는 점을 기억하자.) 멘토는 어떻게 영웅에게 용기를 주는가? 만남의 장면을 두 인물간의 대화로 구성해 보자.

성공적인 모험으로의 소명 사례를 몇 가지 소개한다. 훌륭한 스토리텔링 브랜드에서 모험으로의 소명은 종종 구호로 표현된다는 사실을 알 수 있다.

**모험으로의 소명의 실제 사례**

다르게 생각하라 (애플)

일단 도전해 봐 (나이키)

우리는 할 수 있습니다 (오바마)

능력 이하의 소비를 하세요 (폭스바겐)

개척하라 (리바이스)

이 스토리텔링 브랜드들이 모험에 대한 소명을 거부할 수 없게 만들어 어떤 이익을 얻었는지 생각해 보자. 이들은 역사상 가장 매력적인 구호를 창조하여 모험에 초대한다. 이를 펩시의 구호 '새로운 세대의 선택'과 비교해 보자. 스토리텔링 브랜드의 강점은 비교를 통해서만 분명히 알 수 있다.

## 브랜드의 선물

당신의 브랜드와 접촉한 사람들이 기쁨을 느끼는 이유는 무엇일까? 물질적인 대상 때문일까? 화법 때문일까? 아니면 시각적 상징성 때문일까?

당신의 브랜드를 생각하면 어떤 이미지나 아이디어가 떠오르는지 가까운 사람들에게 물어 보자. 어떤 이들은 브랜드 선물을 명백하게 인식하며, 이 것이 브랜드가 제공하는 상품이나 서비스의 핵심이라고 여길 것이다. 반면 선물이 무엇인지 이해하지 못하거나 아예 존재하지 않는다고 생각하는 사람들도 있다. 어느 쪽이든 당신을 대중의 마음속에 감성적이고 마법 같은 방법으로 각인시킬 브랜드 선물 없이는 더 이상 앞으로 나아갈 수 없다.

시작하기 전에 몇 가지 팁을 제시한다.

우선 당신의 원형이 길잡이가 될 수 있다. 뮤즈 브랜드의 선물은 시각적으로 매우 아름다운 것, 즉 제품의 우아한 디자인 같은 것이다. 마법사 브랜드의 선물은 전에는 볼 수 없던, 최신 기술을 강조하는 제품일 수 있다. 대장 브랜드의 선물은 오바마의 인터넷 이용과 같은 훌륭한 전략이 될 수 있다.

브랜드의 기존 차별화 전략을 선물로 볼 수도 있다. 전통적인 마케팅 전략을 수행했다면, 주요 차별화 전략이나 고유판매제안[23]이 완벽한 브랜드 선물이 된다. 그러나 고유판매제안이 강조하는 대로 그저 다른 점을 부각시키는 것만으로는 어려운 일을 성공할 수 있게 도와주어야 하는 브랜드 선물처럼 보일 수 없다. 고루한 마케팅 개념에 새 이름만 붙이기 전에, 자신에게 이런 질문을 던져 보자. "여기에 용기를 주고 힘을 북돋우는 마법이 있는가?" 아니면 그것은 그저 논리에 근거를 둔 브랜드 포지셔닝인가? 만약 논리가 전부라면 당장 다시 시작해야 한다.

브랜드 선물이 무엇인지 알아내기가 어렵다면 영웅의 여정으로 다시

---

[23] unique selling proposition, USP. 상품을 구매함으로써 얻을 수 있는 이점으로, 경쟁 제품보다 우월한 이유를 의미한다.

돌아가 멘토가 영웅에게 다가가는 장면을 그려 보자. 멘토는 영웅에게 무엇을 보여 주는가? 멘토는 영웅에게 이 힘겨운 여정을 성공적으로 마칠 수 있다는 확신을 주는 한편 영웅이 스스로 그것을 느낄 수 있도록 해야 한다.

**브랜드 선물의 실제 사례**
탐스 슈즈: 일대일 프로그램(신발 한 켤레가 팔릴 때마다 한 켤레를 기부)
월가 시위: 공공 장소의 물리적 점거
타깃[24]: 놀라운 미감(美感)
코카콜라: 기쁨
리브스트롱: 노란 팔찌

부록의 표에서 자신의 브랜드 선물을 적어 보자.

## 스토리의 교훈과 브랜드의 혜택

당신의 멘토와 영웅이 처음 만난 지 10년이 지났다고 가정해 보자. 모험은 성공적으로 끝나고 영웅의 세계는 더 나은 곳이 되었다. 영웅 또한 한층 성숙했다. 물론 영웅이 강력한 적을 물리치고 여기까지 오기는 쉽지 않았다.

---
**24** Target. 가구, 완구, 생활용품 등을 판매하는 대형 할인점.

### 제1단계: 영웅에게 여정을 회상하여 편지를 쓰게 한다

이제 마지막 세 번째 부분을 써 보자. 이 부분은 영웅이 멘토에게 쓰는 감사 편지처럼 보여야 한다. 편지에는 영웅이 회상하는 성공의 순간이 담겨 있다.

편지를 쓰면서 영웅이 자신의 세계에 가져오려 했던 지식, 아이디어, 대상이 무엇이었는지 분명히 밝히자. 영웅이 실현하려 했던 비전은 무엇인가? (사회 개혁과 같은 원대한 과제일 수도 있고, 늙어가는 부모님께 기쁨을 주는 일 같은 개인적 과제일 수도 있다) 이것이 바로 브랜드의 혜택이 된다. 오바마의 경우 브랜드의 혜택은 미국의 치유였다. 폭스바겐에게 그것은 신분 상승을 위한 치열한 경쟁에서의 탈피였다. 애니 레너드의 경우 물건과 관계를 맺는 새로운 방법이었다.

당신의 영웅이 이겨낸 시련이 무엇이며 영웅에 대항한 인물이나 영웅 내면의 힘은 무엇인지 자신에게 물어 보라. 영웅의 적은 대개 영웅이 모험을 수행하는 데 실패했을 경우의 영웅 자신이다.

### 제2단계: 스토리의 교훈을 찾는다

당신이 완성한 세 부분의 내러티브는 세계가 움직이는 방식에 대해 우리에게 어떻게 설명하려 하는가? 영웅이 마침내 자신의 지혜를 멘토와 나누게 되었듯이 핵심 교훈을 한 문장으로 표현해 보자. 이것이 바로 스토리의 교훈이 된다.

이 교훈을 소리 내어 읽으면 직관적인 감각이 작용하면서 인생을 조금 더 깊이 이해하도록 이끄는가? 당신의 교훈을 직관적으로 이해할 수 없다면 그것은 표현 방법에 문제가 있기 때문인가, 아니면 사회가 공유하는 문화적 지혜에 부합하지 않기 때문인가? 단어 선택 때문이라면 우선 그 교훈을 쉬운 용어로 표현한 다음 사람들이 이해할 수 있는 언어를 사용하여 전달하면 된다. 그러나 교훈이 사람들이 직관적으로 느끼는 진실과 상충되는 것이 문제라면, 당신은 앞으로 힘겨운 전투를 치러야 한다.

이제 스토리의 교훈을 부록의 표에 적어 보자.

아래에는 브랜드가 채택한 성공적인 스토리 교훈의 예를 소개한다. 브랜드가 이 교훈들을 명시하거나 홍보하지 않은 경우도 있다는 점에 유념하자. 말로 표현된 적이 없다 해도 오랫동안 일관성 있는 커뮤니케이션을 관찰하여 추정한 핵심 메시지다.

**강력한 교훈의 실제 사례**

도브의 '리얼뷰티': 진실은 아름답다. 그리고 진실은 있는 그대로의 모습이 아름답다는 것이다.

파타고니아: 자연에 주는 피해를 최소화면서 자연을 만끽한다면 인생은 행복하다.

티파티: 권력을 쥔 특권층이 미국을 망치고 있다. 진정한 시민이 미국을 되찾을 수 있다.

월가 시위: 강대 기업이 세계를 좀먹고 있다. 진정한 시민이 세계를 되찾을 수 있다.

위 연습을 모두 마친다면, 완벽한 스토리 전략의 초안을 얻을 수 있다. 다음 장에서는 당신이 말하고 실천할 실제 스토리에 그 전략이 어떻게 적용되는지 살펴볼 것이다.

## 제7장
# 흥미를 유발하라
### : 별종, 범법자, 동족

"나는 안 볼래." 내가 부리가 잘려 피투성이가 된 닭의 사진을 덮자 루이스가 한숨을 내쉬었다. 또 하나의 비디오 시안이 매장되는 순간이었다. 너무 불쾌하고 무섭고 충격적인 데다가 뭔가 가르치려 들기 때문이었다. 우리가 사실을 아무리 제시해도 고기가 어디서 오는지 알고 싶어 하는 사람은 아무도 없었다.

우리가 이 프로젝트를 맡게 된 이유는 그것이 매우 까다로운 과제였기 때문이다. 10년 동안 많은 사람들이 공장식 축산에 대한 분노를 유발하려고 애썼지만 그 누구도 성공적으로 메시지를 만들어 내지 못했다. 몇몇 자원봉사 활동가의 도움을 받았을 뿐 배급 예산도 없이 우리는 대중에게 지금까지 전혀 재미있지 않던 주제를 재미있게 설명하기 위해 필사적으로 노력하고 있었다. 하지만 3개월이나 지났는데도 우리는 아무것도 만들어 내지 못했다.

"너무 막연해." 나는 샌프란시스코 시내에 위치한 사무실 주위로 끝없이 펼쳐진 콘크리트 건물들을 응시하며 말했다. "농장에 직접 가서 작업을 해

「미트릭스」

이 애니메이션은 공장식 농장의 문제점을 알리기 위해 프리 레인지 스튜디오(Free Range Studios)가 제작한 작품으로 전 세계적으로 천만 명 이상이 시청하였다. 「매트릭스-레볼루션」이 전국적으로 개봉하는 날에 맞추어 인터넷에 배포하였는데 동영상을 게시한 지 일주일도 안 되어 조회 수가 1백만이 넘을 정도로 큰 성공을 거두었다. 공장식 농장 시스템의 추악한 이면을 폭로한 1편의 성공에 힘입어 비위생적인 젖소 농장의 실태를 폭로하는 2편이 제작되었고, 곧이어 쇠고기 가공 공장에 대한 진실을 밝히는 2.5편이 출시되었다.

야겠어."

"여기서 조금만 가면 커뮤니티 가든[1]이 있어. 거기 몰래 들어가 보자." 루이스가 제안했다. 밑져야 본전이란 생각에 우리는 거기서 작업을 시작하기로 결정했다.

농장까지 걸어가는 동안 실마리를 찾으려고 애쓰면서 당초 우리가 무엇 때문에 이 프로젝트를 선택했는지 떠올려 보았다. 나는 프로젝트의 개요를 소리 내어 읽었다. "공장식 축산은 사람들이 우려하는 많은 문제를 낳고 있다. 인간의 건강, 노동자의 인권, 동물에 대한 인도적인 대우, 가족 농장, 환경 보전 등의 문제는 공장식 축산의 폐해를 없앤다면 모두 개선될 수 있다."

싱싱한 채소가 가득한 농장에 도착하자 푸른 하늘, 싱그러운 풀잎, 태양 등 대량 생산 식품의 라벨에 그려진 전형적인 전원의 이미지가 눈앞에 펼쳐졌다. 이 농장의 풍경은 공장식 축산으로 돼지고기를 생산하는 우리 스토리의 악당 스미스필드의 로고와 닮았다. "공장식 농장들은 자신들이 얼마나 사악한지 알고 포장에 자기 얼굴을 표시하지 않은 거야." 루이스는 작업 도중 이런 생각까지 했다. "그래서 반대로 가족 농장 이미지를 넣은 거지."

그의 말에 우리의 관심은 어느새 절망적인 통계와 끔찍한 이미지에서 바로 스토리 전쟁으로 옮겨 갔다. 공장식 농장 기업은 농장의 순수한 아름다움을 보여 주는 방법으로 스토리 전쟁에서 승리하고 있었다. 그들은 과거의 낭만적인 전원생활을 떠올리게 하는 매력적인 신화를 보여 준다. 반면 그들의 반대편인 우리는 끔찍한 이미지로 사람들에게 충격만 주고 있었다.

---

[1] 지역 주민의 건강한 먹거리를 위해서 만든 비영리 농장.

"맞아, 전에도 거짓말하는 라벨과 비슷한 걸 본 적이 있어. 그게 뭐였더라?"

사람들에게 친숙한 개념과 이미지를 사용한 우리의 스토리로 적의 스토리에 맞설 수 있다면, 그들의 방어선을 뚫고 우리의 메시지를 사람에게 전달할 수 있을 거라는 생각이 들었다. 우리는 피투성이 닭을 흔들어 대며 대중에게 겁을 주기보다 그들에게 익숙한 분야에서 그들을 만나 함께 대화할 수도 있는 것이다.

나는 동족(familiar)을 찾기 시작했다. 동족은 주의 지속 기간이 짧고 섬네일 이미지에 사로잡힌 디지털 시대에 스토리텔링 전쟁에서 성공하기 위한 세 가지 요소 중 하나이다. 나중에 나는 이 세 요소를 완전히 습득한 마케터는 원시적인 두뇌 구조를 가진 대중일지라도 흥미를 유발시킬 수 있다는 것을 알게 되었다. 이 요소들은 사람들이 관심을 갖고 공유하고 싶어 하는 스토리로 만들어 주는 완벽한 도구였다.

농장으로 돌아오자 갑자기 우리가 찾던 동족이 완벽한 비유의 형태로 떠올랐다. 공장식 농장의 모습은 사람들을 에너지원으로 쓰기 위해 기계 속에서 양육하는 「매트릭스」의 장면과 흡사했다. 이것만으로도 충분했지만 유사한 점은 더 있었다. 영화에서 기계는 사람들을 길들이기 위해 가상의 세계를 건설한다. 실제 세계는 너무 받아들이기 어려웠기 때문이다. 이는 거짓말하는 라벨과 비슷하다.

우리에게는 동물보호단체를 능가하는 결속력을 가진 친숙한 문화적 부족이 있었다. 바로 액션영화 팬, 공상과학 마니아, 대중문화 애호가 등이었다. 그때는 2003년으로, 「매트릭스」 3부작 중 마지막 편이 개봉을 앞두고 있었다. 영화가 개봉하기 전에 우리도 영상물을 완성해야 했다.

「매트릭스」에서 우리는 사회 규범에 도전하는 스토리 속 등장인물 '범법자(cheats)'도 차용할 수 있었다. 누군가 규칙을 어겼다는 얘기를 들으면 우리는 귀가 번쩍 뜨여 그에게 무슨 일이 일어날지, 그가 벌을 받게 될지, 아니면 반란에 성공하여 규범을 바꾸게 될지 궁금해 한다. 우리의 뇌는 갈등이 있는 이야기, 특히 등장인물을 주류 사회의 규율에 저항하는 상태로 몰아넣는 이야기를 좋아하게끔 자연선택되었다. 「매트릭스」도 바로 영혼이 없는 기계가 지배하는 사회에 대한 '반란'을 주제로 하고 있다.

그래서 우리는 「매트릭스」처럼 혐오스러운 문화적 규범(「매트릭스」에서는 인간이 기계의 노예가 된 상태, 우리 영화에서는 공장식 식품 생산의 부당성)과 범법자, 즉 규범에 도전하는 반란자들에 대한 스토리를 만들기로 했다. 그렇다면 주인공이 될 매력적인 범법자를 찾아야 했다.

"주인공이 소라면 어떨까? 이름은 무피어스(Moopheus)라고 하는 거야." 루이스가 자기 스케치북에서 눈도 떼지 않은 채 말했다.

그리고 나자 마지막 남은 요소인 '별종'도 자연스레 결정되었다. 별종은 다른 인간(모든 인간은 아니다)에 관심을 갖기 좋아하는 인간의 두뇌를 기만하는 인물이다. 우리는 주위에서 가장 '비상한' 인간에게 주의를 집중하는 경향이 있다. 트렌치코트를 입은 동물은 별종으로서 매우 적합했다. 머지않아 무피어스와 그의 제자 돼지 레오는 인터넷에서 전설적인 존재가 될 터였다.

우리는 그 후 몇 주 동안 비디오 속 세계를 창조했다. 제목만 제외하면 모든 것이 순탄했다. 왜 그런지 몰라도 축산물에 대한 우리의 「매트릭스」 패러디물에 어떤 이름을 붙여야 할지 도저히 생각이 떠오르지 않았다.

어느 날 밤 나는 컨트리 음악 연주회에 가게 되었는데 제목 때문에 여전히 머리가 복잡했다. 그런데 갑자기 선명한 아이디어가 뇌리를 스쳤다. 나는 루이스에게 전화를 하자마자 소리쳤다. "드디어 이름을 정했어. '미트릭스(Meatrix)'라고!."

"멋진데." 그는 그저 이렇게 대꾸했다.

레오와 무피어스의 스토리는 인터넷 역사상 가장 성공적인 온라인 홍보 비디오로 탄생했다. 지금까지 조회 수는 2천만을 돌파했고, 40개가 넘는 언어로 녹음되었다. 어느 주에서는 인터넷에서 가장 인기 있는 10대 화제로 선정되기도 했고, 팬들은 CNN과 미국공영라디오방송(NPR)측에 이 비디오에 대한 심층 방송을 편성해 달라고 요구했다. 비디오는 무피어스가 시청자에게 '빨간 약'을 선택하여 지속가능한 축산물을 이용할 것을 제안하며 끝난다. 그다음에는 시청자를 수십만 건의 지속가능한 식품 가이드 다운로드 창으로 안내한다.

우리의 스토리를 별종, 범법자, 동족으로 풀어냄으로써 우리는 비주류 행동가의 대의를 주류 마케팅 전설로 바꾸었다. 거의 10년이 지난 지금에야 나는 어떻게 그런 일이 가능했는지 알 것 같다. 인간의 뇌가 고대부터 선호해 온 스토리 형식에 대한 우리의 직감을 따랐기 때문이었다.

## 스토리에 대한 새로운 정의

스토리가 인기를 얻기 위해 새로운 형식을 이용해야 하는 이유는 무엇일까? 스토리 전략에 살을 붙여 실제 스토리를 만들어갈수록, 왜 대부분의 스토리텔링 지침서가 가르치는 등장인물, 갈등, 줄거리에 대한 옛 모델에만 의존하기 어려워지는 걸까? 디지토럴 시대에는 얼마 전까지 우리가 속했던 방송 시대에 비하여 요구사항이 많아졌기 때문이다. 주의 지속 기간은 짧아졌고, 청중은 다양화되었으며, 스토리텔러의 수는 늘어났고, 경쟁은 치열해졌다. 그러니 마케터의 이야기는 훨씬 더 집중적으로 공격받고 시험을 당하기 쉽다. 대중이 참여하여 메시지를 전파하도록 유도하지 못하면 금방 사라져 버린다. 대중의 두뇌에서 정보를 가장 잘 수용하는 신경 중추에 대고 직접 말하지 않으면 우리의 메시지는 초만원의 디지토털 전쟁터에서 아예 눈에 띄지도 못한다.

이것은 비단 「미트릭스」 같은 공익적 메시지만의 문제가 아니라, 모든 유형의 미디어가 들려주는 모든 스토리가 직면한 문제이다.

최근에 선풍적인 인기를 끄는 전형적인 스토리들이 어떤 방법을 썼는지 생각해 보자. 2010년에 유튜브에서 가장 많이 시청한 비디오는 '침실 침입자(Bed Intruder)'였다. 일 년도 안 되는 기간 동안 무려 5천만 명이 시청하였다. 광고주들이 완성도 높은 인터넷 광고를 만들기 위해 쓴 돈은 2010년에만 무려 수십 억 달러에 이르지만, '침실 침입자'만큼 큰 인기를 얻고 널리 유포된 광고는 없었다. 이 동영상은 지방 TV 뉴스 방송에서 발췌되어 유튜브에 게시된 다음 다시 힙합 가요로 리믹스되었다. 과거 같았으면 뉴스에 잠깐 나온 영상은 즉시 잊히거나 기껏해야 몇몇 비디오 테이프에 우연히 녹화되는 데 그쳤을지 모른다. 그러나 디지토털 시대에 이 비디오는 그 해 가장 영향력 있는 스토리의 소재가 되었다.

'침실 침입자'는 저소득층 임대주택단지에서 실제로 발생한 범죄 사건을 누구나 즐길 수 있는 정신없고 우스운 힙합 가요로 만든 작품이다. 방송 시대의 수문장이라면 통과시키지 않았을 내용이다. 자기 여동생의 강간 미수범이 도망쳤다며 장황설을 늘어놓는 앙투안 도슨(Antoine Dodson)의 모습은 분명 흥미진진하지만, 보는 사람들을 심히 불편하게 만들기도 한다. "그는 창을 타고 넘어와서 사람들을 성폭행하려고 할 거예요. 그러니까 아이들, 배우자, 남편 모두 조심하세요. 이 지역 사람들 전부를 겁탈할 기세니까요." 오토튠 뉴스(Auto-Tune the News)의 창시자 그레고리 브라더스(Gregory Brothers)를 키운 제작자들이 도슨에게 관심을 보였다. 그들은 도슨의 인터뷰 장면에 코러스를 붙이고 도슨의 목소리를 곡조에 맞도록 변조한 뒤 자신들의 유튜브 채널을 통해 비디오를 방영했다. 노래가 나오자마자 엄청난 인기를 끌었고, 그레고리 브라더스와 도슨은 엄청난 수익을 얻기 시작했다. 아이튠스(iTunes) 다운로드 횟수를 살펴보면 그 해 R&B 차트 3위, 전체 순위 25위를 기록했다. 도슨은 그 수익금으로 집 한 채를 샀다.

비디오의 소유권은 도슨에게서 그레고리 브라더스에게로 넘어가더니 결국 수백 명의 팬의 손에 들어갔다. 팬들이 만든 새로운 리믹스와 패러디는 수백만 관객을 더 끌어 모았다. 소문을 퍼뜨리고 비디오를 게시하고 소셜 네트워크에서 관심을 끌기 위해 내용을 변형한 수백만의 팬들이 그 노래의 성공에 기여한 셈이다. 다른 사람들은 쉽게 해내지 못하는 일이지만 '침실 침입자'의 팬과 제작자들은 대중의 흥미를 끄는 방법을 찾아낸 것이다.

'침실 침입자'의 성공 비결을 한층 깊이 파헤치면, 우리는 아무리 하찮은 콘텐츠라도 제작자들이 그것을 해체하고 뜯어고치는 행동은 우연히 폭발적인 결과가 나타나길 기대하며 장난삼아 하는 일이 아님을 알 수 있다. 사실 그것은 수백만 달러 가치의 마케팅 전략이다. 오토튠 뉴스는 골드만 삭스(Goldman Sachs)가 지원하는 벤처 사업인 NNN(Next New Network)의 일부이다. NNN의 쇼 프로그램들은 독립적으로 활동하는 제작자들의 콘텐츠를 적극 활용하고, 팬들에 의해 자발적이고 급속하게 전파되는 전략을 통하여 2010년 6월까지 10억이 넘는 관객을 끌어 모았다.

'침실 침입자'의 성공이 주는 가르침은 브랜드와 대의에도 쉽게 적용할 수 있지만 이는 노골적으로 마케팅을 표방한 작품은 아니었다.

올드 스파이스 광고.

2010년 유튜브의 가장 인기 있는 온라인 광고 메시지는 역시 리믹스와 변조, 그 밖의 온갖 재구성을 특징으로 하는 '당신의 남자에게도 날 수 있는 향기가 나는 남자(The Man Your Man Could Smell Like)'였다.

"안녕 아가씨들, 당신의 남자를 한 번 보세요." 믿을 수 없을 만큼 잘 생긴 반나체의 남자가 샤워 부스 안으로 들어가며 달콤하게 속삭인다. "이젠 다시 저를 보세요. 다시 당신의 남자를 보세요. 다시 저를 보세요. 안타깝게도 그는 저와 다르지만, 여성용 바디 워시 대신 올드 스파이스(Old Spice)로 바꾼다면, 저와 같은 향기를 풍길 수 있지요."

침실 침입자와 비교하면 이 광고는 전통적인 방송 시대의 광고를 닮아 있어서, 온라인에서 획기적인 성공을 거둔 후에는 TV에서도 방송되었다. 그러나 방송에 적합하다고 해서 대중의 수중에 떨어지지 말란 법은 없었다. 사실 이 광고는 그런 점을 노리고 만들어졌다.

신이 난 팬들은 게시된 지 채 하루도 지나지 않아 이 비디오를 친구 6백만 명에게 전송했다. 인기의 여세를 몰아 올드 스파이스는 팬들에게 트위터를 이용하여 광고 스타에게 질문을 전송하도록 했고, 무스타파는 짧은 비디오를 통해 그 질문들에 화답했다. 이 영리한 디지토럴식 전략으로 광고 제작자는 완전히 새로운 네트워크를 통해 사람들의 주목을 끌 수 있었다. 대학생부터 그 광고를 무척이나 재밌다고 생각한 트위터 유명인 애쉬튼 커처(Ashton Kutcher)나 제시카 비엘(Jessica Biel)에 이르기까지 모든 이의 트위터에 편승하는 방법을 이용한 것이다. 수백 명이 즉시 패러디 작품을 제작했다. 광고 제작자들은 이를 저작권 침해라 여기지 않았고, 올드 스파이스가 화제에 올라 광고가 나간 첫 달에 판매량이 107퍼센트나 증가하는 광경을 흐뭇하게 지켜보았다.* 브랜드의 개입이나 감독 없이 자발적으로 만들어진 이 광고의 패러디 작품 중 톱 10은 조회 수가 1천2백만을 넘어섰다. 마케터가 광고를 방송에 내보내기 위해 거액을 쓰기 전에 광고 제작자와 대중이 함께 올드 스파이스의 브랜드 가치를 크게 높인 것이다.

## 별종, 범법자, 동족

이들 스토리의 성공 비결은 등장인물, 갈등, 줄거리라는 스토리의 고전적 요소에 힘입은 바가 크다. 하지만 우리는 과연 일반적이고 관습적인 요소만을 활용하여 「미트릭스」, '침실 침입자', '당신의 남자에게도 날 수 있는 향기가 나는 남자'처럼 놀라운 성공을 거둘 수 있을까? 존 파워스라면 그 외의 다른 요소들을 이용했을 것이고 당신의 청중들 역시 그 쪽을 선호할 것이다.

그러한 청중의 수요에 부응하고 싶다면, 타임머신을 타고 구전 전통의 초기로 돌아가 '흥미를 유발하라'라는 계명을 분석해 보길 바란다. 이 여행에서는 '침실 침입자'와 '당신의 남자에게도 날 수 있는 향기가 나는 남자'가 인기를 끄는 이유를 찾아야 한다. 이 장 끝부분의 기초 훈련에서 우리는 자신만의 스토리를 기획하면서 깨달은 점들을 실제로 활용하는 방법에 대해 살펴볼 것이다.

시작하기 전 유념할 것이 있다. 여기서 우리는 디지토럴 시대의 지배적인 예술 형태인 인기 인터넷 동영상을 중점적으로 탐구할 것이다. 그러나 앞으로 배울 내용이 이 미디어에만 적용되는 것은 아니다. 모든 유형의 탈방송 시대 마케팅에 주효한 스토리텔링의 기본을 제시하기 때문이다.

그러면 선사 시대로 되돌아가 우리의 여정을 시작해 보자. 약 7만 년 전 동아프리카 사바나에 아담이라는 인간이 살고 있었다. 당신이 이 책을 읽고 있다면 아담의 가계도에 속한다는 뜻이다. 그의 독특한 유전자 표지가 Y염색체를 따라 오늘날까지 모든 아버지에서 아들로 전수된 것이다.

물론 아담의 사회생활은 지금의 우리보다는 훨씬 단순했다. 그가 살던 세계는 70억의 인구가 뒤얽혀 사는 복잡한 곳이 아니었다. 사실 그가 아는 사람은 수백 명도 안 되었다. 90명의 확대 가족으로 이루어진 씨족 집단에서 수렵 채취 생활을 했다. 그의 삶은 소규모의 평면적인 소셜 네트워크의 지배를 받았다.

아담 이후로 인간의 두뇌 구조가 크게 진화하지 않았다는 것이 과학계의 통설이다. 그 근거는 다음과 같다. 아담이 살았던 시기는 인간이 오랫동안 살아온 아프리카라는 좁은 지역을 떠나 지구 전체로 퍼져 나가기 시작하던 시기와 대략 일치한다. 그 당시 인간의 유전자 풀은 비교적 동질적이었다. 사실 오늘날까지도 놀랄 만큼 동질성을 유지하고 있다. 세계 임의의 지역에서 세 사람을 추출하여 유전자 구성을 서로 비교해 보라. 피부색, 키,

털의 많고 적음 등 우리에게는 매우 큰 차이로 느껴지는 서로 다른 특질들이 눈에 띄겠지만, 이 세 인간의 차이는 아프리카의 좁은 종 집단에서 데려온 침팬지 세 마리의 사이의 차이보다 훨씬 적을 것이다.* 지금 우리가 거주하는 환경이 매우 다양함에도 불구하고 이렇게 내리 유사하다는 사실을 설명하려면, 아담 이후로 우리가 크게 변하지 않았다고 볼 수밖에 없다.

유전자에 큰 변화가 없다면 타고난 두뇌도 마찬가지일 것이다. 뇌 구조의 청사진은 유전자가 쥐고 있기 때문이다. 우리는 여전히 아담의 신경 구조를 갖고 살아간다. 아담이 태어나자마자 타임머신에 태워 미래로 데려온다면, 우리 현대 인류와 전혀 다르지 않은 모습으로 성장할 것이다.

우리가 아담과 같은 두뇌를 가졌다는 말은 아담 시절과는 완전히 다른 양육 방식에도 불구하고 우리를 둘러싼 세계를 느끼는 방식에 공통점이 많다는 의미다. 진화의 관점에서 스토리텔링의 기원을 추적한 『이야기의 기원(On the Origin of Stories)』이라는 책에서 브라이언 보이드(Brian Boyd)는 환경 속에 존재하는 특정 유형의 정보가 우리의 관심을 끄는 데는 유전자의 역할이 매우 크다고 설명했다. 한 생물체를 둘러싼 세계나 그 탐색 영역은 너무 많은 정보를 제공하기 때문에, 모든 감각 정보에 똑같이 주의를 기울인다면 무수한 탐색 경로를 따르다가 완전히 혼란에 빠지고 만다.*

진화학자 헨리 플로트킨(Henry Plotkin)은 '생물체는 수많은 세대를 거치면서 세계에 대해 지식을 획득'함으로써 이 문제를 해결하고, 그 지식을 필요에 따라 선택적으로 보존하기 때문에 생물종의 유전자 풀 안에 집단지능(collective knowledge)이 유지된다고 하였다. 이러한 집단지능이 구성원들에게 전해져 '특정 사물에 대해서만 특별한 방식으로 학습하는 개인의 생득 아이디어와 소질(predisposition)' (즉 밈)이 된다고 한다.*

즉 당신이 사바나에서 사냥을 하든, 유튜브의 수백만 동영상 중에서 하나를 고르든, 당신의 뇌는 가장 중요하거나 재미있는 대상을 제외한 다른 모든 것을 무시하도록 설계되어 있다는 뜻이다. 그렇지 않다면 모든 나무와 바위를 향해 창을 겨누거나, 뭔가 볼 만한 것을 찾지 못한 채 끝없는 동영상 링크의 숲을 헤매야 하는 짜증스런 일이 벌어질 것이다. 뒤에서 살펴보겠지만, 다행히 우리의 유전자는 의미 없는 대상은 대부분 속아 내고 '당신의 남자에게도 날 수 있는 향기가 나는 남자'처럼 재미있다고 생각하는 대상으로 곧장 주의를 돌린다.

선택과 집중에 능한 인간 유전자의 특성을 이해했다면, 이제 사람들의 주의를 끌고 기억에 남을 만한 스토리는 어떻게 만들 수 있는지 감이 올 것이다. '진실을 말하라'는 파워스의 첫 번째 계명이 대중의 가치와 정체성에 깊이 관여하라는 뜻이라면, '흥미를 유발하라'는 맨 처음에 대중의 주의를 끄는 역할을 한다. 사실 '침실 침입자'와 '당신의 남자에게도 날 수 있는 향기가 나는 남자'는 분명 '흥미를 유발'하지만 '진실을 말하라'라는 계명에는 해당되지 않는다. 이들은 신화의 힘을 이용하는 임파워먼트 스토리와는 거리가 멀다. 그저 논점 없는 헛소리에 불과하지만 적어도 일시적으로 성공을 거두는 방법은 보여 준다. 진실이 결여되어 있으므로 역사에 길이 남을 상징적인 승리라고 할 수는 없지만 어쨌든 재미있다는 사실은 부인하기 어렵다.

한편 아담은 이 모든 이론에 싫증이 났다. 그는 어딘가로 걸어가고 있다. 그를 따라가 그가 재미있다고 여기는 것이 무엇인지 확인해 보자. 그는 자신의 탐색 영역에서 무엇을 찾고 있는가? 답은 바로 별종, 범법자, 동족이다. 몇 걸음 뒤에서 아담을 따라가며, 당신의 이동통신기기를 꺼내 '침실 침입자'와 '당신의 남자에게도 날 수 있는 향기가 나는 남자'를 시청하자. 이 비디오들이 어떻게 인기를 끌었는지 생각해 보고, 그 성공 비결에 대해 몇 자 적어보자. 이들이 웃기기 때문이라는 점은 분명하지만, 좀 더 깊이 있는 설명을 해 보자. 당신의 뇌가 왜 그렇게 반응했는지에 대해 아담의 두뇌가 훌륭한 통찰을 제시할 것이다.

## 별종

자, 지금 무언가가 아담의 눈길을 끌고 있다. 다름 아닌 한 인간이다. 아담이 그 인간에게 모든 주의를 집중하자 170밀리세컨드도 걸리지 않아 자신이 탐지한 대상이 낯선 사람임을 인식하게 된다. 이는 아담에게 위험 신호로 작동한다.

오늘날의 통설인 사회지능설(social intelligence hypothesis)에 따르면 다른 인간의 정체나 지위, 의도를 해석하고, 그 정보를 자신에게 유리하게 이용하려는 동기가 사회적 동물의 가장 큰 진화 요인이 된다고 한다. 즉 자연이 우리를 그렇게 설계한 것이다.

아담은 그 낯선 존재가 인간이라는 사실에 흥미를 느꼈다. 그녀는 아담이 인간에 대해 갖고 있던 일반적인 관념을 깨뜨리면서, 그의 두뇌 속으로 재빨리 파고 들어갔다. 인지심리학의 거물 제롬 브루너(Jerome Bruner)는 우리의 두뇌 구조는 특이한 대상에 더욱 관심을 가지는 경향이 있다고 말한다. "인간의 중추신경계는 우리의 감각이 예상할 수 있는 세계와 예상할 수 없는 세계를 다르게 취급하도록 진화하였다. (……) 예상치 못한 정보일수록 처리 시간이 더 많이 주어진다."*

익명성을 특징으로 하는 현대 사회에서 우리는 낯선 얼굴들을 당연하게 받아들인다. 낯선 이의 존재 자체만으로는 더 이상 위협이나 기회라고 할 수 없기 때문에, 우리의 사회적 지능이 언제나 경계경보 상태에 머무르는 것은 아니다. 반면에 지금껏 보아온 인간들과 달라 보이는 낯선 이의 출현은 경종을 울리기에 충분하므로, 우리는 그에게로 눈길을 돌리고 싶은 충동을 자제하기 어렵다.

아담에게는 이 여성이 별종으로 느껴졌다. 여성 집단 내에서는 평범한 존재였을 텐데도 말이다. 그녀가 정상적인 인간에 대한 아담의 관념에 부합하지 않았기 때문에 아담은 생사가 걸린 일인 듯 그녀에게 모든 주의를 집중했다.

이 만남에서 아담의 뇌에 대한 두 가지 사실을 알 수 있다. 첫째는, 인간에게 가장 흥미로운 대상은 다른 인간이라는 사실이다. 둘째는, 인간 중에서도 가장 흥미로운 유형은 신기한 인간, 즉 별종이라는 점이다.

그리하여 아담의 뇌는 어떻게 대처해야 할지 단서를 찾느라 바쁘다. 그는 대부분의 주의를 이 신기한 여자의 얼굴에 쏟다가, 그녀의 몸을 아래로 훑어보던 중에 목에 걸린 조개껍데기 목걸이를 발견한다. 이 이상한 물체는 그가 장작불 가에서 자주 들었던 한 스토리를 떠올리게 했다. 그의 두뇌가 현실에서 재미있다고 느낀 것은 상상 속에서도 그렇다. 그래서 아담이 말하고 듣는 스토리에는 온갖 종류의 별종이 가득하다. 거인, 소인, 인간의 몸을 빌린 자연의 힘, 말을 할 수 있는 동물 등. 그는 자신의 조상 중 한 명을 지켜주었다던 전설의 부족 조개껍데기 인간에 대한 이야기를 들은 적이 있다.

아담이 이 이야기를 들은 것은 결코 우연이 아니다. 사실 스토리는 바로 이런 상황을 위해 만들어진다. 브라이언 보이드는 스토리텔링의 주요 기능

중 하나가 바로 사회에서 일어나는 여러 상황에 능숙하게 대처하고, 이 경우처럼 특이한 사건에 대해 준비할 수 있게 하는 것이라고 한다.* 스토리는 이해력의 속도를 높이고 복잡한 시나리오에 대한 대응력을 향상시킨다. 우리 모두는 아담처럼 어떻게 행동해야 할 지 알 수 없는 생소한 순간을 경험한 적이 있다. 이럴 때 우리는 허구든 실재든 우리가 전에 들었던 스토리에서 배운 점, 즉 교훈을 떠올려 이를 행동에 적용하는 경우가 많다.

인간은 사람들에 관한 이야기, 특히 무리에서 금방 눈에 띄는 사람들의 이야기를 좋아한다. 그러므로 주의를 끌고 싶다면 기후 변화의 해법이든 새로 나온 볼펜이든 모든 대상에 대해 추상적인 사실과 주장이 아닌 예상을 깨는 인물을 이용하여 설명해야 한다. 청중은 이 별종들이 그다음에는 무슨 일을 할지 보고 듣기 위해 주의를 집중할 것이다.

'침실 침입자'의 앙투안 도슨과 '당신의 남자에게도 날 수 있는 향기가 나는 남자'의 이사야 무스타파는 별종이라고 할 수 있다. 웹사이트에서 이 중 한 사람의 조그만 섬네일 이미지를 본다면 사람들은 클릭하지 않고는 못 배긴다. 이것만 해도 빠른 검색 시대에 별종들이 갖는 큰 이점이라 할 수 있다. 곱슬곱슬한 머리카락과 들쭉날쭉한 수염, 머리에 손수건을 대충 묶은 채 민소매 셔츠 밖으로 비쩍 마른 팔을 늘어뜨린 도슨의 모습은 보는 즉시 우리의 주의를 끈다. 우리의 뇌는 그를 TV 뉴스에 나오는 범죄 피해자로 단번에 분류하고 싶어 하지만, 그가 머리를 흔들며 전혀 납득하기 어려운 방식으로 침입자에게 협박하는 모습은 일반인이 예상할 수 있는 반응과는 완전히 거리가 멀다. 그런 상황에서 그런 식으로 행동하는 사람은 본 적이 없다. 앙투안 도슨이 노래하는 모습을 잠시라도 본다면 그를 결코 잊을 수 없다. 우리가 즉시 '침실 침입자'의 스토리에 매혹되는 까닭은 그 주인공이 주의를 딴 곳으로 돌릴 수 없게 만들기 때문이다.

이사야 무스타파에게서 눈을 뗄 수 없는 것도 마찬가지다. 조각 같은 가슴 근육과 낭랑한 저음의 목소리를 가진 무스타파는 지금까지 늘 사랑받아 온 완벽한 외모의 남성이라는 별종 마케터이다. 그의 이러한 특성들이 일단 우리의 주의를 끌지만, 우리를 진정으로 사로잡는 것은 그가 섹스 심볼 광고에 대한 사람들의 기대를 모두 깨부순다는 점이다. 배경의 샤워기에서 물줄기가 세차게 떨어지면서 무스타파의 말이 시작되면, 우리는 그가 자신의 아름다움을 우리와 함께 비웃을 거라는 사실을 깨닫게 된다. 즉 이 광고는 두 가지 측면에서 주목할 가치가 있다. 하나는 주인공의 완벽한 신체이고, 또 하나는 다른 완벽한 남자들과 달리 그가 자신의 신체를 웃음거리로 만든다는 점이다.

우리의 뇌는 이 두 별종을 신선하게 받아들인다. 별종은 두려움이든 호기심이든 매력이든 유머든 강렬한 감정을 불러일으키는 인물이다. 위의 두 가지 동영상을 시청한 우리의 사회적 뇌는 즉시 주의를 집중하고 웃음을 터트린다.

이 영상들을 보면서 '제멋대로다', '괴상하다', '잊을 수 없다', '넋을 뺄 정도로 멋지다' 같은 말들을 적었다면 당신은 화면 속의 별종에 대해 제대로 반응한 셈이다.

## 동족

다시 사바나로 돌아가자. 여전히 아담은 방금 마주친 흥미로운 낯선 사람이 신경 쓰인다. 하지만 이제는 조개껍데기 부족의 전설을 떠올리면서 경계심을 조금 풀었고, 자기 부족에게 달려가며 긴급 경고를 보내기보다는 이 사람과 의사소통을 시도해야 겠다고 마음먹는다.

그는 조심스레 나아간다. 그는 그녀에게 다가가고 싶지만, 자기 부족 내에서 통용되는 복잡한 인사는 하지 않는다. 낯선 이가 그런 인사는 이해하지 못할 거라고 생각했기 때문이다. 대신 그는 미소를 지어 보인다.

미소는 인간의 보편적인 사회적 신호였기에 아담은 그 여인이 그의 뜻을 이해하고 역시 미소로 화답했을 때 크게 놀라지 않았다. 그녀는 자기 목에 손을 대더니 얼굴을 찌푸리고 낮게 신음하면서 작은 기침소리를 낸다. 그러더니 다시 미소를 짓는다. 아담은 즉시 이해한다. 목이 마르단 뜻이구나! 그는 서로 의사소통을 할 수 있다는 사실이 무엇보다 기뻤다.

이 대화에서, 낯선 두 사람은 공통적인 의사소통 수단을 찾아냈기 때문에 계속 서로의 관심을 끌 수 있었다. 아담이 자기 부족 특유의 복잡한 인사 의식을 시도했거나 여인이 자신만의 언어로 떠들어 댔다면, 의사소통에 실패하고 서로 상대방에게 겁을 먹었을지도 모른다.

이제 아담의 사회적 두뇌는 더욱 깊숙이 관여한다. 처음에 관심을 가진 이유는 그 여인이 별종이었기 때문이지만, 그녀가 실제로도 너무 별스러워 의사소통마저 불가능했다면 그는 여인과 우호적인 대화를 하겠다는 생각을 접고 관심을 딴 데로 돌렸을 것이다. 그러나 간단한 의사소통 수단 덕분에 여인은 이제 '동족'의 특성을 얻게 되었다.

마케팅의 대가 세스 고딘(Seth Godin)이 우리 타임머신에 타고 있었다면, 현대 사회가 사람들이 관심사를 공유하기 위해 모이는 부족 사회로 회귀했다는 사실을 상기시켜 주었을 것이다.* 이 부족은 사회적 지위나 지리적 위치와는 관계없이 강력한 유대를 형성한다. 그들은 또한 관심사에 대한 추천과 정보 공유를 통해 신뢰의 네트워크를 형성하기도 한다. 페이스북 '담벼락'이나 딕(Digg) 같은 즐겨찾기 공유 사이트가 운영되는 기본적인 방식이 바로 그러하다. 이 도구들은 디지토럴 시대에 정보의 홍수 속에서 방향을 잡는 가장 훌륭한 수단이며, 부족 구성원을 구분하는 기준인 동족 언어를 형성한다.

마케터인 우리는 아담의 스토리에 등장하는 목마른 낯선 여인과 비슷한 처지다. 아직 부족의 구성원에 속하지 못했으며, 부족과의 의사소통 여부에 따라 성패가 갈림난다. 운이 따라준다면 참신한 모습으로 부족원의 주의를 끌 수 있다. 그러나 그의 관심을 유지하여 우리를 자신의 동족에게 소개하도록 하려면, 그가 이해할 수 있는 언어로 말하여 친밀해 보이도록 애써야 한다. 우리의 근거지에서 그를 만날 것이 아니라 그의 구역에서 만나야 한다.

사람들이 말하는 동족 언어는 서로 너무나 다르기 때문에, 방송 시대의 마케터들은 아담의 미소처럼 다양한 사람들이 반응하는 보편적인 언어를 사용해야 했다. 오늘날에는 대중들이 어떤 미디어를 받아들일지 선택할 권한을 갖게 되었으므로 더 이상 미소만이 유일한 전략은 아니다. 마케터들은 이제 하나의 특정 부족에게만 친밀한 메시지를 만들 수도 있다.

한 부족의 언어로 이야기하면 나머지 다른 부족은 모두 배제되는 걸까? 여기서 우리는 '부족'이라는 비유가 불완전하다는 점을 깨닫게 된다. 한 개인이 20개의 부족에서 완벽한 구성원 자격을 유지한다는 것은 상상하기 어렵다. 그러나 디지토럴 시대에는 미식가인 동시에 언더그라운드 레게 팬, 야구 마니아, 정치 논객이 될 수 있다. 마케터로서 한 부족과 깊이 공감할 수 있는 스토리를 만든다면 그 부족원 모두를 우리의 메시지 전도사로 만들 수 있다. 타깃 메시지는 처음에는 대상 부족으로 향하겠지만, 그다음에는 그 부족원들이 메시지를 자신들이 속한 다른 부족으로 전파하게 된다. 부족원인 나는 추천의 힘을 이용하여 우연히 들은 식도락 이야기를 야구 부족과 공유할 수 있다. 그렇게 함으로써 나는 개인적인 관심사를 표시하는 동시에, 핫도그를 게걸스럽게 먹던 메츠(Mets) 팬을 신선하고 지속가능한 음식이 주는 기쁨으로 안내하게 된다. 이렇게 스토리에 동족 표식을 새겨 넣으면, 메시지의 도달 범위가 제한되기보다 오히려 크게 확대될 수 있다.

메시지에 동족 표식을 깊이 새겨 넣는 이 전략을 나는 '성가대 무장시키기'라고 부른다. 대부분의 사람들은 이 전략에 거부감을 갖는다. 우리는 '성가대에 설교하기'[2]를 두려워한 나머지 성가대 단원들이 자신들이 속한 부족의 네트워크를 통해 폭넓은 대중을 향한 최고의 전도사가 될 수 있다는 사실을 망각하기 때문이다. 대상 대중이 속한 곳에서 그들을 만나지 못하면 결국 그 어느 곳에서도 만날 수 없다. 아담이 만난 낯선 여인은 상대가 알아듣지 못할 말로 "목이 마르다고!"라고 소리치는 실수는 면했지만, 마케터들은 종종 이러한 덫에 빠지곤 한다.

'침실 침입자'는 '동족'이 어떻게 재미있는 스토리의 두 번째 구성 요소가 되는지 보여 주는 훌륭한 사례이다. 그레고리 브라더스가 도슨의 뉴스를 접했을 때, 그것은 강력한 별종(또한 다음에서 살펴볼 범법자)의 힘으로 이미 선풍적인 인기를 얻고 있었다. 그레고리 브라더스는 거기에 카메오를 출연시키고 힙합의 미학을 덧붙여, 그 동영상을 관련 분야의 부족들에

---

2  preaching to the choir. 상대방이 이미 잘 알고 있는 사실을 말한다는 뜻.

게 소개했다. '침실 침입자'의 리믹스 버전은 단번에 오토튠 뉴스를 시청하는 수백만 정치 유머 팬들의 내부 유머가 되었다. 또한 동족의 표식까지 더해져서 주류 힙합 팬들도 즐길 수 있을 만큼 충분히 정교해졌다. 그들은 이 작품이 래퍼 티페인(T-Pain)과 그의 오토튠 사운드를 패러디한 것이라고 여겼다. 이 비디오가 그들 자신을 위해 만들어진 스토리라는 사실을 깨달은 부족들은 이를 퍼뜨리기 시작했고, 비디오는 이내 그들이 속한 다른 부족에도 전파되었다. 앙투안 도슨을 힙합이나 정치 패러디꾼으로 격하시키는 대신 동족 표식들은 준비된 전도사들의 두뇌를 자극했고, 이들은 메시지를 마치 산사태처럼 급격히 전파했다. "이 스토리는 일방적으로 전달되는 것이 아닙니다. 우리와 상호작용하고 있습니다. 그것을 전파합시다." 팬들은 이렇게 말한다.

'당신의 남자에게도 날 수 있는 향기가 나는 남자'의 성공 또한 어느 정도는 동족 덕분이라고 볼 수 있지만, 방송 시대의 작품에 가까운 이 광고가 특정 부족을 겨냥했다고 보기는 어렵다. 아담이 낯선 여인과 공통된 삶의 경험, 표현 방법을 공유했다는 사실에서 왜 기쁨을 느꼈는지는 누구나 알 것이다. 우리도 패러디에서 같은 기쁨을 느낀다. 패러디의 창조자들이 우리와 문화적 판단 기준을 공유한다는 사실을 즉각 인식할 수 있기 때문이다. 패러디는 갑자기 연대감을 느끼게 된 낯선 이들 사이의 내부 유머이다. 그것은 동족 의식을 형성하는 강력한 전략이다.

무스타파는 광고에서 '아가씨들'을 타깃으로 하는 것처럼 보인다. "안녕, 아가씨들, 당신 남자를 한 번 보세요." 그러나 사실은 오랫동안 사람들을 바보 취급해 온 과장된 소비재 광고에 지친 모든 이에게 접근한다. '당신의 남자에게도 날 수 있는 향기가 나는 남자'는 그런 부류의 흔해빠진 광고에 대한 완벽한 패러디이다. 광고 제작자는 이렇게 말한다. "우리는 이 바디워시가 당신의 남자를 로맨틱한 백만장자 제트 전투기 조종사와 같은 향기가 나도록 만들어 줄 거라고 직접 말하지는 않지만 그것을 암시하고 있습니다."

광고에서는 무스타파가 서 있는 곳의 배경이 계속 바뀐다. "당신은 당신의 남자에게도 날 수 있는 향기가 나는 남자와 함께 보트를 타고 있습니다. 당신이 손에 쥔 것은 뭐죠? 나를 보세요. 내가 그것을 가지고 있답니다. 바로 당신이 좋아하는 공연 티켓 두 장이 든 굴이랍니다. 다시 보세요. 티켓이 다이아몬드가 되었어요. 당신의 남자에게서 여자 냄새가 아닌 올드 스파이스 향기가 난다면 모든 게 가능해집니다."

일반적인 미용용품 광고들과 공유하는 동족의 언어를 제외하더라도 무스타파는 여전히 낯간지러운 별종이다. 우리는 '이 남자는 누구며 대체 무슨 말을 하려는 거지?'라고 의아해하다가도, 우리가 그와 같은 내부 유머를 공유한다는 사실을 깨닫는 순간 그를 사랑스러운 동족 별종으로 받아들인다. 무스타파와 우리 모두 올드 스파이스가 이 모든 터무니없는 선물들을 선사할 수 없다는 것을 알지만, 유대감을 형성하는 데 바빠 그 부분에 크게 신경 쓰지 않는다.

이 두 작품을 만든 이들은 동족 전략을 채택하여 이차 두뇌 자극과 주의 집중 요소를 스토리에 추가하였다. 우리의 뇌는 말한다. "이 광고는 참신하다. 또한 나와 관계가 있다."

당신의 메모를 다시 보자. 만약 '산뜻한', '추세', '대중문화', '패러디' 같은 단어를 썼다면 당신은 동족에 제대로 반응하는 것이다.

## 범법자

이제부터 그녀를 이브라고 부르겠다. 아담과 이브는 서로 편한 사이가 되어간다. 이브를 가엾게 여긴 아담은 신선한 물이 담긴 양가죽 수통을 건네준다. 그것을 손에서 놓기도 전에 아담은 아름다운 조개껍데기 목걸이를 생각한다. 이 여인이 그에게 답례로 목걸이를 줄 것인지 궁금해 한다. 사실 그의 두뇌는 호기심을 갖도록 진화해 왔다.

자연선택은 사회적 존재의 발달 과정을 설명하는 데 있어 까다로운 문제를 남긴다. 떼를 지어 사냥하는 동물들에게는 분명 유리한 점이 있다. 구성원끼리 서로 협동하는 무리나 부족은 생존하여 유전자를 후세에 남길 가능성이 커진다. 그러나 사냥을 함께하기 위해서는 부족원끼리 사냥한 동물을 서로 나눈다는 데 모두 합의해야 한다. 여기서 문제가 복잡해진다. 다른 이들을 배제한 채 고기를 많이 차지한 사람들이 영양을 많이 섭취하여 가장 튼튼해지고 번식에도 적합해질 거라고 예상할 수 있기 때문이다. 진화는 협동할 줄 아는 부족을 선호하지만, 음식을 몰래 숨기거나 합의를 어기는 구성원(범법자)이 결국 진화에 유리해진다면 협동 자체가 성립하기 어렵다.

자연선택은 섬세한 감정과 사회 시스템을 발전시켜 범법자를 벌하고 신뢰를 형성하며 번영을 위해 협력하는(이타주의를 형성하는) 부족을 선호하는 방식으로 이 문제를 해결했다. 복잡한 언어로 무장한 인간들은 다른 어떤 동물보다 이 기술을 제대로 습득했다.

우리의 두뇌는 확립된 규범이 지지를 받거나 침해를 당하면 자동적으로 깊은 주의를 기울이도록 진화하여, 인간이 이타주의를 실현하고 그에 따라 유익한 사회적 행동을 하도록 만들었다. 인간은 자신이 이타적으로 행동하면 상대방도 그럴 거라는 확신을 갖고 싶어 한다. 그렇지 않다면 우리는 진화의 희생양이 되고 만다.

실제로는 이러한 과정이 어떻게 작용하는지 알아보기 위해 아담의 상황으로 돌아가 보자. 이브는 물을 한참이나 벌컥벌컥 마신 뒤 가죽 물통을 돌려준다. 그녀는 아담에게 감사의 뜻으로 미소를 짓는다. 그러고는 머리를 숙이더니 다시 미소를 짓고는 걸어가 버린다. 아니, 뭔가 답례가 있어야 하는 것 아닌가? 가만, 그녀는 범법자잖아! 아담은 믿을 수 없다는 듯이 멀리 떠나가는 이브의 모습을 바라보았다. 그녀를 다시는 못 보게 될 것이 분명했다.

이브가 왜 보답을 하지 않았는지는 결코 알 수 없다. 그저 그녀가 원래 비사교적인 인물이거나 그녀의 부족에서는 미소만으로 충분한 보답이 될 수도 있다. 어쨌든 아담은 그 이유에는 관심이 없었고 그저 기분이 나빴다.

이 밑지는 거래는 아담에게 불쾌한 기억으로 남는 데 그치지 않고, 부족 친구들에게 들려줄 흥미로운 이야기로 발전한다. 아담은 긴장감과 극적 재미를 더하기 위해 이브가 호된 벌을 받는다는 내용을 추가하는 등 이야기를 각색할 수도 있다. 이브가 돌아가는 길에 불공평한 교환에 대해 기뻐하며 노래를 흥얼거리다가 이 소리를 들은 배고픈 악어에게 공격당했다는 식으로 말이다. 인류학자들은 이런 종류의 단순한 사건을 기초로 하여 설화가 형성되고 수천 년간 전해내려 왔다고 믿는다.

브라이언 보이드는 이러한 스토리들은 인류의 발달 과정에 절대적으로 중요한 역할을 했다고 말한다. 이타주의가 엄격한 공권력(택시비를 내지 않은 사람이 경찰에 체포되는 것처럼)에 의해 집행되기 전에, 인간은 사회적 기대를 강화하고 그 기대를 충족시키지 못하는 이들은 처벌받아 마땅하다는 내용의 스토리를 만들었다. 이타주의를 강화하는 스토리들이 신에 대한 믿음을 보여 준다고 주장하는 학자들도 있다. 범법자들을 불구덩이에 떨어뜨릴 권능을 지닌 절대자의 존재는 아무도 보는 이가 없을 때도 규칙을 어기는 행동은 옳지 않다는 점을 깨우친다.

아담은 이브와의 교환 이야기를 떠들고 싶은 유혹을 떨치지 못할 것이다. 전에 들었던 상냥한 조개껍데기 민족의 전설 때문에 성과 있는 만남을 기대했던 것처럼, 빈약한 보답에 관한 그들의 전설은 미래의 부족원들에게 모든 이타적인 교환에 대해 주의하도록 가르칠 것이다.

우리가 아담의 분노에 관한 이 이야기를 통해 등장인물 사이의 갈등에 관한 옛 모델보다 공감을 주는 이야기에 대해 더 깊이 이해할 수 있게 된 이유는 이러하다. 갈등은 단순히 착한 사람들이 나쁜 사람들과 싸우거나 한 인물이 다른 인물의 목표 달성에 장애가 되는 데서 생기지 않는다. 우리를 정말로 사로잡는 갈등은 확립된 행동 규준을 어기는 사람들, 즉 범법자에 관한 스토리이다. 이러한 스토리는 그들이 행동의 대가로 벌을 받거나 새로운 규범의 기초가 마련되면서 처벌을 피하는 상황으로 마무리된다. 범법자가 위반한 사회 규범이 우리가 숭배하는 친절, 보답, 창의성 같은 규준이라면 범법자는 악당이 된다. 이 경우 사람들은 그가 벌 받는 모습을 보아야 직성이 풀린다. 이런 종류의 스토리 중 우리에게 익숙한 사례들로는 주인 노릇을 제대로 하지 못해(손님을 살해하는 잘못을 저질렀다) 영원히 언덕 위로 바위를 굴려 올려야 하는 시시포스, 인색하게 군 대가로 벌을 받은 (결국 용서받긴 했지만) 스크루지, 아버지에게 반항하고 신들에게 존경을 표시하지 않아 죽음에 이른 이카루스 등이 있다.

규범들이 끊임없이 도전을 받고 더 이상 기능을 발하지 못하는 것 같은 현대 사회에서도 여전히 이와 유사한 스토리들이 나타나 사람들에게 큰 영향을 주고 있다. 저항을 받는 규범이 우리가 혐오하는 획일성이나 부당한 위계질서, 학대 등인 경우, 범법자는 반란자가 되고 우리는 영웅이 이러한 부당한 규범을 전복시키길 희망하며 스토리에 귀를 기울인다. 이 공식은 어린 소녀가 지배자의 기만적인 힘을 폭로하는「오즈의 마법사」, 불공평한 사회를 통쾌하게 공격하는「로빈 후드」, 사랑에 장애물이 되었던 사회 계급을 뛰어넘어 결혼을 한「귀여운 여인」같은 스토리가 오랫동안 힘을 갖는 이유를 설명한다. 디지토럴 시대의 주의 지속 시간은 짧기 때문에 악당이든 반란자든 규범에 제대로 저항하기만 하면, 곧바로 청중의 관심을 사로잡을 수 있다.

우리가 분석한 히트 동영상들도 마찬가지다. '침실 침입자'가 성공을 거둔 이유는 시청자들이 비극적인 사건을 다루는 방식에 대해 흥미를 느꼈기 때문인 듯하다. 별종과 동족이 여기에 기여했다는 점은 이미 살펴보았다. 그러나 보다 결정적인 성공 요인은 이 상황에 대해 도슨이 취한 예상밖의 반응이 우리에게 큰 흥미를 준다는 점이다. 누군가 도슨의 잠든 누이를 강간하려고 했다. 이는 분명 끔찍한 일이다. 보편적으로 떠받들던 사회 규범(안전에 대한 여성의 권리)을 침해한 범법자이자 악당에 대해 우리가 분노하려고 할 때, 도슨은 어처구니없는 우스운 방식으로 정의를 촉구하는 가없는 영웅이 되었다. "자수할 필요 없다. 우리가 너를 찾을 테니. 찾아내고야 말 테다." 우리는 이런 스토리에 빠져들 수밖에 없다.

도슨이 그저 엄마에게 우유를 사오는 것을 잊었다고 소리를 지르는 모습이었다면, 처음부터 결코 뉴스거리가 될 수 없었을 것이다. 사실 뉴스는 일반적으로 범법자를 찾아내고 그들의 이야기를 부각하는 데 집중한다. 우리는 보통 범죄를 당하면 분노하거나 공포에 떨 거라고 예상하지만 도슨은 우스꽝스런 행동으로 완전히 우리의 기대를 저버렸다. 그 비디오를 본 수백만 명이 폭소를 터트리고 친구에게 전송했다.

'당신의 남자에게도 날 수 있는 향기가 나는 남자'가 우스운 이유도 '당신의 남자'라는 범법자 때문이다. 핵심 유머는 당신의 남자가 여성용 바디 워시를 사용한다는 사실이다. 여자와 같은 냄새가 나다니! 그 이야기는 남자에게는 남자의 냄새가 나야 한다는 규범을 어기는 어떤 남자가, 남자다운 냄새가 나는 다른 남자에게 자기 여자를 빼앗기는 벌을 받을 위기에 처한다는 재미있는 교훈을 제시한다. 무스타파가 잘 생긴 광고 주인공을 패러디하는 동시에, 범법자를 벌하는 고전적인 영웅 스토리를 완벽하게 패러디하자 사람들은 그 유머에 즉시 반응했다. 범법자 없이는 스토리도, 획기적인 성공도 있을 수 없다.

이 비디오를 보는 동안 '충격적인', '불편한', '갈등' 같은 단어를 떠올렸다면 당신은 이 비디오 속 범법자에 제대로 반응한 것이다.

결국 아담은 이브와의 거래에서 원하는 것을 얻지 못했다. 하지만 대신 그는 훌륭한 스토리를 만드는 데 필요한 수단을 얻었고, 우리도 역시 그러하다. 별종, 범법자, 동족은 성공적인 스토리의 필수적인 요소이며, 이제는 당신도 활용할 수 있게 되었다. 이들은 어떤 브랜드나 대의에도 적용할 수 있다는 점에 특히 의미가 있다. 내가 몇 달간의 좌절 끝에 「미트릭스」에서 교훈을 얻었듯, 이 스토리 요소들을 제대로 활용한다면 가장 불쾌한 정보도 인상적인 성공으로 이끌 수 있다. 흥미를 유발하는 최고의 수단이기 때문이다.

다음의 기초 훈련에서는 별종, 범법자, 동족을 당신의 스토리 전략에 삽입하는 방법을 익힌다. 또한 브랜드 스토리의 세 가지 유형, 즉 창조 스토리, 상징 스토리, 기록 스토리를 만드는 단계별 과정을 연습한다.

## 기초 훈련

## 나만의 스토리 만들기

이제 당신의 스토리를 창조해야 할 때가 왔다. 완전한 브랜드 서사시를 쓸 작정이라면 다음 세 가지 유형의 스토리를 만들어야 한다.

'창조 스토리'는 당신의 조직이나 회사가 어떻게 세워졌는가에 대한 것이다. 물론 브랜드의 기원은 회사의 현재 모습과 전혀 무관할 수도 있다. 그리고 두 시점을 잇는 경로는 구불구불하고 험난하여 기억해 내기 어려운 경우도 있다. 그러나 스토리의 언어에서 주인공의 탄생을 둘러싼 정보는 주인공에 대해 우리가 알아야 할 거의 전부를 말해 준다. 또한 모든 종교의 창조 신화는 전 우주의 생성 기원을 설명한다는 점에서 창조 스토리는 큰 의미가 있다. 대중을 당신의 창조 스토리와 관련시키거나 그것에 환호하게 만든다면 그들의 공감과 지지를 얻을 수 있다.

'상징 스토리'는 허구의 인물과 상징, 가상의 상황을 이용하여 심오한 진실을 표현한다. 대중은 화면이나 책 속의 인물이 연기를 하고 있다는 사실을 알지만 개의치 않는다. 앞에서 살펴보았듯, 문자 그대로의 진실은 위대한 스토리를 가늠하는 수단이 아니다. 대중이 진정으로 바라는 것은 세상이 어떻게 질서를 잡았고 자신들이 세상을 어떻게 살아가야 할지를 배우는 것이다. 상징 스토리는 말보로맨에서 「미트릭스」에 이르는 대부분의 광고 캠페인의 기초가 되었다.

'기록 스토리'는 실제 사건을 보여 주는 방법으로 메시지를 전달한다. 미디어 전문가들은 기록 스토리도 우리가 무에서 창조하는 상징 스토리처럼 대중들에게 메시지를 전하거나 가르침을 줄 수 있다고 말한다. 누구나 주머니 속에 카메라를 갖고 다니는 시대에 대중은 당신의 브랜드에 대한 진짜 스토리를 듣고 싶어 한다. 마이클 무어의 영화부터 '펩시의 도전'이나 '스위프트 보트'[3]에 이르는 다양한 활동이 이 카테고리에 속한다.

방송 시대에 브랜드들은 홍보에 수백만 달러를 쓰면서도, 보통 이 세 가지 유형 중 한 가지에만 투자했다. 디지토럴 시대에는 대중의 교양 수준과 기대치가 급격히 높아지는 한편 홍보 비용이 제로에 가까워졌기 때문에, 각 브랜드는 세 가지 유형의 스토리 모두를 적절히 전달할 필요가 있다. 별종, 범법자, 동족을 풍부하게 활용한 스토리를 전개하면 마땅히 관심을 얻을 수 있다. 가치를 추구하며 스토리의 흥미로운 교훈을 지향하는 일관된 목소리로 세 유형의 스토리를 모두 전달한다면, 스토리 전쟁의 승리는 눈앞으로 다가온다. 다음에 소개한 단계별 접근법이 도움이 될 것이다. 물론 이 접근법이 순전히 기계적인 방법으로 스토리를 창조하도록 가르치는 것은 아니다. 스토리텔링은 본질적으로 예술적인 기법으로, 비밀 암호 같은 건 존재하지 않는다. 또한 이 방법을 따른다고 스토리가 저절로 써지는 것도 아니며, 실행은 여전히 당신 손에 달려 있다. 그러나 이 방법을 통해 이 책에 담긴 통찰에서 최대한 많은 것을 배울 수 있고, 더 나아가 앞으로 일관성 있고 공감을 주는 메시지를 만드는 데 도움을 받을 수 있을 것이다.

---

[3] Swift Boat Veterans for Truth. 베트남 참전 용사들을 중심으로 하는 정치 단체로, 2004년 대통령 후보 존 케리에 반대하려는 목적으로 결성되었다.

## 무대 장치 꾸미기

### 제1단계: 스토리의 유형 결정하기
먼저 창조, 상징, 기록 중 어떤 유형의 스토리를 만들지 결정한다.

### 제2단계: 동족 주인공 만들기
이 기초 훈련에서 우리는 당신이 창조하려는 스토리의 스타를 '주인공'이라 부른다. 당신이 행동하게 하려는 대중인 '브랜드 영웅'과 구분하기 위해 이 단어를 사용하는 것이다. 대부분의 경우 당신이 실제로 영향을 주고자 하는 대상을 스토리에 캐스팅할 수 없다. 하지만 주인공은 브랜드 영웅이 자신과 동일시하고 지지할 수 있는 인물로 설정해야 한다. 그렇게 되려면 주인공은 브랜드 영웅이 속한 부족원의 특성을 몇 가지 갖추어야 한다. 다른 말로 그는 동족이어야 한다. 그 방법을 소개한다.

- 당신의 주인공은 브랜드 영웅이 그랬던 것처럼 세계가 무너졌다고 선언한다. 1980년대에 웬디스(Wendy's)는 갈수록 질이 떨어지는 패스트푸드 음식점에서 식사하는 모든 사람이 속으로 품었을 만한 의문을, 한 노부인이 "소고기는 어디 있는 거야?"라고 말하는 장면으로 표현함으로써 이를 선언했다.
- 세부 장치를 설정하여 주인공의 삶에 현실성을 부여하고, 브랜드 영웅으로 하여금 주인공의 입장에서 행동한다고 상상하게 해야 한다. 기부자들에게 수혜자와 관계된 세부 사항을 제시하면 기부를 할 가능성이 더 높아진다는 연구 결과도 있다. 주인공의 장래 희망은 무엇

인가? 주인공에게 곤란이 닥치기 전에 그의 삶은 어떠했는가? 음악, 음식, 종교적 신념 같은 주인공의 문화적 관심사 중 영웅과 공유할 수 있는 것은 무엇인가?

- 영웅의 여정이 시작될 무렵 스토리의 주인공을 만나면, 주인공은 브랜드 영웅과 마찬가지로 주저하거나 회의를 품고 있을 것이다. 반면에 주인공이 이미 영웅의 여정에 속해 있다면(주인공이 사실 영웅이라면) 그는 한때는 틀림없이 평범한 사람이었을 것이다. 대중은 스티브 잡스의 성공 사례 중간에 간간히 등장하는 실패담을 좋아한다. 우리 또한 아무리 여러 번 실패해도 결국 그렇게 성공할 수 있다는 희망을 주기 때문이다.

### 창조 스토리

당신의 주인공은 지도나 구체적인 계획도 없이, 세상을 개선하기 위해 떠나는 개인이나 소규모 집단이어야 한다. 창조 스토리의 주인공들은 열정적이고 집요하며 위험을 두려워하지 않는 경향이 있으나 특별한 능력을 지니는 경우는 드물다. 그들의 모습이 현실적일수록 대중은 그들에게 동질감을 느낀다.

### 상징 스토리

상징 스토리의 주인공은 아무것도 없는 상태에서 마술을 부리듯 만들어 낼 수 있다. 그러나 주인공을 전형적인 영웅의 모습으로 만들고 싶은 충동은 자제해야 한다. 대신 위에서 제시한 팁을 이용하여 가능한 한 많은 동족의 표식을 부여하는 것이 좋다. 대중문화의 친밀한 요소를 패러디하여 상징 스토리를 만들 수도 있다. 잘 알려진 다른 인물이나 상황을 활용하여 주인공과 그의 세계를 친밀하게 만드는 것도 좋은 방법이다. 하지만 위에 언급된 기법들을 활용하여 인물에 친밀감을 부여하는 방법을 대체할 수는 없다.

### 기록 스토리

당신의 브랜드가 현실 세계에서 어떻게 작용하며, 사람들의 삶을 어떻게 개선하는지 보여 주는 것이 관건이다. 즉 당신의 임무는 브랜드를 통해 힘을 얻은 주인공의 모습을 담는 일이다. 그러니 당신이 통제할 수 있는 사람을 가장 중요한 위치에 배치해야 한다. 시간이 걸리더라도 이를 가장 잘 표현할 만한 인물을 찾아보자.

다음 사항을 적어 보자: 당신의 주인공을 동족으로 만들 특징이나 취향, 경험으로는 어떤 것들이 있는가?

### 제3단계: 별종 주인공 만들기

다음으로 주인공이 당신이 기대하던 모습을 갖추었는지 확인해 보고, 필요하다면 원하는 특성들을 추가해 보자. 이 작업을 진행할수록 주인공은 영웅을 잘 이해하고 그에게 편안하게 다가갈 수 있는 인물에 가까워진다. 이제는 예측을 깨는 방법으로 관심을 사로잡는 속성들을 찾아보자.

### 창조 스토리

위대한 창조 스토리에는 보통 평범하지만 도전적인 인물이 등장해서 "안 될 게 뭐 있어?"라는 순진한 질문을 던진다. 과학계의 가장 큰 신비를 풀어

낸 아인슈타인은 특허청 직원이었다. 갭(Gap)의 창립자는 몸에 맞는 청바지를 구할 수 없어 좌절한 부부였다. 빌 게이츠도 꿈을 가진 10대 괴짜에 불과했다.

### 상징 스토리와 기록 스토리

주인공이 대중에게 놀라움을 주면 스토리는 훨씬 흥미진진해진다. 주인공의 별난 면모는 내면적인 특성이다. 즉 그의 성격이나 사회적 지위가 그가 처한 상황과 맞지 않는 것이다. 영웅답지 않은 사회적 지위나 사고방식을 가진 영웅들은 민화와 종교적 이야기, 흥미진진한 역사의 단골손님이다. 신데렐라는 비천한 하녀였다. 예수는 말구유 속에서 태어났다. 빌 클린턴과 로널드 레이건은 가난한 결손 가정에서 자랐다.

주인공의 별스러움은 누구나 한번에 알 수 있는 외부적인 특성일 수도 있다. 미녀와 야수에 등장하는 야수는 왕자의 모습을 숨기고 있다. 어린아이에 불과한 해리 포터는 세상을 구한다. 지진아 포레스트 검프는 인생의 복잡 미묘한 교훈을 가르친다.

다음 사항을 적어 보자: 주인공을 별종으로 만드는 것은 무엇인가?

### 제4단계: 범법자 주인공 만들기

가장 흥미로운 주인공들은 더 이상 의미가 없는 문화적인 규범을 공격하는 인물들이다. 신화 격차의 시대는 이런 무너진 규범들로 가득하다.

### 창조 스토리

새로운 브랜드나 조직을 설립하는 것은 많은 측면에서 현 상황에 대한 반란이 될 수 있다. 창조 스토리는 단순히 시장의 틈새를 공략하거나 새로운 기술적 대안을 제시하는 이야기에 그쳐서는 안 된다. 반란을 통해 이타적인 세상을 창조하는 것을 브랜드의 출발점으로 삼는다면 청중의 공감을 얻을 수 있다. 미국의 선조들은 폭압과 특권에 대항하여 새 나라를 건설했다. 그라민 은행(Grameen Bank)의 창립자로 노벨상을 수상한 무하마드 유누스(Muhammad Yunus)는 기존의 자선 방법으로는 빈민을 가난에서 구제하지 못한다는 생각에 소액 금융 혁명을 일으켰다. 위키피디아(Wikipedia)의 창립자 지미 웨일스(Jimmy Wales)는 지식 형성의 독점 엘리트주의 모델에 대한 저항으로 세계 최대의 지식 저장고를 만들었다.

### 상징 스토리와 기록 스토리

당신의 주인공이 누구인지는 이미 살펴보았다. 주인공이 해야 할 일은 더 이상 의미가 없는 규범에 저항하는 것이다. 당신의 주인공은 브랜드가 아낌없이 주는 선물의 단순한 수혜자가 아니라 사회의 억압적이고 비생산적인 요소에 대해 적극적으로 저항하는 인물이다. 나이키, 도브, 폭스바겐, 애플, 「물건 이야기」, 티파티, 월가 시위 같은 브랜드들이 무너진 세계에 대해 적극 반대하는 실재와 허구의 인물을 어떻게 부각시키는지 생각해 보면 쉽게 알 수 있다.

다음 사항을 적어 보자: 당신의 주인공이 도전하는 무너진 사회 규범은 무엇인가? 주인공은 이 규범에 저항하기 위해 무엇을 하는가?

### 제5단계: 적(敵) 지목하기

다시 한 번 등장인물을 결정해야 하는 단계이다. 이번에는 영웅에 대항하는 적을 설정해야 한다.

주인공이 범법자라면 분명 현재의 권위에 도전할 것이다. 결국 훌륭한 범법자는 언제나 현 상태를 위협하는 존재이다. 주인공에 반대하는 세력이 스토리의 적이 된다. 그러나 모든 브랜드나 대의에서 반드시 반대 세력을 무찔러야 하는 것은 아니다. 그래도 주인공의 앞길을 가로막는 인물이나 태도, 세력에 대해서는 여전히 언급할 필요가 있다. 적의 존재로 인해 창조 스토리의 위기와 극적 효과가 단번에 높아지기 때문이다.

당신의 브랜드나 대의가 무너진 전통에 대항하여 세워졌다면 그 전통은 무엇이며 누구를 대표로 하는가? 대개 그러하듯 업계의 지지자들인가? 고루한 경쟁자인가? 부조리한 현실에서 잇속만 차리는 사람들인가? 애플은 처음에는 IBM을, 그다음에는 마이크로소프트를 적으로 선포했다. 폭스바겐은 사회적 지위에 대한 위기감을 조성하는 자동차 회사들을 지목했다. 벤앤제리는 하겐다즈 같은 짝퉁 '유럽' 브랜드를 적으로 명명했다. 티파티와 월가 시위는 각각 거대 정부와 거대 기업을 향해 걷잡을 수 없는 분노를 표출했다.

다음 사항을 적어보자: 주인공의 길을 막는 인물이나 세력은 누구인가?

―――

이제 무대가 완성되었다. 가장 중요한 두 등장인물과 그들 사이의 갈등도 만들어졌다. 앞으로 등장하게 될 인물도 많지만, 일단 이야기의 뼈대는 완성된 셈이다.

## 나만의 독특한 목소리 입히기

이제 당신은 인물과 갈등을 실행에 옮길 준비가 되었다. 그러나 스토리의 내용이 정해졌다고 그 전달 방법이 결정된 것은 아니다. 그것은 이 단계에서 결정한다.

### 제6단계: 나만의 어조와 성격 찾기

적절한 목소리를 결정하는 단계이다. 유머를 사용할 것인가? 긴박한 느낌을 줄 것인가? 심미적 아름다움을 부여할 것인가? 이를 결정하기 위해 당신이 고른 브랜드 멘토의 원형을 다시 한 번 살펴보자. 각 원형에서 특정한 스토리텔링 어조를 유추할 수 있다. 예컨대 광대는 진지한 경우가 드물며 수호자는 우스갯소리를 잘 하지 않는다. 브랜드 멘토의 주된 스토리텔링 목소리를 이해하여 그것을 계속 유지해야만 스토리텔링에 일관성을 부여할 수 있다. 수호자라고 절대 웃지 말란 법은 없지만, 모든 커뮤니케이션에서 유머를 강조하고 싶다면 새로운 원형을 찾아 구체화하는 편이 낫다. 〈표 7-1〉에서는 원형을 장난스러움과 진지함, 감화와 지시라는 두 개의 축으로 분할한다.

장난스러운 원형은 스토리텔링에서 유머와 엉뚱함, 예상 밖의 비유를 중시한다. 이들 원형은 아이러니와 패러디를 좋아한다. 진지한 원형은 자부심, 낙관주의, 분노처럼 보다 단순한 감정을 자극하는 직접적 호소를 선호한다. 지시 원형은 권위적이며, 지도하는 대상을 위해 명확한 방향을 제시한다. 감화 원형은 대중이 자신의 여정을 발견하도록 힘을 부여하여 스스로 행동하게 하는 방법을 선호한다.

〈표 7-1〉

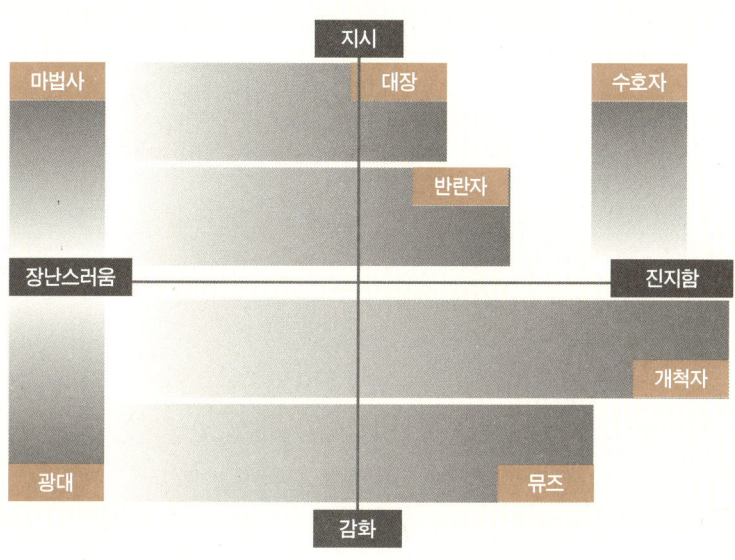

　원형 자체도 그렇지만 이 표 역시 하나의 지침일 뿐이다. 고전 스토리에는 이 원칙을 깨는 원형의 사례가 얼마든지 있다. 원형과 브랜드 어조를 정확하게 일치시키는 것이 목표가 아니라, 당신의 브랜드가 실제로 속한다고 생각되는 위치에 배치하는 것이 중요하다. 또한 브랜드의 선물에서 목소리에 대한 힌트를 얻을 수도 있다. 예를 들어 브랜드의 선물이 기쁨이라면, 대장 원형을 권위는 있지만 긍정적이고 낙관적인 원형으로 수정할 수 있다. 당신이 선택하는 목소리는 모든 커뮤니케이션의 핵심에 깃들게 될 것이므로 당신이 편안하게 말할 수 있어야 한다. 당신의 목소리가 당신의 원형이 자리한 곳에서 반대쪽 끝에 위치한다면, 당신은 브랜드와 원형이 정말로 어울리는지 다시 생각해 보아야 한다.

부록의 표에서 당신이 고른 원형에 대한 설명을 다시 읽어보자. 그런 다음 당신만의 독특한 원형을 어떻게 창조할지 생각해 보자.

다음 사항을 적어 보자: 당신이 채택한 목소리를 묘사하는 형용사를 서너 개 골라 보자. '성장을 돕는', '익살스러운', '차분한', '박식한', '예민한' 등을 예로 들 수 있다.

## 스토리 만들기

이제 당신은 스토리를 글로 옮기고, 스케치하고, 스토리보드를 만들 준비를 갖추었다. 당신의 스토리가 어떻게 평가될지 확인하는 차원에서 그 시안을 재빨리 읽어 보자. 그런 다음 다시 책으로 돌아와 7단계를 시작하자.

**제7단계: 스토리의 초안 만들기**

당신은 이제 영웅, 적, 교훈(앞 장의 기초 훈련에서), 목소리를 모두 갖추었다. 당신이 연설문을 쓰든, 포스터를 디자인하든, 인터넷 동영상이나 30초짜리 광고를 찍든, 예술적인 부분은 온전히 당신의 몫이다. 나의 경우 글쓰기 여정을 시작할 때 먼저 스토리 전략, 주인공의 개요 등 기본 정보를 일단 구상한 후 잠시 보류해 둔다. 기본적인 사항만 결정하면 그것들은 일부러 신경 쓰지 않아도 저절로 만들어지기 때문이다. 그다음 창조적인 부분으로 넘어간다. 시각적이고 물리적인 측면으로 눈을 돌려, 등장인물들이 살게 될 배경이나 장치를 몇 가지 그려 본다. 그다음에는 그 공간 안에서 진행될 행동과 대화를 상상하기 시작한다. 만족스럽지 않은 공간은 바로 지워 버리고, 흥미로운 스토리에 어울리는 멋진 장치가 될 만한 것들을 선택한다. 마음에 드는 공간이 확보되면 나는 사건의 개요를 작성한다. 그러다 잠시 멈춰 처음에 정한 전략과 어조에 맞는지 다시 확인한다. 마지막으로 다시 처음으로 되돌아가 사건의 시퀀스를 추가하고 다듬는다. 물론 이것은 작가들이 사용하는 수백 가지 절차 중 하나일 뿐이다. 당신에게 가장 적합한 과정을 찾아 그것을 정리하여 반복하는 것이 요령이다. (WinningtheStoryWars.com을 방문하면 스토리를 만드는 데 필요한 추가적인 글쓰기 팁과 대화형 워크시트를 이용할 수 있다.)

이제 스토리 콘셉트와 원고의 초안을 작성해 보자. 앞으로 스토리를 완전히 뜯어고쳐야 할지도 모르니, 지금 시점에서 완벽하게 다듬을 필요는 없다.

## 스토리 테스트하기

스토리에 대한 아이디어를 모두 배치했다면 그것을 테스트해 보고 싶을 것이다. 당신은 일관성을 획득하기 위해 이 책에서 배운 내용을 활용했는가 아니면 방송 시대의 5대 죄악의 유혹에 빠져들고 있는가?

**허영 테스트**

죄악에 빠진 스토리: 당신의 스토리는 당신의 브랜드가 얼마나 훌륭한지에 대한 내용만을 담고 있는가?
성공적인 스토리: 아니면 대중들이 얼마나 대단한지에 대한 내용인가?

**권위 테스트**

죄악에 빠진 스토리: 당신은 상관관계를 증명하기 위해 추상적인 데이터나 기술적인 전문 지식에 의존하는가? 아이디어만이 스토리의 유일한 주인공인가? 대중의 이성에만 호소하고 있는가?

성공적인 스토리: 아니면 감성에 호소하는 인물을 창조하여 그의 행동과 경험을 통해 세상에 대한 심오한 진실을 드러내고 사실에 대한 신빙성을 높이는가?

**위선 테스트**

죄악에 빠진 스토리: 당신은 브랜드 영웅이 듣고 싶어 하는 것들만 말하고 있는가?

성공적인 스토리: 아니면 브랜드의 핵심에서부터 스토리의 교훈을 표현하고 있는가? 대중들이 공감할 만한 통찰을 제공하며, 그들이 전과는 다른 새로운 방식으로 생각하게 하는가?

**허풍 테스트**

죄악에 빠진 스토리: 고고한 '신의 목소리'를 사용하여 대중에게 행동하도록 명령하고 있는가?

성공적인 스토리: 아니면 브랜드 멘토의 원형에서 영감을 받은 독특하고 인간적인 목소리로 말하고 있는가? 대중의 행동을 가치 있고 흥미롭게 만드는 독특한 브랜드 선물을 제공하고 있는가?

### 속임수 테스트

죄악에 빠진 스토리: 터무니없는 유머나 강렬한 감정에만 의존하여 즉각적인 정서적 유대를 형성하려고 하는가?

성공적인 스토리: 아니면 공통의 가치를 기반으로 정서적 친밀감을 형성하고, 이 견고한 토대 위에 유머와 강렬한 감정을 더하고 있는가?

### 제8단계: 다듬기

당신이 죄악에 빠져들고 있다는 사실을 확인했다면 성공적인 스토리가 될 수 있도록 다듬어야 한다. 스토리 전략을 한 페이지에 정리하여 옆에 두고 작업을 시작하되, 참고로 이용할 뿐 거기에 얽매여 상상력이 제한되지는 않도록 유연하게 사용하라.

## 제8장
# 진실을 실천하라

　기자들을 밀치고 사무실 밖에서 고래고래 소리를 지르던 토니 헤이워드(Tony Hayward)는 아무도 모르는 자신만의 지옥에 떨어진 듯한 기분이 들었다. 어느 끄무레한 아침에 그는 세인트 제임스 광장을 거쳐 평일이면 매일 출근하는 빌딩으로 들어섰다. 단 한 가지 끔찍한 사실만 빼고는 평소와 다름없는 일상이었다. 모든 TV 방송국과 전화, 주위 사람들이 성난 질문을 끝없이 퍼부어 그를 괴롭히고 있다는 점만 제외하면 말이다. 게다가 그 질문들은 정신이 제대로 박힌 사람이라면 결코 답할 수 없는 것들이었다.
　"헤이워드 씨, 원유 유출은 언제쯤 막을 수 있습니까?"
　"헤이워드 씨, 이번 누출 사고가 발데즈 사건[1]보다 더 심각한가요?"
　"헤이워드 씨, BP 석유 회사는 파산 선고를 할 겁니까?"
　세상에서 가장 미움 받는 사람이 된다는 것이 그저 살해 위협을 받거나 사람들에게 돌을 맞는 정도의 일이라면 감당할 수 있을 것 같았다. 그러나

---
[1] 1989년 미국 알래스카 주 근처에서 엑손모빌의 유조선 발데즈 호가 좌초되어 일어난 최악의 해상 원유 유출 사고.

쏟아지는 질문들은 정말 그를 미치게 만들었다. 그들을 무시할 수만 있다면 더 바랄 게 없을 정도였다. 그러나 그가 온전한 정신으로 살아 있는 한 결코 질문이 그치지 않을 것이라는 사실을 잘 알고 있었기 때문에 대답을 피해갈 방법도 없었다.

"헤이워드 씨, 언제 사임하실 겁니까?"

침묵.

그는 엘리베이터를 타고 6층에서 내려 회의실로 들어갔다. 그곳에 모인 임원들을 초조하게 바라보던 헤이워드는 그들 또한 자신에게 공격을 퍼부을 것만 같아 불안했다. 나중에 참석자 중 한 명이 한때는 천진난만한 아이 같던 보스가 얼마나 냉랭한 시선으로 사람들을 쏘아 보았는지 묘사했다.

'토니, 네가 미쳐가고 있구나.' 그는 속으로 생각했다. '이 사람들을 잘 알잖아. 너와 한 팀이라구.'

그는 잠시 마음을 가다듬었다. 곤경에 빠진 BP의 최고경영자(CEO)는 자기가 저지른 일의 책임에 대해 되묻는 호기를 부렸다.

"우리가 왜 이런 일을 당해야 합니까?"

누구도 그 질문에 감히 대답할 수 없었지만, 그들 중 한 명이 이 질문을 재빨리 메모하여 기자에게 넘겼다. 그 질문은 그 후 수백만 번이나 반복해서 기사화되었다. 수사관들이 세계에서 가장 무모하고 공격적이라고 부르는 석유 회사를 운영하는 토니 헤이워드는 다음 여러 달 동안 어떻게 그런 멍청한 말을 꺼낼 수 있었냐는 질문을 수도 없이 받게 되었다.

사실 헤이워드가 그렇게 어처구니없는 말을 한 것은 아니었다. 그의 말에서 우리는 회사의 기만적인 임파워먼트 마케팅의 희생자로 전락한 한 남자와 그 회사의 심리를 엿볼 수 있다. 석유에 대한 인간의 지나친 의존이 가져올 위험성에 대해 진실을 말하고 사람들에게 거기에 대항하도록 촉구함으로써, BP는 확고한 그린 에너지 브랜드의 입지를 확립했다. 하지만 BP는 그 때문에 깊은 나락으로 추락하기도 했다. 2010년 딥워터 호라이즌의 기름 유출 사고[2]로 수십억 달러 가치의 그린 브랜드 자산이 바닥으로 떨어졌기 때문만은 아니었다. 사람들에게 잘 알려지지는 않았지만 더 중요한 이유는 유출 사고 자체가 BP의 거짓된 그린 브랜드 때문에 일어났다는 점이다. BP의 이사들은 수많은 반대 증거에도 불구하고 자신들이 '선한 일'을 하고 있다고 믿으면서, 엄청난 위험을 감수하는 탐사 전략에 터무니없이 의존했다. 이 재난은 파워스의 세 번째 계명인 '진실을 실천하라'에 대한 완벽한 경고성 사례라고 할 수 있다. "진실을 굳게 지키라. 그러면 비즈니스에서 잘못된 점은 뭐든지 바로잡을 수 있다. 차마 입 밖에 낼 수 없는 진실이라면 비즈니스를 바로잡아 말할 수 있도록 하라."

이 계명을 무시하면 결국 기업의 책임으로 돌아갈 수밖에 없다.

스토리 전쟁 원정의 마지막 단계에서는 당신의 브랜드가 가치에 근거를 둔 스토리를 들려주는 경우 이를 반드시 실천해야 하는 이유와 간단한 실천 방법에 대해 살펴보고자 한다. 투명성의 시대에 진정성은 특히나 소홀

---

[2] 2010년 미국 루이지애나 주 멕시코 만에 있는 BP의 딥워터 호라이즌 석유 시추 시설이 폭발하여 5개월 동안 대량의 원유가 유출된 사고.

히 해서는 안 된다. 대의든 상품이든 모든 마케팅에는 언제나 진정성을 스토리 전략의 중심에 두어야 한다.

## 기만적인 환경 보호 활동과 집단적 사고: '석유를 넘어서' 캠페인의 비극적 몰락

1997년까지 존 브라운(John Browne)은 탐사와 인수, 브랜딩을 통해 세계에서 가장 큰 석유 회사를 건설하겠다는 담대한 계획에 온통 마음을 쏟았다. 다른 사람들은 정신 나간 짓이라 여겼지만, BP의 최고경영자는 고객들이 가솔린 브랜드 하면 BP를 떠올리도록 만들 수 있다고 믿었다. 브라운은 자신의 목표를 달성하는 데 성공하여 작은 회사들을 손쉽게 인수하고, 판매되는 모든 석유에 자신의 브랜드를 붙인다면, 엄청난 경쟁력을 확보하면서 거대 기업으로 거듭날 수 있다고 생각했다.

브라운이 거대 석유 브랜드에 대한 영감을 떠올린 때는 그가 인텔(Intel)의 이사로 일할 시기였다. 그는 인텔이 겉에서 보이지 않는 제품인 마이크로칩을 제조하는 회사임에도 '인텔 인사이드(Intel Inside)'라는 뛰어난 캠페인 덕분에 세계에서 가장 유명한 브랜드 대열에 이름을 올렸다는 사실에 깊은 인상을 받았다. 그는 『하버드 비즈니스 리뷰(Harvard Business Review)』와의 인터뷰에서 "지금은 사람들이 자동차 내부(inside)에 BP 제품이 들어 있는지 묻지는 않습니다만, 앞으로 언젠가는 그럴 날이 올지도 모릅니다"라고 말했다.*

그러나 의욕 충만한 그 앞에는 가파른 오르막길이 펼쳐져 있었다. 언론은 대중이 석유 회사를 싫어한다고 보도하였고, 사람들은 마지못해 가솔린을 급유했다. 1989년 엑슨(Exxon) 발데즈 사고 이후 석유 업계 관계자 전원이 악당 취급을 받고 있었다. 더구나 기후 변화에 대한 우려가 높아지면서 상황은 갈수록 악화될 뿐이었다. 당시 산업계의 주요 조사 결과에 따르면, 자동차 연료 업계가 브랜드 친화도가 가장 낮은 부문으로 지목되었다.

브라운은 뭔가 급진적인 일을 벌여야겠다는 생각에 1997년에 태양 전지판으로 둘러싸인 스탠포드 대학에 나타나 인간이 배출하는 온실가스와 기후 변화 사이에는 반박의 여지가 없는 상관관계가 있음을 증명하면서, 당장 무언가를 해야만 한다고 촉구했다. 바로 그해 브라운은 기후 변화 과학에 의문을 제기하는 석유 업계의 이익 집단인 세계 기후연합(Global Climate Coalition)에서 탈퇴하였다.

이 모든 행적으로 전 세계의 이목을 집중시키고 커다란 찬사를 받았다. 브라운은 (진실을 포함한) 새로운 가치와 새로운 영웅(의식 있는 소비자), 전혀 새로운 스토리의 교훈(대안을 찾기 위해 함께 노력해야 한다는)을 제시하며 주요 석유 회사의 스토리 전략을 전복시켰다. 석유 회사가 기후 변화 방지 노력에 저항하지 않고 참여함으로써 스토리 전쟁에 구조적인 변화를 가져온 것이다.

2000년 무렵 '브리티시 석유(British Petroleum)'에 눈에 띄는 큰 변화가 일어났다. 회사명을 BP로 바꾸고, 새 슬로건 '석유를 넘어서(Beyond Petroleum)'가 사실상 회사의 정식 명칭이 되었다. BP의 로고는 마치 꽃처럼 이중으로 된 태양을 상징하는 헬리오스(helios)로 바뀌었다. 브라운은 대체 에너지에 수십억 달러를 투자하고 BP의 온실가스 배출을 대폭 줄이겠다고 서약하며 새로운 브랜드에 대한 헌신을 약속했다.

회사의 새로운 모습은 햇빛과 낙관주의를 대변했고, 그 광고는 고전적이고 직설적인 임파워먼트 마케팅 접근법을 따랐다. 그러니 엄청난 성공을 거둘 수 있었다. BP는 대중에게 석유 소비와 석유가 일으키는 문제는 관계 없다고 주장하지는 않았다. 그렇게 하면 명백히 기만적인 환경 보호 활동으로 보이기 때문이다. 대신 BP의 크레이티브팀 오길비 앤 마더(Ogilvy & Mather)는 더욱 심오한 진실을 말하기로 결정했다. 광고 캠페인은 대중들에게 궁극적으로 해결책을 제시하기 위한 대화와 파트너십에 참가하도록 요구했다. 이는 대중의 비위를 맞추는 기분 좋은 메시지가 아님에도 불구하고 큰 공감을 불러일으켰다.

"'당신은 아무것도 걱정하실 필요가 없어요. 필요한 석유는 우리가 갖다드릴 테니까요'라는 식의 광고가 아니었습니다." 오길비사의 북미 회장 존 세이퍼트(John Seifert)는 BP의 '거리에서(On the Street)'라는 광고에 대해 이렇게 말했다. 이 유명한 광고는 석유 의존도 감소라는 어려운 과제를 해결하기 위해 노력하는 사람들의 일상생활을 다루었다.

이 광고는 지금까지 우리가 성공적인 임파워먼트 마케팅에서 찾아볼 수 있었던 모든 법칙을 따랐다. 오래된 절차와 해석이 더 이상 통하지 않는다는 사실을 알게 된 사회를 위해 새로운 스토리를 제시하면서 신화 격차에 뛰어들었다. 또한 사람들에게 신중하게 생각하고 이타적으로 행동하라고 촉구하며 정직의 중요성을 강조했다.

"당신의 자녀들을 생각해 보세요." 광고에서 석유 간부에 대해 어떻게 생각하느냐는 질문을 받고 한 여성이 대답했다. "아이들도 나와 당신이 숨 쉬는 나쁜 공기 속에 살고 있어요. 대안이 있다면 거기에 돈을 투자해야겠지요. 그래도 역시 이윤을 남길 수 있잖아요. 그런다고 공산주의자가 되는 것도 아니고요. 그저 훌륭한 인간이 되는 거죠."

대중과 언론은 열광했다.

이미지 쇄신과 진실해 보이는 화법 덕분에 BP는 브라운이 꿈꾸던 대로 사랑받는 석유 브랜드로 거듭났다. 사실 BP의 성취는 브라운의 원대한 이상을 훌쩍 넘어섰다. BP는 곧장 자동차 연료 분야에서 브랜드 충성도 1위로 치솟더니, 그 그룹에서 벗어나 모든 분야 중 세계에서 가장 사랑받는 브랜드 대열에 합류했다.

브라운 개인은 저명한 '친환경 석유기업가'라는 명성을 얻었다. 뿐만 아니라 비즈니스 언론은 그에게 '태양왕'이라는 별명까지 붙여 주었다. 그가 처음에는 아모코(Amoco)를, 다음에는 아코(Arco)를 매수하는 등 작은 회사를 BP에 합병하기 위해 열정적으로 일하는 동안 BP의 수장을 둘러싼 후광도 계속 커져갔다. 1998년 스탠포드대학에서 연설한 후에 작위를 받았으며, 2001년에는 '매딩리의 브라운 남작(Baron Browne of Madingley)'이라는 칭호로 상원에 임명되었다. BP가 창조한 진실이 세상에 먹혀들고 있었던 것이다.

투자자들도 마찬가지였다. 2007년 『비즈니스 위크(*Business Week*)』 기사는 경쟁사 엑손모빌보다 상위에 오른 BP의 '신용 등급'은 대체 에너지를 위한 BP의 노력에 기인한다고 주장했다. 이는 실로 믿을 수 없는 결과였다. 지난 5년 동안 엑손모빌의 안전 규정 위반은 단 한 건에 불과했으나 BP는 760건이나 적발되었기 때문이다. BP의 훌륭한 스토리는 명백한 사실 앞에서도 허물어지지 않았다. 그러나 회사의 현실은 오랜 기간 동안 암울하기만 했다.

화석 연료의 문제점에 대해 진실을 말하면서도 BP는 그 진실을 결코 실천하지 않았다. 거대 석유 회사의 경영에서 '석유를 넘어서'는 것은 아무것도 없었다. 수년 동안 브라운은 대체 에너지 연구보다 친환경 광고에 더 많은 돈을 썼고, 심지어 청정에너지 개발을 위한 장기 프로젝트에 쓴 수십억 달러도 BP가 단 1년 동안 석유 탐사에 투자하는 비용과 비교하면 아무것도 아니었다. 2010년까지 회사가 수력, 풍력, 태양, 생물 연료에 투자한 금액은 총 자본 지출의 6퍼센트에 불과했다.

2010년에 「월스트리트저널(Wall Street Journal)」은 BP의 경영을 평가하면서, 이 회사의 비즈니스 전략은 '업계의 선두 자리를 지키기 위해 오랜 기간 멕시코 만에 세계에서 가장 깊은 유정을 파고, 석유를 찾아 북극 전역을 파헤쳤으며 오만의 암석에서 천연가스를 짜내는 것'이라고 썼다.* 사실은 결코 '석유를 넘어'선 활동이라고 볼 수 없었다. 브라운 남작은 전 세계를 돌아다니며 각종 상을 수상하고 환경에 대한 공헌으로 표창을 받는 동시에, 수천 명의 근로자를 해고하여 비용을 절감함으로써 이윤을 극대화하였다. 해고된 인력의 상당수는 BP의 공격적인 프로젝트가 노동자나 환경에 재앙을 가져오지 않는다는 점을 외부인들에게 확신시키는 일을 수행하던 엔지니어들이었다.

브라운의 몰아붙이기식 경영 스타일은 충격적이고 비극적인 결과로 이어졌다. 하지만 미국 역사상 최악의 유출 사고가 일어나기 전까지는 이 모든 사실이 놀랍게도 브랜드의 긍정적인 이미지 아래 은폐되었다. 2005년 텍사스 소재의 BP의 정유 공장에서 화재가 발생해 15명의 근로자가 사망하고 170명이 부상을 입었다. 정부는 우연히 발생한 사고가 아니라 회사의 관리 태만 때문에 발생한 사고라고 밝혔다. BP에게는 노동안전위생국

(Occupational Safety and Health Administration, OSHA) 역사상 가장 무거운 벌금이 부과되었다. 2006년에는 BP의 송유관이 파열되어 20만 갤런의 원유가 알래스카 툰드라로 쏟아져 나갔다. 알래스카 역사상 최악의 기름 유출 사건이었다. 의회 조사 결과, 이 재앙에도 부주의와 비용 저감이 큰 몫을 했음이 밝혀졌다.

이들 대형 사고와 이 이외에도 재난으로 이어질 뻔했던 수백 건의 사고 기록을 통해 BP의 직원들은 브라운이 예방과 안전을 우선순위에 두고 있지 않다는 사실을 분명히 알게 되었다. 그는 오로지 무분별한 석유 탐사, 비용 저감, 친환경 브랜딩 세 가지에만 모든 에너지를 쏟았다.

명명백백한 정부 보고서나 내부 조사, 눈앞에 닥친 재앙에 대한 다른 석유 회사의 경고에도 불구하고 브라운은 여전히 BP의 수장으로 남아 있었다. 그러다 2007년 5월 창피하기 짝이 없는 개인적인 법적 스캔들이 터진 후에야 태양왕은 왕좌에서 내려왔고, BP에서 27년이나 근무한 부하 직원 토니 헤이워드가 그 자리를 이어받았다.

헤이워드는 자신을 개혁가라고 선전했다. 그 자신도 실제로 그런 줄 알았던 모양이다. 그러나 30년 가까운 세월을 같은 회사에서 일하고 오랫동안 브라운의 내부 핵심층에 속해 있던 그는 속속들이 회사 편일 수밖에 없었다. 안전을 보다 중시하게 된 BP의 큰 변화에 대해 자신 있게 내세웠지만 실제로는 크게 떠들고 적게 행동하는 BP의 전통에 깊이 물들어 있었다.

BP의 전직 안전 기술자는 겉과 속이 다른 회사의 안전 정책에 대해 이렇게 요약했다. 중역들은 "계단을 오르내릴 때의 난간 잡기와 후진 주차의 장점, 커피 잔에 뚜껑이 없을 때의 위험성에 대해서는 몇 시간이나 토론하는 등 가벼운 안전 사항에는 지나치게 신경 쓰는 반면, 화학 단지 시설 투자와 유지 같은 중요한 사항에는 그다지 열정을 보이지 않았다." 그의 말에 따르면 석유에 관한 한 "그들은 일말의 양심도 없이 그저 맹렬하게 탐사했다."*

헤이워드 또한 브라운과 마찬가지로 사소한 부분에서는 안전을 매우 중시하는 것 같았지만, 안전이 석유 생산량을 최대화하는 데 장애가 될 때는 언제나 뒷전이었다. 헤이워즈의 지도 체제하에 있던 2010년 무렵, BP가 안전 규정 위반 분야에서 최고의 자리를 지키면서도 '초심해층' 굴착 부문에서 역시 세계 최고가 될 수 있었던 이유도 바로 그 때문이다. 어쨌거나 회사 웹사이트에는 다음과 같이 당당하게 명시하고 있다. "'석유를 넘어서'라는 슬로건은 우리의 브랜드를 가장 간결하고 압축적으로 요약합니다. 우리 회사가 무엇을 상징하고 어떤 일을 하는지를 실제로 설명하기도 합니다."

그러니 2010년 4월 20일에 마침내 발생한 초대형 사고는 업계 관계자나 BP 직원들에게는 전혀 놀라운 사건이 아니었다. 딥워터 호라이즌 석유 굴착용 플랫폼 폭발 사고로 인해 직원 11명이 사망하고 5개월이 넘는 기간 동안 5백만 배럴 이상의 석유가 멕시코 만으로 방출되었다. 이 유출 사고는 단 나흘 만에 악명 높은 엑손 발데즈 사고의 규모를 넘어섰다. 수많은 조사 결과에서 폭발의 책임이 BP의 비용 절감과 안전 부주의, 지나치게 무리한 채굴 시도 등에 있는 것으로 나타났다.

그러니 헤이워드는 "우리가 도대체 무엇을 잘못한 겁니까?" 같은 말은 결코 하지 말았어야 했다. 사적으로나 할 법한 말을 공식 석상에서 너무 솔직하게 내뱉은 것이다. 헤이워드 자신이야말로 세상 누구보다 BP의 무분별한 행적에 관해 잘 알고 있었을 텐데 말이다. 그는 세상에서 가장 기만적인 브랜드의 책임자가 아니었던가. 그는 개혁가의 사명을 갖고 등장했지만, 회사의 무분별한 만행을 중지시키는 데는 완전히 실패했다.

사실 여러 비극적인 인물들이 이런 망언을 내뱉었다. 자신처럼 세상을 왜곡된 시선으로 바라보는 사람들에게만 둘러싸인 채 본인이 만든 현실 속에 갇혀 스스로를 고립시킨 무능한 지도자는 역사에서 얼마든지 찾아볼 수 있다. 헤이워드는 그중 하나일 뿐이다. 존 F. 케네디는 피그스 만 침공에 실패한 후에, 리처드 닉슨은 워터게이트 사건 직후에, 조지 W. 부시는 이라크에서 대량 살상무기를 찾지 못했을 때 헤이워드와 같은 말을 던졌다. 또한 이 말은 무분별한 대출 관행으로 인해 전설적인 금융 기관들이 무릎을 꿇기 시작한 후, 수개월 동안 월스트리트의 초고층 빌딩숲에도 널리 퍼졌을 것이다. '집단사고(Groupthink)'로 불리는 이러한 현상은 스토리가 말하는 진실을 실천하지 않는 조직에서 흔히 볼 수 있다.

심리학자 어빙 재니스(Irving Janis)는 1970년대 초 집단사고 모델을 개발했다. 지적인 사람들로 구성된 의사결정 집단이 어떻게 비극적인 결정을 내리게 되는지 설명하려는 목적도 있었다. 재니스는 특정 조건 하에서 집단은 잘못된 방향으로 가고 있다는 조짐이 아무리 명백히 나타나도 이를 무시한 채 재빨리 만장일치의 결정을 내린다는 사실을 발견했다. 강력한 리더를 중심으로 형성된 응집력 강한 집단은 반대 의견을 묵살하거나 이에 대해 처벌을 내리기 때문이다. 머지않아 그들은 다른 의견이 존재한다는 사실조차 잊게 된다. 이쯤 되면 외부 세계의 현실보다 내부자 자신들이 만든 기만적인 현실이 더 중요해진다. 집단사고의 희생자들은 자신들이 절대 실패할 리가 없다고 믿기 때문에, 원하는 결과가 나타날 것이라고 지나치게 낙관하며 기꺼이 위험을 감수한다. 외부에서 보면 사악하거나 한심한 행동이 내부에서는 매우 올바르고 적절한 행동으로 보인다.*

존 브라운이 국제적으로 자부심을 드높이고 있을 때 BP의 핵심 리더 집단에는 집단사고라는 짙은 안개가 드리워져 있었다. 외부와 내부 조사 결과는 물론 정부가 부과한 엄청난 벌금 등 여기저기서 안전 문제의 적신호를 보내고 있었다. 그런데도 브라운과 (헤이워드 같은) 그의 측근들은 석유 채굴량을 최대로 유지하는 동시에, 피상적인 해결책만으로 근본적인 안전 문제를 해결할 수 있다고 믿으며 낙관적으로 반응했다. 내부 고발자들은 경영진에게 안전 조치를 강구하도록 필사적으로 촉구했다. 일부 핵심 인재들은 그들이 말을 듣지 않자 항의하는 뜻으로 사임하기도 했다. 하지만 경영진은 반대 의견을 계속 묵살하기만 했다. 헤이워드가 최고경영자 자리를 이어받자, 리더 집단은 진행 중인 사업의 위험성은 더욱 높이면서 안전을 중시하는 계획에 대해 토론하는 데 많은 시간을 보냈다. 내부에서 보면 매우 정상적인 행동이었다.

―

BP의 리더들이 집단사고에 완전히 빠져든 이유는 무엇일까? 많은 부분은 '석유를 넘어서'와 오길비의 영리한 광고 캠페인의 성공 탓으로 돌려야 한다.

어빙 재니스는 의사결정의 결함이라는 결과를 가져오는 집단사고 상태에 대해 여덟 가지 주요 징후를 제시했다. 안전에 대한 환상이라는 첫 번째 징후 바로 아래에는 '집단의 도덕성에 대한 무조건적인 믿음'이 위치한다. 재니스는 도덕적으로 정당하다는 생각 때문에 집단 구성원의 행동이 초래할 결과에 대한 판단력이 흐려진다고 주장했다.* 그래서 결국 훌륭한 기업이라는 명성을 얻는 것과 기업이 실제로 하는 일은 무관한 것으로 드러난다. 심지어 실제로는 자신과 타인을 엄청난 위험에 빠뜨리는 일을 하고 있는 경우에도 그러하다.

브라운의 야심찬 '석유를 넘어서' 캠페인 때문에 BP의 임원들은 자신들이 전 세계에서 좋은 사람들로 인식되고 있다고 생각한 것이 분명하다. 고객도 그 사실을 믿고 BP를 최고의 가솔린 브랜드로 평가하였다. 투자자들도 이를 믿고 회사에 가당찮게 높은 신용 등급을 부여했다. 영국 여왕마저도 그것을 믿었다. 가장 비극적인 사실은 존 브라운과 토니 헤이워드도 마찬가지였다는 점이다. 스스로 숭고하다는 믿음에 사로잡힌 BP의 리더들은 숭고하지 않아 보이는 다른 석유 회사들의 무모한 시도보다 훨씬 더 위험한 모험을 한 치의 망설임 없이 감행했다. 공연히 욕을 먹던 엑손모빌이 단 한 건의 안전 규정을 위반할 때 BP는 760건이나 달성했다는 사실을 떠올려 보라.

BP는 강력한 임파워먼트 마케팅 전략으로 소중한 고객 집단을 형성했지만, 한편으로는 자신들이 무슨 잘못을 하는지 전혀 모르고 있는 지나치게 응집력이 강한 리더 집단을 형성하기도 했다. 그 결과로 사람들의 생명과 생계, 생태계가 희생되어야 했다. 21세기의 가장 귀중한 브랜드로 떠오른 회사의 이미지도 마찬가지로 손상되었다. 헤이워드가 충격을 받은 이유는 다른 모든 사람들처럼 '석유를 넘어서'에 홀딱 속아 넘어갔기 때문인 듯하다.

우리 중 BP만큼 대규모의 이익과 비극을 만들 힘을 가진 사람은 흔치 않지만, 모든 마케터는 이 석유 거물의 거물급 실수에서 교훈을 얻을 수 있다. 브랜드 가치와 별 상관없는 숭고한 가치를 바탕으로 스토리 전략을 만든다면 당신은 곤경에 빠질 수 있다. 여느 임파워먼트 마케팅이 그러하듯이 전략도 쉽게 성공하게 될 것이고, 그러면 스토리에 묘사된 현실이 실제 세계의 현실보다 더욱 사실적으로 느껴진다. 그리하여 당신의 팀은 브랜드의 교훈이 숭고하다는 확신에 빠져, 스토리가 실제로 얼마나 진실한지와 관계없이 스토리에 현혹되고, 결국 사업의 근본을 뒤흔드는 위험한 결정을 하게 된다. 신중하게 분석하지 않으면 위험이 치솟기 마련이다. 결국 기만적인 환경 보호의 가장 큰 희생자는 놀랍게도 기만적인 브랜드 그 자체이다.

## 펩시의 또 다른 실패

펩시 리프레시 프로젝트(Pepsi Refresh Project)는 역사상 가장 성공적인 소셜 미디어 마케팅으로 볼 수 있다. 그러나 그 성공 이면에는 BP와 같이 현실에 대한 외면이 숨겨져 있다.

리프레시는 펩시사가 슈퍼볼 TV 광고를 취소하고 대중이 주도하는 자선 캠페인을 지지한 2010년에 시작되었다. 그해 펩시는 여러 비영리 단체에 총 2천만 달러를 기부하였다. 돈을 어디에 쓸 것인지는 고객들이 결정하게 하였다. 이 캠페인은 사람들에게 자신의 가치를 표현할 기회를 주고 펩시는 그것을 경청한다는 아이디어에서 시작되었다. 브랜드와 그 팬들이 함께 '모두를 상쾌하게(Refresh Everything)'의 파트너가 되자는 뜻이었다. 대중을 소비자에서 시민으로 성장시키는 데 이보다 좋은 방법은 없었다.

그래서 성공했을까? 캠페인을 시작하던 해에 8천만 명이 투표에 참가했고 페이스북에서는 350만 명의 팬이 생겼다. 펩시는 의식을 갖춘 거대한 집단과 연결된 것이다. 그리고 펩시의 조사에 따르면 캠페인에 대해 아는 사람은 이제 전체 인구의 1/3에 달한다고 한다. 그러나 이 대단한 수치 이면에는 어두운 문제가 숨겨져 있다.

비만이 유행처럼 번져 이 시대의 건강에 적신호가 울리자, 탄산음료는 1990년대의 석유와 같은 취급을 당하게 되었다. 비영리 기관 관계자들은 이러한 사회적 문제에 대해 더욱 깊이 인식하고 있다. 「월스트리트저널」의 한 기사에서는 캠페인의 첫 번째 시즌에 참가한 지원자와 투표자들 대다수가 탄산음료를 전혀 마시지 않는다고 지적했다. 밴쿠버의 노숙자들을 위해 봉사하는 돈 에반스도 마찬가지였다. 그는 펩시가 지원한 2만5천 달러에 대해 감사하며, 그것이 없었더라면 그의 고객인 노숙자들에게 소지품을 보관할 장소를 마련해 주지 못했을 거라고 말했다. 하지만 그는 신문사 측에 밝히길, 자신은 탄산음료를 마시지 않으며 고객에게 제공할 생각도 없다고 했다.* 그래도 에반스는 비교적 신사적인 편이다. 펩시가 지원하는 프로젝트에 대한 온라인 투표 참가자들은 이 캠페인에서 펩시의 위선적인 측면을 공격했다. 건강, 예술, 주거, 환경, 교육 등의 펩시의 지원 분야 중 건강과 환경 분야에 부정적인 의견이 너무 많이 제출되어 펩시는 그다음 해에 캠페인 자체를 포기해야 했다. 펩시는 이 분야에 제출된 의견들은 브랜드의 '경쾌한 성격'을 반영하지 못했다고 변명했다. 펩시에게는 안 된 일이지만 탄산음료 업계의 비즈니스가 항상 경쾌하지만은 않다.

펩시는 설문 분야를 재조정해 부정적인 의견을 묵살할 수 있었겠지만 그런다고 캠페인의 첫 해가 한 음료 업계 전문가의 말처럼 '완전한 실패'였다는 사실을 감출 수는 없었을 것이다.* 펩시사의 소셜 미디어 캠페인이 전설적인 성공을 거둔 2010년에 펩시 제품의 판매량이 4.8퍼센트 떨어졌다. 더욱 당황스러운 일은 일반 펩시콜라 판매량이 처음으로 코카콜라의 다이어트 코크 판매량보다도 뒤처졌다는 사실이었다.

펩시가 결국 리프레시 프로젝트의 마케팅 성공과 판매율 사이의 단절을 해결할 방법을 찾았다고 해도, 세상을 상쾌하게 하겠다는 비전에 제품과 서비스를 제대로 연결시키지 못하는 한 마케팅의 성공은 환상에 불과하다. 역사상 가장 성공적인 소셜 미디어 캠페인을 한편으로는 실패에 불과하다고 볼 수밖에 없는 이유는 바로 그것 때문이다. 수십억의 판매 수익을 올리면서 단 2천만 달러를 기부하는 행위는 진실을 실천하는 것이라고 볼 수 없다. 당신의 가치와 행동은 서로 훨씬 더 밀접히 연결되어야 하며, 대중 또한 이를 요구하고 있다.

―

펩시나 BP의 사례에서 알 수 있듯 임파워먼트 마케팅 접근법에 발을 들이는 일은 복잡하고 위험이 따른다.

다행히 우리는 이 실수를 반복할 필요가 없다. 당신의 스토리 전략을 통해 당신은 실제로 가치를 그 핵심에서부터 실천할 수 있고, 디지털 시대에는 당신의 가치 실현을 도울 잠재적인 협력자도 얼마든지 있다. 진정성 검증단이자 스토리 전쟁의 새로운 주력 부대인 그들은 어디에나 있다.

## 진정성 검증단: 적에서 동지로

바비(Barbie) 인형 세트를 분석하는 실험실 과학자들은 진정성 검증단이라고 할 수 있다. 그들은 골판지 상자의 DNA에서 수마트라 열대우림 목재의 흔적을 찾았다. 전 세계 모든 여자 아이들의 사랑을 받는 이 장난감이 (역시 전 세계 모든 여자 아이들의 사랑을 받는) 새끼 호랑이의 죽음에 책임이 있다고 밝혀지자 그들은 이 정보를 그린피스 홍보팀에 넘겼다. 그린피스는 바비가 그동안 지구를 파괴했다는 사실을 남자친구 켄(Ken)이 알게 되어 그녀를 차버린다는 내용의 온라인 비디오를 제작하여 이를 폭로하였다.

그 후 분노한 사람들로부터 수십만 통의 편지를 받게 된 세계 최대의 장난감 제조업체 마텔(Mattel)은 그간의 무지를 사과하며 새 포장 정책을 발표하였다. 하지만 이 소식이 바로 주류 매체에 등장하지는 않았다. 그린피스 자체 출판물에 실리고, 유튜브에서 조회 수가 높아지고, 지역 뉴스 채널이 회사 본부 밖의 시위대 소식을 다룬 다음에야 대중에게 널리 알려질 수 있었다. 즉 오늘날의 진정성 검증단은 법의학 전문가와 소셜 미디어 달인들인 것이다.

『겁먹지 마(Don't Panic)』 잡지의 함정 취재 기자라는 진정성 검증단은 국제보전협회(Conservation International)의 기업협력부장에게 큰 교훈을 주었다. 이 기자들은 국제보전협회가 표방한 환경 보전 목표에 깊이 공감했다. 그런데 그들은 이 비영리단체의 파트너 리스트를 검토하던 중 쉐브론, 몬산토, 쉘, BP 같은 기업들을 발견하고는 국제보전협회가 재정 지원만 받을 수 있다면 그 어떤 기업과도 파트너십을 체결하는 것은 아닌지 의문을 품기 시작했다. 그래서 기자들은 세계 최대 무기 거래업체인 록히드마틴(Lockheed Martin)의 마케팅 이사로 가장하여 덫을 놓았다. 그들은 레스토랑에서 국제보전협회 대변인을 만나 몰래 녹음기를 돌리며 대화를 유도했다.\* 가짜 이사들은 자사의 폭탄이 이라크에서 '부수적 피해'를 유발하는 바람에 언론의 몰매를 맞고 있다고 호소했다. 하지만 언론이 부정적인 측면에만 집중하고 있어 억울하다고 주장했다. 록히드가 사무용품을 재활용하고 전쟁터의 오래된 탄약을 재사용하여 새 무기를 만드는 등 친환경 활동에도 힘쓰고 있다는 사실에는 전혀 관심이 없다는 것이었다.

"굶주린 언론의 관심을 누그러뜨리는 데 우리에게 어떤 도움을 줄 수 있습니까?" 이사 중 한 명이 물었다.

"같은 팀으로 그 일에 협조하겠소." 국제보전협회의 대변인이 대답했다. 그들은 멸종 위기에 처한 중동 독수리를 록히드의 마스코트로 채택할 계획을 세웠다. 또한 국제보전협회가 록히드를 위해 홍보 계획을 마련하기로 합의했다. 합의를 이행하는 데 돈이 오고간다는 사실을 밝히고 있는가? 그렇지 않다. 무기 거래업체가 거액의 수표를 지급한다는 내용은 파트너십에 명시되지 않는다.

국제보전협회는 이 대화를 이용하여 만든 비디오가 공정하지 못하다고 주장했다. 세부 내용이 빠져 있어 원래 의도를 제대로 전달하지 못했다는 것이다. 하지만 국제보전협회의 최고위급 관계자가 기업의 실제 책임보다 파트너십을 더 중시한다는 사실과, 돈만 내면 누구에게나 협회의 인증을 해 준다는 점은 분명했다.

『겁먹지 마』 함정 취재 동영상이 수천 개의 환경 관련 블로그와 뉴스 사이트를 장식하면서, 국제보전협회의 잠재적 파트너나 지지자 모두를 부끄럽게 만들었다. 이렇게 진정성 검증단은 매우 창의적이며, 겉보기에 같은 편에 속하는 사람들도 서슴없이 공격한다.

그러나 진정성 검증단의 대부분은 활동가가 아니다. 굿가이드(GoodGuid) 같은 모바일 앱을 사용하여 상품 라벨에는 표시되지 않은 건

제8장 진실을 실천하라 — 301

강 정보를 얻는 부모들도 진정성 검증단이 될 수 있다. 그중 한 사람이 자신이 가장 선호하는 저자극성 유아용 샴푸에 신경성 독소가 포함됐다는 사실을 발견하면, 자신의 소셜 네트워크에 '매우 순한' 제품이 뇌 손상을 일으킬 수 있다는 엄청난 아이러니에 대해 경고하는 글을 올린다. 고객 만족을 최우선으로 한다는 스토리를 내세우는 항공사의 카운터 직원에게 부당한 대우를 받은 여행자도 진정성 검증단이 될 수 있다. 마침 그는 개인 출판 플랫폼을 갖추고 있어, 그의 의견을 깊이 신뢰하는 1천5백 명에게 당장 정보를 퍼뜨린다. 그의 신랄한 게시물이 급속히 퍼져 나간 다음에는 1천5백 명이 15만 명이 된다. 결국 항공사의 스토리는 뜻하지 않은 방향으로 왜곡된다.

　진정성 검증단은 자신이 기부한 달러가 실제로 어디로 가는지 추적할 수 있게 된 기부자들, 후보자가 사용하는 돈의 실제 출처를 밝힐 수 있는 유권자들, 제품 사용에 대한 경험을 온전히 공유할 수 있는 고객들이다. 그들은 옐프[3] 트위터, 페이스북의 '좋아요'와 아마존 리뷰를 점점 더 널리 사용하고 있다. 50세 이하의 세대는 방송보다는 온라인에서 뉴스를 더 많이 접한다. 온라인 뉴스는 대개 소셜 미디어를 통해 모든 정보에 사람들의 의견과 추천이 첨부된다. 중요한 대화의 세계는 갈수록 투명해지고 있으며 그 세계에 진입하기 위해 지불해야 할 대가는 진정성이다.

　당신이 아무리 정성들여 스토리 전략을 만들어도, '진실의 실천'이라는 가장 중요한 부분을 평가하는 주체는 대중들이다. 이들 중에는 수많은 진정성 검증단이 포함되어 있다. 브랜드를 소유 또는 관리하는 사람이면 누

---

[3] Yelp. 레스토랑, 숙박시설 등 미국의 각종 생활 정보를 제공하는 사이트.

구나 오늘날의 대중이 방송 시대의 수동적인 미디어 소비자보다 훨씬 더 위협적이라고 느낄 것이다. 하지만 "그들이 나를 싫어하는 게 아니다"라는 단순한 진실만 이해한다면 대중은 더 이상 두려운 존재가 아니다. 아마도 그들이 당신에게 진정성을 요구하는 이유는 당신을 사랑하고 싶어서일 것이다. 그들은 당신의 핵심 가치에 연결되었다. 그들은 당신의 마케팅에 공감한다. 그리고 그들은 그저 당신이 자기 입으로 말한 진실을 실천하는 모습이 보고 싶을 뿐이다.

적절한 예를 소개하겠다. 바비 캠페인에서 그린피스의 진정한 표적은 수마트라의 밀림을 파괴하는 눈에 띄지 않는 종이제품 회사 시나르마스(Sinar Mas)였다. 그러나 이런 회사에 영향을 주기는 어렵다. "시나르마스의 리더들은 세계의 몇몇 사람이 그들을 향해 외치는 소리는 들은 척도 하지 않습니다." 바비 광고 제작에 참여한 그린피스의 조직위원 롤프 스카는 이렇게 말했다. "그래서 우리는 그들의 제품을 추적하여 의식 있는 소비자 집단을 보유한 브랜드를 찾아냈습니다. 실제로 브랜드 부채를 지는 주체 말입니다. 마텔은 세상에서 가장 사악한 기업이 아닙니다. 그러나 그들이 소비자에게 전달하려는 가치는 그들이 실제로 하고 있는 일들과 노골적으로 대조를 이루고 있어, 그들의 행동에 대해 폭로하면 쉽게 사람들의 관심을 끌 수 있습니다."*

고객들은 어린 시절의 순수함과 즐거움이라는 마텔의 브랜드 스토리를 사랑하며 그것이 진실이길 바란다. 회사가 이 스토리를 미심쩍게 만드는 행동을 한다는 사실이 밝혀지면 그 정보는 이 제품을 가장 좋아하는 아이들과 부모들의 공동체 내에서 공유된다. 그렇게 되면 마텔은 갑자기 범법자가 되어 사람들의 입에 오르내린다. 그린피스는 이 사실을 잘 알고 있으며,

비록 그린피스 활동가들은 마텔을 사랑하지 않을지 몰라도 그 브랜드를 사랑하고 그것이 진실을 실천하는 모습을 보고 싶어 하는 수백만 명의 바람을 등에 업고 있다.

『겁먹지 마』 기자들과 그 신랄한 스토리를 채택한 환경 블로거들 역시 국제보전협회가 곤경에 빠지는 보는 모습을 보고 싶어한 게 아니었다. 그들은 진심으로 이 거대 NGO가 그 설립 목적을 달성하여 성공적으로 환경을 보호하길 원했다. 하지만 국제보전협회 같은 브랜드가 방향을 상실하면 진정성 검증단이 나설 수밖에 없다.

나이키 또한 저임금에 노동력을 착취하는 최악의 악덕 기업은 아니었다. 임파워먼트 마케팅 덕분에 고객들이 가장 사랑하고 싶어 하는 브랜드였다. 인권 운동가들은 이 사실을 알고는 나이키를 노동 착취와 동의어로 만드는 데 성공했다. 그들의 목적은 전설적인 운동화 회사가 자신의 스토리를 실천하도록 만드는 것이었다. 애플 제품에서 독성 화학 물질을 제거하려 애쓴 온라인 캠페인도 마찬가지다. 고객들은 애플이 회사의 스토리가 대변하는 이미지만큼 깨끗하고 혁신적이길 바란다. 사람들은 이들 브랜드를 사랑하고 싶어하기 때문에, 이들이 진실을 실천한다면 분명 사람들의 사랑을 받을 수 있다. 획기적인 스토리를 통해 획기적인 브랜드를 만들고자 한다면 진정성에도 신경을 써야 한다. 국제 무대에서 성공한 브랜드뿐만 아니라 지역적으로 존경받는 브랜드도 마찬가지다. 어쨌든 사람들은 자신이 사랑하는 브랜드의 이면에 담긴 진실에 대해서는 매우 민감하다.

그러나 진실을 실천할 준비가 되었다고 해도 진정성을 획득하기란 결코 쉽지 않다. 이는 마텔을 보면 알 수 있다. 마텔의 공급망에 깊이 감춰져 있던 위선이 드러났다. 하지만 이렇게 숨겨진 책임은 어디에든 있을 수 있다.

더구나 브랜드가 저지른 실수를 갑자기 해결하려 하면 아무 소용이 없는 경우가 많다. 그러면 대체 어디서부터 시작해야 할까?

## 진정성 팀 구성하기

정교한 스토리 전략을 갖추었다면 여기서도 유용하게 활용할 수 있다. 명료하게 표현된 핵심 가치를 기반으로 하는 브랜드들은 그들이 실천하려는 진실을 공표한 셈이다. 그러니 그들은 진정성 검증단이 위선을 가차 없이 파헤칠 때 어떤 부분을 집중적으로 조사할지 알고 있다. 그리고 진실을 실천하려면 어디서부터 시작해야 할지도 안다.

그 과정은 진정성 검증단을 동지로 초청하는 것으로 시작한다. 마음의 문을 열고 그들이 무엇을 트위터와 블로그에 올릴지 당신에게 직접 말하도록 하라. 가장 효과적인 방법은 진정성 팀의 구성이다. 당신의 핵심 브랜드 가치들을 자신만의 순수한 형태로 구체화하는 외부인들과 함께 시작하는 것이다.

당신이 개인의 재능과 창의성, 불순종의 표현인 '독특성'을 기반으로 스토리 전략을 세웠다면, 학생들의 개성 표출을 도와 줄 새로운 방법을 개척한 영향력 있는 교육자를 찾아보자. 이 인물은 저명한 대학교수일 수도 있고 이웃 학교에서 조용히 근무 중인 교사일 수도 있다. 어떤 쪽이든 그는 독특성에 대한 흔들리지 않는 신념을 갖추고 그 가치에 대한 믿음을 분명히 표현하는 사람이어야 한다. 한편 당신의 브랜드의 중심에 높은 수준의 도덕성을 실천하고 폭압을 타파한다는 '정의'라는 가치가 자리하고 있다면 당신은 대의 추구에 남다른 용기를 보여 주는 현장 정치 운동가를 가담시킬 수 있다.

당신이 찾을 사람들은 보통 NGO 리더나 기자, 예술가, 영향력 있는 블로거인 경우가 많다. 아니면 그들은 당신의 라이벌로 교활하게 위장한 채 트위터에서 당신의 진정성 격차를 지적하고 있을지도 모른다. 이 대리인들은 당신의 조직에 충성스럽지 않겠지만 자신들의 가치에 대해서는 매우 충실하다. 당신의 브랜드가 그들이 그렇게도 소중히 여기는 가치를 실천할 수 있도록 도와 달라고 부탁하면, 대개는 기꺼이 도움을 줄 것이다.

동지는 매우 가까운 곳에서도 찾을 수 있다. 조직의 특성에 적합한 가치를 선택했다면 당신의 편에는 이미 이 가치를 실천하며 전파하고 있는 사람이 분명 있을 것이다. 그들이 조직도의 어떤 위치에 속하든 당신은 이 내부의 진정성 검증단을 진정성 팀으로 초청할 수 있다.

### 진실을 실천할 기회 찾기

진정성 팀의 최초 임무는 진실을 실천할 기회가 어디에 있는지 찾아내는 일이다. 이 기회는 '주도적(proactive)'이면서 동시에 '반응적(reactive)'이어야 한다. BP를 예로 들어보자. 리더 집단이 의사결정 과정에 항상 내·외부의 진정성 검증단이 개입할 여지를 두었다면, 그들을 지배하던 집단사고의 주문은 깨어졌을 것이다. 그들은 마케팅과 경영 사이의 불일치를 쉽게 알아차렸을 테고, 그랬다면 엄청난 재원을 절약하는 한편 막중한 기업 책임에 대해 깨달았을 것이다.

'반응적'인 활동은 당신의 경영과 파트너십, 제품, 서비스를 점검하여 핵심 가치에 명백히 위배되는 점이 있는지를 찾는 일이다. 이 과정에는 집중이 요구된다. 조직의 구성원을 단순히 '더 성숙한 시민'으로 만드는 일은 지나치게 막연하기 때문이다. 당신이 선언한 가치를 앞에 두고 위선의 사례를 수술로 제거하는 일은 쉽지 않지만 궁극적으로 시도해 볼 만한 일이다.

진실을 '주도적'으로 실천할 기회를 찾는 일은 더욱 보람이 있다. 이 경우 당신은 행동을 통해 브랜드의 스토리가 진정으로 경청할 만한 가치가 있다는 사실을 증명할 수 있기 때문이다. 이 절차는 당신이 브랜드와 그 가치 사이의 관계를 근본적으로 뒤집어 생각할 때 시작된다. 가치를 당신의 브랜드를 뒷받침하는 수단이라고 여기는 대신 브랜드가 가치를 촉진하는 것으로 생각해야 한다.

자신의 회사를 지난 10년간 가장 인기 있는 스토리 기반 브랜드로 성장시킨 블레이크 마이코스키(Blake Mycoskie)는 바로 그러한 방법을 썼다. 작은 신생 기업이던 탐스 슈즈는 거의 하룻밤 사이에 국가 대표 기업으로 떠올랐다.

마이코스키는 영감을 주는 개인적 스토리를 중심으로 브랜드를 만들었다. 그의 스토리는 아르헨티나 여행 도중 신발도 한 켤레 없는 아이들과의 만남에서 시작된다. 어린 친구들에게 이 생활필수품을 제공할 수 있는 방법을 찾던 그는 자신이 직접 신발 회사를 차리기로 결정했다. 그는 유행에 민감한 부유한 사람에게 신발을 한 켤레 팔 때마다, 신발이 필요한 다른 사람에게 한 켤레씩을 기부한다면 세상을 바꿀 수 있을 거라고 생각했다. '한 켤레 구매 당 한 켤레 기부' 프로그램에 표현된 마이코스키의 가치와 스토리를 배우지 않고서는 탐스 브랜드에 가까이 갈 수 없다. "스토리가 있고 없고의 차이가 회사의 운명을 결정한다는 사실을 깨달았죠." 『패스트 컴퍼니(Fast Company)』지와의 인터뷰에서 그는 이렇게 말했다. "사람들은 우리

신발을 신는 데 그치지 않고 우리의 스토리를 전파합니다."*

마이코스키는 자신의 가치를 전달하는 회사를 설립하여 이야기를 만들었고, 자신과 고객들이 함께 영웅 역할을 하는 이 스토리는 지금도 계속 전개되고 있다. 이는 스토리 전쟁의 완벽한 성공 사례이며 탐스를 지속적인 화젯거리로 만들었다.

모든 브랜드가 탐스처럼 운 좋게 뜻밖의 기쁨과 열정을 바탕으로 만들어진 것은 아니지만, 자신의 가치를 주도적으로 실천할 기회를 만든다면 얼마든지 스토리의 가치를 높일 수 있다. 그러나 스토리가 막연하게 선(善)에 헌신하는 것으로만 이어진다면 실패할 확률이 높다는 점에 주의해야 한다. 위대한 스토리는 당신의 가치에 생명을 부여하는 매우 창의적이고 집중적인 헌신에서 나온다.

이러한 성공이 어떠한 형태로 나타나는지 살펴보자. 파타고니아는 핵심 가치를 경영 원칙에 옮겼다. 그중 하나는 다른 업체를 설득하여 환경 보호를 실천하도록 하는 것이었다. 이 책무를 이행하기 위해, 파타고니아의 리더십 팀은 창의적이고 집중적인 헌신을 통해 지구를 위한 1퍼센트를 발족했다. 기업들이 수익의 1퍼센트를 환경 단체에 기부하는 독자적인 브랜드의 프로그램이다. 지금까지 1천 개가 넘는 브랜드가 서명하여 대의를 위해 수천만 달러를 모금했다. 파타고니아는 거기서 만족하지 않고 월마트에게 지속가능한 방법으로 생산되는 면화와 유기농 시장에 진입하도록 조언했다. 그 결과 유기농 의류가 상품화되었고, 그 후 파타고니아는 진실을 실천하고 자사 제품의 스토리를 차별화할 한층 심오한 방법을 생각해 냈다. 파타고니아가 새로 시작한 '모두를 위한 옷(Common Threads)' 프로그램은 낡은 폴리에스테르 의류를 수거하여 프리미엄 의류로 재탄생시키는 사업으로 그 제조 과정에서 에너지를 75퍼센트나 절감할 수 있다. 이제 파타고니아는 이 사업과 더불어 기존의 판매업자들은 상상할 수 없던 내용의 고객 공약을 펼치고 있다. "우리는 수명이 오래가는 유용한 제품을 만듭니다. 필요 없는 물건은 사지 마세요." 이 혁신적인 시도로 다른 브랜드들도 지속가능한 방법에 참여하도록 영감을 준 다음에는, 아마도 또 다른 활동을 기획할 것이다. 이 모든 활동은 회사의 핵심 가치와 연결되도록 설계되어, 파타고니아의 충성스러운 수백만 고객을 위해 브랜드의 발전 과정에 대한 한결같은 스토리를 만들고 있다.

진실을 주도적으로 실천할 기회를 찾는 일은 이제 더 이상 피해갈 수 없다. 왜냐하면 무작정 고객의 도덕성에 두루뭉술하게 호소하는 행위는 점점 더 먹혀들지 않기 때문이다. 이것은 지난 10년간 BP 같은 브랜드들의 그린 마케팅이 남긴 오명의 결과다. 미국 보험협회 안전시험소(Underwriters Laboratories)의 조사에 따르면 2010년에 나온 친환경 마케팅 전체의 95퍼센트는 '기만적인 환경 보호의 7대 죄악' 중 하나 이상을 저지른 것으로 밝혀졌다.* 미국인의 2/3 정도가 더 이상 지속가능성과 관련한 마케팅 주장을 신뢰하지 않는다는 사실은 그리 놀라운 일이 아니다. 그린 마케팅의 시대는 막을 내리고, 진정한 스토리에 근거한 마케팅이 그 자리를 대체하려 하고 있다. 대중의 공감을 얻고 실제 세계에서 창조적으로 구현할 수 있는 명백한 가치를 선언하는 마케팅으로 말이다.

오늘날 가장 뛰어난 지속가능성 예측가에 속하는 폴 호킨(Paul Hawken)은 이 현상을 획기적인 전환으로 본다. "지금 우리에게 부족한 것은 바로 의미입니다." 마케팅의 미래에 대한 질문을 받자 그가 설명했다. "친환경이 당신의 전략이라면 성공하길 바랍니다. 그러나 당신의 마케팅 스토리를 통해 무너진 사회적 유대를 회복시킬 수 있다면 사람들은 생태계라는 더 큰 공동체에 대해 소속감을 갖게 될 것입니다." 호킨은 이 접근법의 힘을 매우 신뢰한다. "그러면 결국 친환경 마케팅을 할 필요조차 없게 되겠죠."*

의미 없이 착한 척만 하는 마케팅에서 벗어나는 유일한 방법은 가치를 주도적으로 실천하는 것이다. 고객, 직원, 경쟁사, 그리고 당신이 운영하는 공동체 등 브랜드의 모든 이해 관계자와의 관계에서 진실을 주도적으로 실천할 기회는 얼마든지 있다.

### 당신의 여정에 대한 스토리 수집하기

조직의 가치와 행동을 완벽하게 일치시키는 것은 실현할 수 없는 목표일지도 모르지만, 그저 한 목표로 향하는 길을 택하는 순간부터 당신은 스토리 전략에 부합하는 흥미로운 이야기들을 만들어 낼 수 있다.

이 이야기를 공유하려면 투명성에 대한 내성이 강해야 한다. 당신이 향하는 목적지를 밝히기 위해서는 지금 현재의 위치를 인정해야만 한다. 하지만 자신감을 갖자. 영웅의 여정은 언제나 불완전한 세계에서 영웅답지 않은 영웅과 함께 시작된다. 진정성으로 향하는 당신의 여정이 그저 흔히 볼 수 있는 착한 광고 캠페인이 아닌 흥미진진한 스토리가 될 수 있는 이유는 그 때문이다. 투명성을 갖추면 당신의 마케팅은 정직한 대화가 되고 당신의 스토리는 관심의 대상이 된다.

흥미로운 스토리를 들려줄 첫 번째 기회는 진정성 팀이 조직될 때 나타난다. 진정성 팀을 구성한 브랜드는 별 관련이 없어 보이는 외부인을 내실로 초대한다. 외부인들은 종종 당신의 스토리에 출현할 중요한 등장인물을 창조한다. 신화 속 인물들처럼 가치가 형상화된 그들은 스토리의 시작점이 된다. 그리고 당신 부족에 초대된 외부인들처럼 이 등장인물들 또한 기대에 부응하지 않는 별종으로서 흥미를 끈다. 팀의 활동을 숨김없이 기록하고 이들의 갈등과 도전의 이야기도 모두 모아 대중에게 알린다면, 진실을 실천하기 위한 당신의 여정은 강력한 마케팅 도구가 된다.

지금은 당신의 진정성 검증단의 구성원들이 브랜드의 피상적인 마스코트에 불과하다 해도, 계속 거기에 머물러 있지는 않을 것이다. 당신의 스토리를 효과적으로 전달하려면 검증단은 진정성으로 향하는 여행에서 그들이 경험하고 도전한 내용에 있는 그대로 말할 수 있어야 한다. 완전히 투명해지기는 결코 쉬운 일이 아니지만, 배후에서 모든 공식 발표를 검열하려는 브랜드는 결국 이 스토리를 제대로 전달할 수 없다.

다음으로, 당신이 계획에서 이행 단계로 이동하는 동안, 스토리의 구성 요소들은 구체적으로 드러나기 시작한다. 브랜드가 가치를 실현하는 과정을 스토리에 포함한다면 더욱 믿을 수 있고 매력적인 스토리가 된다.

'나이키가 만드는 더 나은 세상(NikeBetterWorld.com)'은 진정성으로 가는 여정을 그 핵심 가치 및 스토리 전략과 완벽하게 일치시켰다는 점에서 브랜드를 능숙하게 이행한 사례이다. 노력과 투쟁을 통한 완벽의 쟁취라는 가치 위에 세워진 이 유명한 브랜드는 현실 세계에서 브랜드가 자기완성이라는 가치를 어떻게 실천하는지 하나하나 보여 준다. 나이키는 미국 원주민의 발 모양에 꼭 맞는 운동화를 디자인하여 원주민 공동체가 운동을 통해 당뇨병과 싸울 수 있도록 돕는다. N7 기금은 운동화를 무료로 나누어 준다. 나이키는 노숙인 월드컵(Homeless Worldcup)의 창립 파트너이기도 하다. 그것은 극도로 가난하지만 삶을 변화시키겠다는 의지를 지닌 세계인들이 더 나은 삶으로 가는 관문인 축구장에서 서로 경쟁하는 행사이다. 나이키의 개발자들은 플라스틱 병으로 선수용 축구복을 만드는 법을 고안하여 매년 쓰레기 매립지에서 용기 1천3백만 개를 거둬들이고 있다. 그리고 나이키의 경쟁 정신은 지속가능성의 리더십으로 발전하여, 다른 회사들도 이 여정에 동참할 수 있도록 특허권을 제공하기도 했다. '나이키가 만드는 더 나은 세상'은 여러 경쟁 업체들이 약속한 모호한 사회적 책임과는 극명한 대조를 이룬다. 그러나 '나이키가 만드는 더 나은 세상'에 브랜드가 공정한 노동 관행에 기여하고 있다는 설명이 없는 점이 눈에 띈다.* 몇몇 캠페인이 나이키 공장의 노동 착취 관행을 없애도록 장기적인 압박을 가하고 있으며, 그것이 실제로 실현될 때까지 나이키는 스스로 천명한 '완전'의 가치와의 모순을 극복하지 못할 것이다. 그러면 진실을 실천할 기회를 계속 놓치게 된다.

당신의 진정성 검증단이 '주도적'이건 '반응적'이건 진실을 제대로 실천할 수 있는 구체적인 기회를 만든다면 사람, 사물, 장소는 긍정적으로 영향을 받을 것이다. 이렇게 생겨난 표정과 내러티브는 당신의 커뮤니케이션 플랫폼을 통해 들려줄 기록 스토리의 귀중한 기초가 된다. 스토리 전쟁의 성공은 가치의 실천이라는 목표를 향해 나아가는 이 진실한 스토리를 지속적으로 말하고 수집하는 것에 달려 있다.

이러한 스토리의 원재료들이 들어오기 시작하면 당신의 스토리 전략이 다시금 중요성을 갖는다. 당신이 마케팅에서 사람과 사실, 사건을 매력적인 스토리로 바꾸는 기술을 적용하기 전까지 실제 세계에서 일어나는 일들은 결코 흥미롭지도 유용하지도 않다. 하지만 이제 당신은 매력적인 스토리를 만들 전략을 손에 넣었다. 당신의 진정성의 스토리는 당신의 가치와 스토리의 교훈을 일치시킬 때, 당신의 브랜드 멘토의 목소리를 반영할 때, 별종,

범법자, 동족을 강조할 때 강력한 마케팅 도구가 될 수 있다. 또한 당신이 수집할 모든 진정한 스토리는 스토리 전략에 근거하여 제시해야 한다.

진정성으로 가는 여정에 대한 스토리를 만드는 일은 분명 창의적인 도전인 동시에 엄청난 기회이다. 무의미하고 하찮은 광고에 소비하는 어마어마한 돈과 시간의 극히 일부라도 이러한 스토리텔링에 투자한다면 미디어 환경에는 훨씬 더 의미 있는 스토리와 매력적인 브랜드가 넘칠 것이다. 지금 성공의 기회는 폭넓게 열려 있다. 선택받은 소수의 브랜드와 대의만이 스토리를 제대로 전달하는 방법을 습득했기 때문이다. 이제 기회는 당신의 것이다.

아마도 당신은 파워스의 세 가지 계명 중에서 가장 중요한 것은 '진실을 실천하라'라는 세 번째 계명이라고 느꼈을 것이다. 조직의 모든 부서와 직급에서 이 계명을 수용해야 하며, 특히 일반적으로 마케팅에 대해 책임이 없다고 생각하는 최고 리더들이 가장 명심해야 한다. 투명성의 시대에는 조직의 운영과 조직이 말한 스토리 사이의 장벽이 급속히 무너지고 있다. 아직 이러한 벽을 유지하는 조직이 있다면 스토리 전쟁에 제대로 무장하지 않고 참가한 것이나 다름없다. 이렇게 벽을 무너뜨린 조직에서는 브랜드와 우리의 전반적인 문화에 관한 스토리를 전개하는 데 있어 마케터들이 주역을 차지하게 된다. 마케터가 그런 역할을 떠맡는 것이 어울리지 않는다고 생각할 지도 모른다. 과거에 마케터는 가짜 의약품과 담배를 팔면서 첫발을 내디뎠으니 말이다. 그러나 최고의 스토리에 등장하는 영웅들은 언제나 가장 영웅답지 않은 이들이 아니겠는가?

## 에필로그

    2007년에 나는 아내와 함께 중동으로 여행을 떠났다. 당시에 아내 첼시가 우리의 첫아이를 임신 중이었기 때문에, 나는 종종 미래에 대한 상상에 빠져들었다. 아브라함의 땅을 순례하는 동안 나는 우리 아이가 나로서는 상상도 할 수 없는 시대인 21세기의 말까지 살게 될 거란 생각을 자주 하였다. 우리와 그렇게도 가까이 있는 아이 미라가 우리가 도달할 수도 상상할 수도 없는 세상에서 살게 된다니. 여기까지 생각이 미치자 나는 몹시 기쁜 한편 두려웠다.

    머나먼 고대의 스토리가 여전히 현대인의 삶 속에 살아 숨 쉬는 이스라엘과 요르단으로 향하면서, 나는 부모로서 느끼는 미래에 대한 불안감이 우리 세대에만 해당되는 것은 아님을 깨달았다. 핵무기, 급속한 기술 혁신, 기후 변화 같은 것들은 오로지 현대를 불확실성의 시대로 만드는 원천이 될 뿐이다. 하지만 조상들 또한 그들의 미래에 대해 불안감을 안겨 주었을 대홍수, 이주, 갈등을 소재로 한 스토리들을 우리에게 남겼다. 나는 자녀 출산을 앞둔 먼 옛날의 부모의 눈으로 오래된 스토리들을 보기 시작했다. 그러자 나는 인간이 태어날 아이에 대해 언제나 경이와 두려움이 섞인 심정을 느꼈음을 알게 되었다. 아이의 앞에는 어떤 세계가 펼쳐질까? 아이에게 닥칠 불확실성에 어떻게 대비하면 좋을까?

이러한 질문에는 결코 이성적인 답변을 제시할 수 없으며, 그것이 바로 맨 처음 스토리가 만들어진 이유라고 할 수 있다. 스토리는 우리 아이들이 살게 될 알 수 없는 미래를 마주하고 설계하는 데 필요한 해설과 의미를 제공한다.

여행의 막바지에 우리는 네게브의 야영지에서 숙박을 했다. 그곳 주인은 우리에게 그 사막 지역에 전해 내려오는 전설을 들려주었다. 구약 성경 속 스토리의 형태로 수천 년 동안 여러 대륙을 거치며 오늘날의 세계를 형성한 바로 그 전설이었다.

다음날 일찍 해가 뜨자, 나는 모두 잠들어 있는 동안 주위의 풍경을 둘러보려고 작은 언덕에 올랐다. 그 위에서는 수 킬로미터 밖까지 시야에 들어왔지만, 나무 한 그루, 그늘 한 점, 물 한 방울도 눈에 띄지 않았다. 태양이 막 떠오르기 시작할 때부터 찌는 듯 무더운 하루가 될 것임을 느낄 수 있었다. 나는 이 무자비한 땅에서 살아남으려 처절하게 애쓰는 내 모습을 상상해 보았다. 네게브의 한정된 자원을 두고 벌어진 경쟁은 분명 치열했을 것이다. 나는 이웃과 신에 대항해 끊임없이 투쟁했을 것이며, 그들 중 누구라도 언제든 내 삶을 끝낼 수 있었을 것이다. 이곳에서 구약 시대의 사람들은 오늘날의 우리는 상상하기 힘든 결핍과 투쟁하며 살았을 것이다. 우리에게 남겨진 스토리는 무자비한 사막이라는 환경 속에서 해설과 의미를 제공하기 위해 만들어졌다. 생존을 가능케 하고 모든 존재에 목적을 부여하는 삶의 법칙을 제공하였기에 결코 없어서는 안 될 스토리였다.

하지만 그들의 현실은 우리의 현실과 다르다. 오늘날 서구에서 인간은

에필로그

결핍이 아닌 과잉이 초래하는 문제에 시달린다. 너무 많은 사람과 너무 많은 선택, 너무 많은 물건과 너무 많은 소비가 만드는 문제이다. 결핍된 것이라곤 오로지 우리의 도덕성과 상상력 밖에 없다. 간디가 현대 사회에 대해 지적한 대로, "지구는 모든 인간의 필요를 충족시킬 수 있을 만큼 많은 것을 제공하지만 모든 인간의 탐욕을 충족시키지는 못한다."

이제 더 이상 신과 자연의 손에 좌우되지는 않지만, 옛날과 다름없이 위험한 풍족의 환경 속에서는 우리를 이끌어 줄 새로운 신화와 오래된 신화에 대한 새로운 이해가 필요하다. 신화가 없다면 소비만이 우리의 최대 목표가 될 것이고 우리는 미래는 고대 네게브에서의 삶처럼 힘겨울 것이다. 그러나 우리에게 미래로 향하는 수백만의 사람을 참가시킬 스토리만 있다면 원하는 미래를 얼마든지 설계할 수 있다.

그 고대 사막 스토리 속에는 잊어서는 안 되고 결코 잊히지도 않을 엄청난 지혜의 말이 담겨 있다. 그렇다고 우리가 신화의 창조를 옛 시절의 임무로만 치부한다면, 우리의 운명을 창조할 가장 강력한 도구 또한 과거에 떠넘기는 셈이 된다. 스토리와 아이디어를 전파할 수 있는 기술의 발전으로 전에는 불가능했던 기간 안에 스토리를 다시 쓸 수 있다. 사막의 옛 스토리는 전 지구를 도는 데 수천 년이 걸렸다. 하지만 새 스토리들은 단 하루 만에 같은 일을 할 수 있다. 어떤 스토리나 스토리텔러도 혼자 힘으로 우리에게 필요한 새 신화를 전할 수는 없겠지만, 급격히 변화된 미디어 환경은 무조건적 소비에 대한 스토리를 더 나은 미래의 기초를 형성하기 위한 시민 참여의 스토리로 바꾸고 있다.

황량한 전망대에서 내려와 야영지로 다시 돌아갈 때 내게 떠오른 생각들은 바로 이러했다. 야영지에 가까이 다가갈수록 천막으로 된 부엌에서 주인이 일하는 소리가 선명히 들렸고, 나를 기다리고 있을 따뜻한 차와 정성스런 아침 식사를 생각하니 진심으로 감사하지 않을 수 없었다. 그리고 내가 마케터라는 사실에도 역시 큰 감사를 느꼈다. 마케터는 새로운 해설과 의미, 스토리와 의식으로 미래를 형성할 권능을 지닌 현대의 신화창조자이니 말이다. 이보다 더 의미 있는 직업은 상상할 수 없었다.

## 감사의 말

『스토리 전쟁』의 시작은 지금으로부터 수십 년 전인 초등학생 시절, 루이스 폭스를 처음 만났던 때로 거슬러 올라간다. 창조적인 영상물을 만들겠다는 그의 끈질긴 열정 덕분에 나 또한 새로운 세상을 상상하고 스토리를 만들어야 한다는 소명을 발견할 수 있었다.

특별한 세 여성의 선견지명이 아니었다면 그 이후에 배운 내용을 책으로 기록하겠다는 생각은 결코 하지 못했을 것이다. 데이비드 블랙 에이전시의 재능 넘치고 적극적인 에이전트 조이 투텔라와 비즈니스 파트너 맥아더 크리슈나는 내게 업무 시간 짬짬이 글쓰기를 병행하도록 권유했고, 엘런 뉴본은 처음으로 내 아이디어가 일관성 있고 흥미로운 스토리의 윤곽을 잡도록 도와주었다. 그들은 내가 거듭 거부했던 모험으로 나를 초대해 준 선지자들이다.

실제로 책을 집필한 기간은 18개월에 이른다. 그 기간 동안 내 전문 코치인 낸 내터와 하버드비즈니스리뷰 출판사의 편집자 제프 케호는 내가 결승선을 통과할 수 있도록 끊임없이 격려했다. 낸이 말로만 그치지 말고 다른 사람들에게도 스토리를 들려주라고 계속 나를 설득한 덕분에 이 책을 완성할 수 있었던 것 같다. 제프의 열정과 이 프로젝트에 대한 신념 덕분에 깊은 회의에 빠져 있던 시간들을 견뎌 낼 수 있었으니, 나는 그의 지지에 언제나 감사해야 할 것 같다. 그 시기에 나는 깊은 통찰력을 지닌 연구 조수 크리스티나 컨스와 루크 토머스의 도움을 많이 받았고, 현명한 선배인 나이젤 호지와 앨런 삭스의 연구 지원도 받았다.

『스토리 전쟁』속의 많은 아이디어는 수많은 멘토들의 지혜를 나의 언어로 옮긴 것이다. 멘토 중에는 내가 아는 사람 중 가장 명석하고 너그러운 인물인 애니 레너드가 단연 으뜸이다. 모세 이야기를 다루어야겠다는 아이디어는 영웅의 여정이라는 주제로 열린 폴 지덜디그의 유월절 행사에 참가했을 때 얻었다. 나의 고등학교 시절 과학 선생님인 조너선 하일스는 처음으로 내게 예술로서의 스토리텔링 기법을 소개했고 매혹적인 스토리들을 선사했다. 인문 분야에 대한 나의 이해는 웨슬리안대학의 석학 리처드 슬로킨, 헨리 에이브러브, 조엘 피스터 교수 덕분이다. 스토리에 대한 나의 애정은 아버지 앨런 삭스와 어머니 낸시 캔토-호지에게서 물려받았다. 아버지는 아동용 스토리를 만드는 데 대단한 재능을 소유하였으며, 나에게 젊은 시절의 환상적인 모험을 들려주었다. 어머니는 하루도 빠짐없이 내게 이야기를 읽어 주었다.

이 외에도 그동안 나를 재촉하면서 내가 혼란에 빠져 있을 때 다시 방향을 제시해 준 이들은 많지만, 이 자리에서 일일이 감사를 표시하긴 어렵다. 린 앨러미다, 에릭 애서도리안, 메레디스와 댄 빔 부부, 콜린 비븐, 알렉시나 카, 메리 코리, 루벤 드루나, 도로시 덩, 애리 더펠, 수전 소벨 핀켈펄, 재러드 핀켈스테인, 마고 프레이저, 수전 프레드릭슨, 제이 골든, 위치 해리엇, 에이미 하츨러, 애니 휴스, 벤 잭슨, 스티븐 라슨, 린다 로턴, 엘리자베스 레서,

존 리스고, 매리앤 매닐로프, 마이클 마골리스, 찰스 멜처, 데브 넬슨, 에리카 프리겐, 엘런 로시, 마크 로브너, 에밀리 삭스, 닐 삭스, 롤프 스카, 에릭 스미스, 네이트 스탠턴, 러스와 낸시 루니위크 부부, 바버라 탤벗, 메리 이거가 내게 베풀어 준 관용과 피드백, 지원에 감사드린다.

 끝으로, 내 아내 첼시에게 감사한다. 그녀의 사랑과 신뢰, 격려 덕분에 이 책을 비롯한 모든 것이 가능했다.

## 부록

## 조나 삭스의 스토리 전략표

| 브랜드 영웅 | 브랜드의 선물 | 멘토 원형 |
|---|---|---|
| | | 어두운 면 |

스토리의 교훈

가치

# 더 읽을거리

Atkin, Douglas. *The Culting of Brands: When Customers Become True Believers*. New York: Portfolio, 2004.(국내에 『왜 그들은 할리와 애플에 열광하는가』라는 제목으로 출간)

Bierlein, J. F. *Parallel Myths*. New York: Ballantine Books, 1994.(국내에 『세계의 유사신화』라는 제목으로 출간)

Campbell, Joseph. *The Hero with a Thousand Faces*. Princeton, NJ: Princeton University Press, 1968.(국내에 『세계의 영웅 신화』라는 제목으로 출간)

Campbell, Joseph, and Bill D. Moyers. *The Power of Myth*. New York: Doubleday, 1988.(국내에 『신화의 힘』이라는 제목으로 출간)

Curtis, Adam(director). *The Century of the Self*(documentary film). London: BBC Four, 2002.

Fox, Stephen R. *The Mirror Makers: A History of American Advertising and Its Creators*. Champaign, IL: University of Illinois Press, 1997.

Goble, Frank G. *The Third Force: The Psychology of Abraham*

*Maslow*. New York: Grossman, 1970.

Godin, Seth. 2005. *All Marketers Are Liars: The Power of Telling Authentic Stories in a Low-Trust World*. New York: Portfolio, 2005. (국내에 『마케터는 새빨간 거짓말쟁이』라는 제목으로 출간)

Heath, Chip, and Dan Heath. *Switch: How to Change Things When Change Is Hard*. New York: Broadway Books, 2010.(국내에 『스위치』라는 제목으로 출간)

Holt, Douglas B. *How Brands Become Icons: The Principles of Cultural Branding*. Boston: Harvard Business School Press, 2004.

Kirsch, Jonathan. *Moses: A Life*. New York: Ballantine Books, 1998.

Mark, Margaret, and Carol S. Pearson. *The Hero and the Outlaw: Building Extraordinary Brands Through the Power of Archetypes*. New York: McGraw-Hill, 2001.

Ogilvy, David. *Ogilvy on Advertising*. New York: Crown, 1983.(국내에 『광고 불변의 법칙』이라는 제목으로 출간)

Quinn, Daniel. *Ishmael*. New York: Bantam/Turner Book, 1995.(국내에 『고릴라 이스마엘』이라는 제목으로 출간)

Reinsborough, Patrick, and Doyle Canning. *RE:Imagining Change: How to Use Story-Based Strategy to Win Campaigns, Build Movements, and Change the World*. Oakland, CA: PM Press, 2010.

Sivulka, Juliann. *Soap, Sex, and Cigarettes: A Cultural history of American Advertising*. Belmont, CA: Wadsworth Publishing Company, 1998.

Spector, Barry. *Madness at the Gates of the City: The Myth of American Innocence*. Berkeley, CA: Regent Press, 2010.

Steffy, Loren C. *Drowning in Oil: BP and the Reckless Pursuit of*

*Profit*. New York: McGraw-Hill Professional, 2011.

Vincent, Laurence. *Legendary Brands: Unleashing the Power of Storytelling to Create a Winning Marketing Strategy*. Chicago: Dearborn Trade Publications, 2002.(국내에 『스토리로 승부하는 브랜드전략』이라는 제목으로 출간)

# 주석

**제1장**

26  **아이러니합니다** Danielle Sacks, "The Future of Advertising", *Fast Company*, November 17, 2010; http://www.fastcompany.com/magazine/151/mayhem-on-madison-avenue.html?page=0%2C0.
**보아도 알 수 있다** 같은 곳.

29  **보장받았다** http://en.wikipedia.org/wiki/Cheers#Ratings.

30  **저장고를 닮았다** Charles Darwin, *On the Origin of Species*, 1859; "수풀 속에서 새들이 지저귀고, 수많은 곤충들이 날아다니며, 축축한 흙 속에서 지렁이가 꿈틀대는 수많은 종류의 식물들로 뒤덮인 다양성이 뒤얽힌 저장고를 생각하면, 그리고 우리를 둘러싼 자연 법칙이 각양각색의 생물들이 복잡 미묘한 방식으로 상호 의존하는 정교한 질서를 형성했다는 사실을 생각하면 참으로 흥미롭다. (……) 그 뒤를 이어 생존을 위한 투쟁에서 승리하고, 기근과 죽음을 이겨낸 우리가 상상할 수 있는 가장 고귀한 생물인 고등동물이 출현하였다. 태초에는 단 하나 또는 몇몇 종에게만 생명의 힘이 불어넣어졌다는 사상은 경이롭기까지 하다. 우리가 살고 있는 행성이 변함없는 중력의 법칙에 따라 회전하는 동안, 그렇게도 단순한 시작이 가장 아름답고 경이로운 생물체를 탄생시키면서 진화해 온 것이다."

31　제시했다 : Richard Dawkins, *The Selfish Gene*, 30th anniversary ed. (New York: Oxford University Press, 2006).

36　그런 것 같군요　Glenn Beck, "Dangers of Environmental Extremism,"October 18, 2010; http://www.foxnews.com/story/0,2933,601962,00.html.

38　브랜드입니다　"Brand it Like Beck," Forbes.com, June 4, 2009.

44　것입니다　2010년 9월 저자와 애니 레너드와의 인터뷰.

46　결정할 것이다　Glenn Beck and Joe Kerry, *Glenn Beck's Common Sense: The Case Against an Out-of-Control Government, Inspired by Thomas Paine*(New York: Mercury Radio Arts/Threshold Editions, 2009), p.65.

## 제2장

57　이길 수 없었다　Francesca Polletta, *It Was Like a Fever: Storytelling in Protest and Politics*(Chicago: University of Chicago Press, 2006), vii.

63　할 수 있죠　Elizabeth Kolbert, "The Catastrophist," *The New Yorker*, June 29, 2009; http://www.newyorker.com/reporting/2009/06/29/090629fa_fact_kolbert.

65　견뎌야 했다　http://consumerist.com/2007/03/top-10-worst-marketing-gaffes-flops-and-disasters.html.

66　말합니다　2010년 9월 저자와 네이트 스탠턴과의 인터뷰.

## 제3장

80　남지 않았다　로버트 오펜하이머의 원자폭탄 실험과 관련한 이야기는 Richard Rhodes, *The Making of the Atomic Bomb*(New York: Simon

& Schuster, 1995)에서 대부분 차용하였다.

84 **탄생했다** 같은 책.

**내몰리고 있다** 같은 책.

85 **설명한다** Frances Harwood, "Myth, Memory and the Oral Tradition: Cicero in the Trobriands," *American Anthropologist* 78, no.4(1976): p.785

86 **떨어져 있다** 신화학자 J. F. 비얼레인은 신화가 "우리의 오감을 뛰어넘는 현실을 묘사한다. 또한 무의식적 이미지와 의식적인 논리 언어 사이의 간격을 줄인다"라고 설명한다.

**불렀다** "Lecture I. 1.5, The Vitality of Myth," Joseph Campbell Foundation; http://www.jcf.org/new/index.php?categoryid=104&p9999_action=displaylecturedetails&p9999_svl=I15.

92 **사람이다** Carl Jung, *Collected Works of Carl Jung*, Vol.5, (New York: Pantheon Books, 1953), xxiv

103 **정당화하였다** Richard Slotkin, *Gunfighter Nation: Myth of the Frontier in the Twentieth Century*(New York: Maxwell MacMillan International, 1992), p.3.

**시발점이 되었다** *Silent Spring and the Birth of the Modern Environmental Movement*(New York: Paley Center for the Media, 2009); http://www.paleycenter.org/away-we-go-green-silent-spring/.

105 **내세웠다** Martin V. Melosi, *Garbage in the Cities: Refuse, Reform and the Environment*(Pittsburgh: University of Pittsburgh Press, 2005), p.226

**숨기고 있다** John Young and Aaron Sachs, "The Next Efficiency Revolution: Creation a Sustainable Materials Economy," Worldwatch Institute, 1994, p.13.

110 있는 것이다 http://news.yahoo.com/blogs/ticket/republicans-being-taught-talk-occupy-wall-street-133707949.html.

## 제4장

114 유감스런 일이었다 Holly Matson, "In Poor Fashion? Kenneth Cole Missteps in its Spring Collection's Online Launch," *Bolin Marketing*, February 7, 2011; http://bolindigital.com/in-poor-fashion-kenneth-cole-missteps-in-its-spring-collection%E2%80%99s-online-launch.

119 수신하고 있다 Norman Herr, Internet resources to accompany *The Sourcebook for Teaching Science* (San Francisco: Jossey-Bass, 2008); http://www.csun.edu/science/health/docs/tv&health.html.

120 말했다 Joseph Campbell and Bill D. Moyers, *The Power of Myth* (New York: Doubleday, 1988), p.41.

122 된 것 같다 "National Voter Turnout in Federal Elections: 1960~2010," InfoPlease; http://www.infoplease.com/ipa/A0781453.html. See also http://elections.gmu.edu/Turnout_2010G.html.

의존자이다 Campbell and Moyers, *The Power of Myth*, p. 152.

123 정당화된다 Sigmund Freud, *Civilization and its Discontents*, trans. and ed., James Strachey (New York: W. W. Norton, 1961), p.58.

124 생각했다고 한다 Adam Curtis, *The Century of the Self* (London: BBC Four, 2002).

일부라고 믿었다 Stephen R. Fox, *The Mirror Makers: A History of American Advertising and its Creators* (Chicago: University of Illinois Press, 1997), p.98.

130 광고라고 불렀다 같은 곳.

132 데이지이다 "Ad Age Advertising Century: Top 100 Campaigns", AdAge.com; http://adage.com/article/special-report-the-advertising-

century/ad-age-advertising-century-top-100-advertising-campaigns/
140150/

137 필요하다고 한다 "Humanity Now Demanding 1.4 Earths," Global Footprint Network, November 30, 2009; http://www.footprintnetwork.org/it/index.php/blog/af/humanity_now_using_the_resources_of_1.4_planets/.

시작했다 Mark Anielski, *The Economics of Happiness: Building Genuine Wealth*(Gabriola Island, BC: New Society Publishers, 2007), pp.40~41.

138 설명하지 못한다 "Remarks of Robert F. Kennedy at the University of Kansas, March 18, 1968," John F. Kennedy Presidential Library and Museum; http://www.jfklibrary.org/Research/Research-Aids/Ready-Reference/RFK-Speeches/Remarks-of-Robert-F-Kennedy-at-the-University-of-Kansas-March-18-1968.aspx

139 있을 수 없다 Campbell and Moyers, *The Power of Myth*, p.41.

140 비율도 높았다 Jon Alexander, Tom Crompton, Guy Shrubsole, "Think of Me as Evil?," Public Interest Research Centre and WWF-UK, pp.23~35.

## 막간

143 멈추었다 존 파워스 이야기의 대부분은 Stephen R. Fox, *The Mirror Makers: A History of American Advertising and its Creators*(Chicago: University of Illinois Press, 1997)에서 차용하였다.

148 족하다 같은 책, p.28.

## 제5장

**156** 우연이 아닙니다 http://www.huffingtonpost.com/arianna-huffington/companies-and-causes-soci_b_845657.html.

**159** 표현하십시오 Heon Stevenson, *American Automobile Advertising, 1930~1989: An Illustrated History*(Jefferson, NC: McFarland, 2008), p.100.

**161** 이야기했기 때문이다 1970년대가 지나면서 폭스바겐의 광고는 구태의연함에 빠져, 더 이상 예전과 같이 참된 교훈을 전달하지 못했다. 폭스바겐의 마케터들은 핵심보다는 스토리의 외면에 지나치게 신경을 썼고, 색다른 접근법을 계속 시도했지만 긍정적인 가치를 담는 데는 실패했다. 육체파 여배우 자자 가보(Zsa Zsa Gabor)가 고급형 비틀의 대변인이 되기 전까지, 폭스바겐사는 오랫동안 시대의 문화적 조류에 뒤처져 있었다.

**167** 의미한다 Christopher Vogler, *The Writer's Journey: Mythic Structure for Writers*, 3rd ed.(Studio City, CA: Michael Wiese Productions, 2007), p.30.

**168** 개발한다 Walter Isaacson, *Steve Jobs*(New York: Simon & Schuster, 2011).

**169** 보이는 듯했다 이 부분의 자료는 대부분 엘렌 맥거트(Ellen McGirt)의 "The Brand Called Obama-2008 Presidential Campaign-Barack Obama and Business/Fast Company," *Fast Company*, April 2008에서 차용하였다. http://www.fastcompany.com/magazine/124/the-brand-called-obama.html.

**173** 당선되었다 http://voices.washingtonpost.com/44/2008/11/obama-raised-half-a-billion-on.html.

**174** 마찬가지입니다 Ellen McGirt, "The Brand Called Obama-2008 Presidential Campaign-Barack Obama and Business/Fast Company," *Fast Company*, April 2008; http://www.

fastcompany.com/magazine/124/the-brand-called-obama.html. See also Michael Grunwald, "How Obama Is Using the Science of Change," *Time*, April 2, 2009; http://www.time.com/time/printout/0,8816,1889153,00.html.

179 **증명하고 싶었다** "Overcoming Evil: An Interview with Abraham Maslow, Founder of Humanistic Psychology," *Psychology Today*, 1968.

**당연하다** Frank G. Goble, *The Third Force: The Psychology of Abraham Maslow*(New York: Grossman, 1968), p.25.

180 **정의했다** 같은 책, p.110.

185 **퇴행하게 된다** 같은 곳.

187 **발견하였다** 매슬로의 욕구 단계는 분명 획기적인 가치를 지닌 이론이지만, 이 모델 또한 프로이트의 이론처럼 신화(즉, 인간 본성에 대한 설명과 의미를 제시하는 스토리)에 불과하다는 점을 유념해야 한다. 두 사람의 이론 중 어느 것이 더 옳은지에 대한 과학적인 증거는 아마도 절대 찾을 수 없을 것이다. 또한 피라미드의 정점에 해당하는 가치로 개인성을 지나치게 강조한 점은 매슬로 자신이 제시한 다른 욕구들의 보편성과 비교할 때 현저한 한계를 보여 준다. 결국 모든 문화가 개인성을 지향하는 것은 아니며, 전환기에 있는 사회들 또한 가장 높은 수준의 이상과 초월에 대한 나름대로의 관점을 갖고 있기 때문이다. 그러니 매슬로의 이론만을 정설로 받아들이는 것은 바람직하지 못하다. 매슬로의 리스트에 새로운 가치를 추가하거나 기존의 가치를 삭제한 심리학자들은 얼마든지 찾을 수 있으며, 당신 또한 그렇게 할 수 있다. 하지만 인간성에 대한 낙관적인 신화인 매슬로의 이론을 따르는 경우, 폭넓은 가치로부터 전략의 핵심을 채택하여 스토리 전쟁의 성공을 향해 첫발을 내디딜 수 있다.

190 **본다고 했다** 2011년 6월 저자와 릭 리지웨이와의 인터뷰.

191 **대표적이다** 이 부분의 정보는 창립자 벤 코헨과 저자의 개인적 대화

및 Ben Cohen and Jerry Greenfield, *Ben & Jerry's Double-Dip: How to Run a Values-Led Business and Make Money, Too*(New York: Simon & Schuster, 1998)에서 차용하였다.

## 제6장

**198**  **밖으로 나갔다**  모세의 일생에 관한 설명은 대부분 Jonathan Kirsch, *Moses: A Life*(New York: Ballantine Books, 1998)에서 차용하였다.

**200**  **이야기이기 때문이다**  Joseph Campbell and Bill D. Moyers, *The Power of Myth*, p.71.

**204**  **참가하게 된다**  일부 영웅의 여정 스토리의 경우, 비극적인 사건으로 인해 영웅의 옛 세계가 파괴되어 영웅은 어떻게든 행동을 개시하지 않을 수 없게 된다. 이런 상황에서도 영웅은 가치 실현을 위한 힘든 여정을 선택하는 데 대해 계속 주저하는 모습을 보인다.

**208**  **의미도 있다**  Christopher Vogler, *The Writer's Journey: Mythic Structure for Writers*, 3rd ed. p.120.

**얻을 수 있다**  「출애굽기」는 세 가지 주요 종교의 창조 스토리로, 그 안에는 엄청난 다층 구조와 의미, 모순이 나타나 있다. 그러다 보니 완전히 다른 의도를 지닌 세 명의 저자가 썼다는 설도 있다. 특히 모세와 하느님의 관계는 독자들을 어리둥절하게 만들며, 심지어 몇몇 단락에서는 하느님이 모세의 적처럼 보이기도 한다. 하느님은 모세가 파라오에게 하는 모든 요구에 대해 파라오의 마음을 일부러 완고하게 하여 별 이유도 없이 모세의 생명을 위협한다. 그러나 일부 복합적인 측면에도 불구하고, 이 스토리 전체에서 영웅의 여정이라는 형식은 뚜렷하게 살아 있다. 나의 짧은 요약본은 이 이야기 전체를 압축하여 들려주는 것이 아니라 이 패턴의 요소를 강조하는 것이 목적이다.

**211**  **부각시켰기 때문이다**  관련 통계 수치는 http://www.freerepublic.com/focus/f-news/956032/posts/에서 차용하였다.

212 **증거를 제시했다** 인용된 저자들은 영앤루비컴사(Young & Rubicam)의 브랜드 자산 평가 모델(Brand Asset Valuator)에 근거하여, 12만 명 이상의 응답자를 대상으로 한 조사를 실시하였다. 이 조사를 통해 그들은 대중이 연구 대상 브랜드들을 원형과 확실히 연결 지을 수 있는지 아닌지 판단할 수 있었다. 1993년부터 1999년 사이의 경향을 살펴보면, 사람들의 머릿속에 하나의 원형으로 명확히 각인된 브랜드의 시장부가가치(MVA)는 원형이 모호한 브랜드에 비해 같은 기간 동안 97퍼센트나 더 상승했다고 한다. Margaret Mark and Carol S. Pearson, *The Hero and the Outlaw: Building Extraordinary Brands Through the Power of Archetypes*(New York: McGraw-Hill, 2001).

229 **함께 보관하자** 기초 훈련의 목적은 브랜드 전략의 형성 과정을 단순화하여, 개인이나 소규모 집단이 단시간 안에 직접 브랜드 전략을 만들어 볼 수 있게 하는 것이다. 물론 거시적으로 보면 그 외에도 연구, 조직 간의 협조, 시험 과정이 필요하며, 브랜드 전략을 검증하고 발전시키기 위한 심화 과정을 거치지 않는다면, 실제 세계에서 효과를 발휘하는 브랜드 전략을 만들기 어렵다. 하지만 연구와 시험으로 검증된 이 간단한 단계를 통해 지속적이고 획기적인 전략의 기초를 형성할 수는 있다. '배우는 데는 몇 분, 통달하는 데는 평생이 걸린다'라는 속담처럼 말이다.

230 **대변하면 족하다** 나의 경우 마거릿 마커의 『영웅과 무법자(*The Hero and the Outlaw*)』를 읽고 브랜딩의 원형에 대한 이해를 한층 넓힐 수 있었다. 이 주제에 대해 좀 더 깊이 알고 싶은 독자는 이 책을 참고하기 바란다. 이 부분에서 언급한 일부 자료는 『영웅과 무법자』에서 끌어왔지만, 대부분은 임파워먼트 마케팅 모델의 고유한 이론에 해당한다.

## 제7장

252 **흐뭇하게 지켜보았다** David Griner, "Hey Old Spice Haters, Sales Are Up 107%," *AdWeek*, July 27, 2010; http://www.adweek.com/

adfreak/hey-old-spice-haters-sales-are-107-12422.

**254** 적을 것이다 Brian Boyd, *On the Origin of Stories: Evolution, Cognition, and Fiction*, p.21.

빠지고 만다 같은 책, p.39.

된다고 한다 같은 책, p.40.

**256** 더 많이 주어진다 Kendall F. Haven, *Story Proof: The Science Behind the Startling Power of Story*(Westpost, CT: Libraries Unlimited, 2007), p.51.

**258** 것이라고 한다 Brian Boyd, *On the Origin of Stories*, p.49.

**260** 상기시켜 주었을 것이다 Ted Talks: Seth Godin on the Tribes We Lead, filmed February 2009, posted May 2009; http://www.youtube.com/watch?v=uQGYr9bnktw&feature=player_embedded.

**제8장**

**287** 모릅니다라고 말했다 Steven E. Prokesch, "Unleashing the Power of Learning: An Interview with British Petroleum's John Browne," *Harvard Business Review*, September-October 1997.

**291** 것이라고 썼다 Guy Chazan, "BP's Worsening Spill Crisis Undermines CEO's Reforms," *Wall Street Journal*, May 3, 2010; http://online.wsj.com/article/SB10001424052748704093204575215981090535738.html.

**293** 탐사했다 Oberon Houston, "Oberon Houston: Beyond Petroleum-Events in the Gulf of Mexico Affect Us All Comment," *Conservative Home*, June 3, 2010; http://conservativehome.blogs.com/platform/2010/06/oberon-houston-.html.

**294** 행동으로 보인다 Irving L. Janis, *Groupthink: Psychological Studies from Policy Decisions and Fiascoes*, 2nd ed.(Boston: Houghton

Mifflin, 1993), pp.174~197.

295 **흐려진다고 주장했다** 같은 곳.

298 **없다고 했다** Valerie Bauerlein, "Pepsi Hits 'Refresh' on Donor Projects," *Wall Street Journal*, January 30, 2011; http://online.wsj.com/article/SB10001424052748704483270457611417139 9171138.html.

**없었을 것이다** 같은 곳.

300 **대화를 유도했다** Chris Lang, "Conservation International: 'Are They Any More than a Green PR Company?'" redd-monitor.org, May 12, 2011; http://www.redd-monitor.org/2011/05/12/conservation-international-"are-they-any-more-than-a-green-pr-company"/.

303 **끌 수 있습니다** 2011년 7월 저자와 롤프 스카와의 인터뷰.

308 **전파합니다** Ariel Schwartz, "Toms Shoes CEO Blake Mycoskie on Social Entrepreneurship, Telling Stories, and His New Book," fastcompany.com, September 6, 2011; http://www.fastcoexist.com/1678486/toms-shoes-ceo-blake-mycoskie-on-social-entrepreneurship-telling-stories-and-his-new-book.

309 **밝혀졌다** Terrachoice, "The Sins of Greenwashing, Home and Family Edition, 2010: A Report on the Environmental Claims Made in the North American Consumer Market," 2010; http://sinsofgreenwashing.org/findings/greenwashing-report-2010/.

310 **없게 되겠죠** 2011년 5월 저자와 폴 호킨의 대화.

312 **눈에 띈다** www.nikebetterworld.com

## 옮긴이의 말

　사람들은 누구나 이야기를 좋아한다. 어린 시절 용감하고 정의로운 영웅, 사악하지만 매력적인 악당, 지혜롭고 따뜻한 스승을 중심으로 펼쳐지는 옛날이야기에 매혹되어 본 경험은 누구나 있을 것이다. 어른이 되어서도 영화와 공연, 소설, 드라마 등의 각종 문화 콘텐츠에 끊임없이 목말라하고 이를 즐기는 데서 삶의 활력을 찾는 사람들이 많다. 그렇다고 스토리의 기능이 재미를 주는 데만 있는 것은 아니다. 어릴 때부터 다양한 경로를 통해 접해 온 수많은 스토리들은 의식적이든 무의식적이든 우리의 삶에 많은 영향을 끼친다. '해와 달의 이야기', '신데렐라', '로빈 후드' 같은 고전 이야기들은 '선행은 언제나 보상을 받는다', '남에게 대접받고 싶은 대로 남을 대접하라', '약자를 옹호하고 강자에게 대항하라'처럼 인간 사회를 유지하는 데 필요한 가장 소박하고도 기본적인 가치를 전달한다. 물론 세상을 살다 보면 이러한 진리들이 곧이곧대로 적용되기는 어려울 때도 많지만, 인생의 매 순간 우리에게 옳고 그름을 판단하는 명확한 기준과 역경을 헤쳐 나가는 지혜가 필요할 때, 옛이야기 속에서 얻은 단순한 교훈들이야말로 우리가 인식하지 못하는 사이 훌륭한 지침을 제공하는 것이 아닌가 싶다.

저자가 말하는 '디지토럴' 시대에는 스토리가 좀 더 새로운 양상으로 발전하게 되었다. 더 이상 정보와 교훈의 일방적인 전달 수단이 아니라, 모든 사람들에 의해 형성, 변형되고 새로운 형태로 재창조될 수 있는 대상으로 바뀐 것이다. 정보의 홍수 속에서 사람들의 흥미를 유발하여 관심을 끌고 원하는 정보를 전달하는 가장 효과적인 수단으로 기능하기도 한다. 그래서인지 오늘날 스토리텔링의 적용 분야는 갈수록 확대되고 있다. 영화, 소설 등 고전적인 문화 콘텐츠는 말할 것도 없고 게임, 애니메이션은 물론, 조직관리 및 조직 문화형성, 대화와 협상, 광고와 마케팅 등의 비즈니스 분야, 여러 정치 활동, 교육, 관광, 심리치료 등 스토리텔링의 활용 영역은 무궁무진하다.

여러 편의 온라인 히트작을 통해 자신의 가치를 수많은 인터넷 사용자들에게 성공적으로 전달했을 뿐 아니라, 기업과 단체들을 도와 스토리텔링을 기반으로 한 캠페인을 제작하고 있는 저자는 이러한 스토리텔링의 힘을 누구보다 잘 인식하고 있다. 이 책에서 저자는 자신의 경험을 기반으로 한 스토리 형성 전략을 소개하면서, 독자들에게도 회사와 제품의 마케팅을 위해, 대의를 전달하기 위해 자기만의 스토리를 직접 만들어 보라고 권한다. 어렵고 복잡하게만 보이는 스토리텔링도 저자가 소개하는 요령에 따라 초안을 작성해보면, 엄청난 창의력과 특별한 기술이 요구되는 과정이 아니라 누구나 쉽게 활용할 수 있는 커뮤니케이션 수단이 될 수 있을 것 같다.

그러나 한편으로 저자는 불순한 의도로 사람들을 현혹시키고 불필요한 소비를 부추기는 스토리텔링에 대해서는 강력히 경고한다. 이러한 마케팅 기술을 '결함 마케팅'이라 규정하고 마케팅의 초기부터 어떤 죄악을 저질러왔는지 철저히 파헤친다. 또한 마케터가 스토리텔링의 힘을 남용하여 거짓말쟁이가 되면 어떤 비극적 결말을 맞게 되는지도 수많은 사례를 통해 증명한다. 결국 저자는 그 어느 때보다 투명함을 특징으로 하는 디지털 시대에 사람들에게 감명을 주려면 진실을 말하는 스토리를 만들고, 그 진실을 몸소 실천해야 한다고 주장한다. 기업이든 단체든 개인이든 표면적으로 내세우는 가치와 실제 행동이 일치하지 않는다면 뛰어난 기술로 무장한 대중들에게 머지않아 발각될 수밖에 없기 때문이다.

옛날부터 전해 오던 스토리의 역할이 그러했듯, 저자와 함께 이 책에서 전수하는 스토리텔링의 기술이 누구나 자유롭게 참여하여 의견을 표시하고, 외적 가치보다는 고차원적 성장의 가치를 추구하는 성숙한 시민이 늘어나고, 지나친 소비와 성장 대신 환경과 지구를 생각하는 이들이 많아지는, 지금보다 더 나은 세상을 만드는 데 이용되길 바라는 소망을 더해 본다.